张继云 编著

尤利乌斯·恺撒
Julius Caesar

哈尔滨出版社
HARBIN PUBLISHING HOUSE

图书在版编目（CIP）数据

尤利乌斯·恺撒/张继云编著．—哈尔滨：哈尔滨出版社，2015.2

（男人传）

ISBN 978-7-5484-1914-3

Ⅰ．①尤…　Ⅱ．①张…　Ⅲ．①恺撒，G. J.（前100～前44）–传记　Ⅳ．① K835.467=2

中国版本图书馆 CIP 数据核字（2014）第 200573 号

书　　名：**尤利乌斯·恺撒**

作　　者：张继云　编著

责任编辑：关　健　杨湿新

责任审校：李　战

装帧设计：Amber Design 琥珀视觉

出版发行：哈尔滨出版社（Harbin Publishing House）

社　　址：哈尔滨市松北区世坤路 738 号 9 号楼　　邮编：150028

经　　销：全国新华书店

印　　刷：辽宁星海彩色印刷有限公司

网　　址：www.hrbcbs.com　　www.mifengniao.com

E–mail：hrbcbs@yeah.net

编辑版权热线：（0451）87900271　87900272

邮购热线：4006900345　（0451）87900345 或登录**蜜蜂鸟**网站购买

销售热线：（0451）87900201　87900202　87900203

开　　本：787mm×1092mm　　1 / 16　　印张：20　　字数：260 千字

版　　次：2015 年 2 月第 1 版

印　　次：2015 年 2 月第 1 次印刷

书　　号：ISBN 978-7-5484-1914-3

定　　价：32.00 元

凡购本社图书发现印装错误，请与本社印制部联系调换。**服务热线**：（0451）87900278

本社法律顾问：黑龙江佳鹏律师事务所

前　言

我来了，我看见，我征服！

——尤利乌斯·恺撒

公元前 45 年 3 月 15 日，罗马元老院。在这个当时代表着法制、民主的地方，发生了一起触目惊心的血案：元老会议正要开始，一群议员突然从长袍里抽出短剑，刺向他们的独裁官——恺撒。恺撒奋力抵抗，但最终寡不敌众，倒在血泊中。他一共被刺了 23 刀！

直到两千多年后的今天，尤利乌斯·恺撒也是世界上最伟大的人物之一。可以这样说：一个人想了解欧洲历史，就必须知道罗马；想了解罗马，就一定要知道恺撒。在古代西方，罗马就是超级强国的典范：武力征服四方，国内繁荣昌盛。而恺撒，正是这个强国的奠基人。他没有当过皇帝，但人们习惯称他为"恺撒大帝"；在他之后，罗马君主把"恺撒"作为皇帝的头衔，德意志和俄罗斯皇帝的称号也从"恺撒"一词演变而来。

恺撒创造了诸多奇迹，因此在罗马人心目中享有"半神"的地位。他是用兵如神的军事家，是开明慷慨的统治者，还是富有魅力的丈夫和情人。他带领军队踏遍地中海沿岸，以战争的手段使罗马版图扩大了一倍，罗马从此称霸欧洲；他实行"仁慈政策"和社会改革，使罗马走向繁荣，成为西方世界文明的里程碑。然而这个"半神"却落得被刺杀的下场，很多人对此感到遗憾。在西欧，恺撒遇难的 3 月 15 日千百年来都被视为不祥之日，罗马人更称这一天为"弑父日"。

恺撒出生于罗马贵族家庭，自幼就野心勃勃。他少年时曾跟几个朋友路过一个贫穷的小村，有人开玩笑说："难道在这个小角落里会有人想争居首位吗？"恺撒听了，断然答道："我宁可在这里当老大，也不愿在罗马当老二！"

称霸罗马——恺撒说到做到。在从政生涯中，他步步为营，小心谨慎，但从不优柔寡断。为了树立威望，他发动战争。八年的时间里，他率领军队征服了外高卢(今法国、比利时)，还攻下了位于极北之地、前人未曾到过的不列颠。他占领了800个城镇，征服了300个部族，与300万人交战过，屠杀了100万人，还将100万人掳为奴隶。当他回到罗马，他的部下抬着缴获的2800顶金冠簇拥着他通过凯旋门时，罗马人沸腾了！

但恺撒又与那些只会作战的军人不同，他擅长掌控人心，是一个巧舌如簧的演讲家、大文豪。他的回忆录《高卢战记》和《内战记》具有相当高的文学水平，至今还是十分宝贵的史料。他与庞培、克拉苏两位统帅结盟统治罗马时，不仅善于说服对方，还把年仅14岁的女儿嫁给近50岁的庞培，以表诚意；而当他实力壮大时，他又果断发起内战，独吞了罗马大权。恺撒还极力争取平民的支持，他经常"请客"，挥霍大把资金开办娱乐活动，尤其是举办市民们喜爱的角斗比赛，让所有人在狂欢中感激他。他对待敌人的方式也各不相同：对于愿意归顺他的人，他一律予以宽恕和保护；而对于那些顽固的敌人，他就格杀勿论。

55岁的恺撒仍旧精力充沛，志向高远。人们无法想象，如果他没有被杀，罗马的命运将是怎样。有人认为是克娄巴特拉蛊惑了恺撒，因为她为恺撒生下了儿子，故而怂恿他做一个独裁者，让他们的儿子做罗马皇帝。但显然，即使没有这个女人，恺撒的欲望也难以收敛。

恺撒死去的前一天，在宴会上问众人："怎样一种死法是最好的？"然后他表示，他愿意突然而死。而第二天，他真的死于一场飞来横祸！政敌们杀死他的理由是反对独裁，可他们没有得到罗马人的谅解，罗马人仍然怀念恺撒。公元前27年，恺撒的继承人屋大维成为罗马元首，正式确立独裁制度，开创了史上著名的罗马帝国。恺撒也从此成为一代神话，被罗马人乃至欧洲人追捧至今。

目 录

神的后代

在传说与历史共存的时代，人们信奉神明，古罗马尤其如此。贵族出身的恺撒，从小就时时记着自己是维纳斯女神的后代。他家族的豪宅有如圣地：门廊参照神殿来设计，大厅四周挂满了这个家族曾经出过的行政官的蜡制面具。

"光荣归于希腊，伟大属于罗马"。

公元前 100 年 7 月 12 日，尤利乌斯·恺撒出生于一个古老而显要的贵族家庭。关于恺撒出生的细节已无从考察。据传说，这个了不起的人物出生时，有神谕向全世界宣告了伟大统帅的诞生。

本书主人公全名为盖乌斯·尤利乌斯·恺撒（Gaius Julius Caesar），这也是他的父亲和祖父的名字。盖乌斯是他的名，尤利乌斯是他氏族的头衔，恺撒则是家族的名号。有关恺撒的姓名在历史上有多个解释：

罗马作家普利纽斯认为，"Caesar"是由拉丁语单词"caedere"（切除）的第二分词形式"caesus"演变而来的。根据古罗马法规定，如果妇女在生产时不幸死亡，就要把胎儿从母体中取出来，所以，"caesus"的原意是"从母体中取出的胎儿"。因此他推断，很有可能是恺撒的祖先中有人借用了这个词义而得此姓。另一个流传下来的可信的说法是："Caesar"是从拉丁文"caesaries"（浓密的头发）这个词演变而来的。关于"Caesar"这一姓氏的又一个说法是，"Caesar"与失传的迦太基语中的词"大象"有关联。恺撒的一个祖先在布匿战争中获得了这个别称。这个说法与恺撒家族徽章上的大象很相符。今天，人们还能看到古罗马恺撒时代发行的硬币正面是恺撒的头像，反面就是大象。

但是事实上，在拉丁语的姓氏中，没有 -ar 这个后缀。因此可以推测，"Caesar"根本不是源于拉丁语。在恺撒生活的时代，拉丁语中的"C"读成"K"，"ae"读成"ai"，所以，"Caesar"在拉丁语中应该读"Kaisar"，这与日耳曼语的"Kaiser"（帝王、皇帝）发音一致。斯拉夫语中的"tsar"，阿拉伯语中的"qaysar"以及俄国的沙皇"tsar"，都是称号，是至高无上的称号。所以在西方人的心目中，

盖乌斯·尤利乌斯·恺撒，古罗马军事家、政治家，曾任罗马执政官、独裁官。恺撒一生并未称帝，但他在实质上瓦解了罗马的共和制，后人亦称其为"恺撒大帝"。图为陈列于奥地利维也纳艺术历史博物馆的恺撒雕像

恺撒不是人而是神。恺撒这个姓不知是巧合还是原本就有的"神姓"，都与统治者密切相联，这是否注定了恺撒的命运——成为罗马的最高统治者？

不管史学家做何解释，恺撒可是简单地把自己的名（尤利乌斯）与"神"联系在了一起，从而认定自己是维纳斯神的后代。恺撒在姑姑朱莉亚的葬礼上发表颂扬死者的演说中就明确地说："我的姑姑朱莉亚一族母系的祖先是罗马的诸位国王，而父系的祖先则是不朽的诸神，因为她的母亲出身于玛尔奇乌斯·列克斯家族——这一家族是安库斯·玛尔奇乌斯的后裔，而我一家所属的尤利乌斯家族可以上溯到维纳斯。"

恺撒缘何与神有血统关系，成了维纳斯神的后代？还得从古罗马的由来说起：

据说，特洛伊城被希腊人攻破之后，特洛伊人遭到了希腊人的大肆屠杀，只有少数人幸免于难。爱与美之神阿佛洛狄忒（在罗马神话中，阿佛洛狄忒被称为维纳斯——编者注）之子埃涅阿斯英勇善战，不仅受到特洛伊人的爱戴，也深得对手希腊人的崇敬。战败后，埃涅阿斯背着年迈的父亲、携着妻儿逃出了特洛伊。希腊人为埃涅阿斯的勇气和胆略所折服，有意放过了埃涅阿斯。经过数日的海上漂泊，埃涅阿斯终于靠了岸，在特韦雷河口定居下来。

特韦雷河是天然的通衢，是航海者必要的栖泊处。同时，其险要的地势又是防范北方外族入侵的天然屏障。这一得天独厚的地理条件，使得日后的罗马商业兴旺，在战略上占有绝对的优势地位。

来到特韦雷河口的埃涅阿斯，已经是孑然一身。途中的艰难历险使他失去了所有的亲人。幸得拉丁努斯王的关照，他娶了拉丁努斯王的女儿拉维尼娅为妻，并独自建城，在这片土地上生息繁衍下来。埃涅阿斯死后，他的儿子尤利乌斯建立了阿尔巴·龙加城。从此，尤利乌斯的后人代代相传。当王位传到了努米托的手中时，他的弟弟阿木略对哥哥拥有王位十分不满并心怀恶意。终于有一天，阿木略使用计谋，用卑劣的手段篡夺了王位。这之后，阿木略杀害了努米托的儿子，还下令强迫侄女西尔维娅做了女祭司，并把西尔维娅禁闭在高塔中。根据当时的规定，这样的女祭司必须终身保持童贞，不能结婚。谁知，战神马尔斯来到塔中，遇到了西尔维娅，并与她相爱生下了一对双胞胎。阿木略得知此事，气急败坏，下令杀害西尔维娅，还命人把婴儿装在一个破烂的篮子里，抛到特韦雷河中。

两个婴儿没有淹死，他们在河里大声啼哭，哭声引来了一只母狼。母爱的天性让它把两个婴儿救回洞中，当作自己的孩子来哺育。一天，有个牧羊人由此经过，发现了两兄弟，便把他们抱回了家。两兄弟分别取名为罗慕路斯和勒莫斯，长大后都成了壮实威武的男子汉。

日子一天天过去。一次偶然的机会，两兄弟遇到了外祖父努米托，得知了他们的身世，气愤至极。他们回到阿尔巴·龙加城，杀死了阿木略，让努米托重新登上了王位。而后两兄弟回到特韦雷河畔，在母狼喂养过他们的地方建了座新城，以罗慕路斯之名命名这座新城为"罗马"。

罗马城的缔造者是尤利乌斯的后人，而尤利乌斯的父亲——埃涅阿斯，是特洛伊英雄安喀塞斯与女神阿佛洛狄忒生下的特洛伊王子。古希腊的女神阿佛洛狄忒就是古罗马神话中的维纳斯。于是，尤利乌斯·恺撒便顺理成章地把自己视为神的后代。

做同样解释的不仅仅是恺撒本人，还有奥古斯都时代的著名诗人维吉尔。他在其长篇史诗《埃涅阿斯纪》中曾就尤利乌斯家族与维纳斯的承袭关系做了明确的解释：

埃涅阿斯逃出后，几经风险才渡海到达意大利，可是这时他的父亲、妻子皆已亡故，他便娶意大利王拉丁努斯之女拉维尼娅为妻，并建立了拉维尼娅城——这便是拉丁族的起源。埃涅阿斯死后，其子尤利乌斯在拉丁姆建立了阿尔巴·龙加城，开启了罗马人所属拉丁支系的嫡派，而尤利乌斯以后又是罗马最重要的一个氏族的名字（恺撒即出自此族）。阿尔巴·龙加王位历经数代传至努米托，努米托的女儿是西尔维娅，正是她生下罗慕路斯——罗马的开国始祖。

于是，透过维纳斯——埃涅阿斯——罗慕路斯这条线，罗马人不仅和希腊人攀上了亲戚，还成为了希腊天神的后裔。

维吉尔的论述，让罗马人对自己的始祖是维纳斯的神话具有了史诗的根据，恺撒也就趁势把自己的出身神化了。

在古罗马，贵族家庭享有绝大部分的财富和权力。最富裕的家族居住在城外的山坡上，那里海风袭来，给炎热的罗马夏季带来一丝清凉。豪华的巨宅都装饰着大理石雕像，院落间喷洒着泉水。宅子里有上百名战争中俘获的奴隶从事着园丁、厨役的工作，那些受到过良好教育的奴隶，还能担任家庭教师。贵族的头衔世代传承，罗马的政权就掌握在这些精英阶层的手里。

相传，恺撒虽然出身于显贵家族，但是当时在罗马担任要职的都是他的旁系亲属；他的父母原本并不具有出众的身份，无法参决政事。但是他们在结婚的时候，为了得到神灵的保佑，使自己的家族兴旺发达，在婚礼上采用了当时最庄重最烦琐的礼仪。

这种婚礼仪式称为"共食婚"。在结婚仪式上，要求新婚夫妇共吃一张面饼，而且婚礼要在朱庇特神的祭司和公证人面前举行。首先，新娘的父亲要祭告祖先和神灵，在神灵面前公开声明，同意将女儿嫁给新郎。新郎将新娘接到家中，新娘到达后，新郎要在家神面前为新娘举行沐浴之礼，并祭拜家神。新娘要以跨火堆的方式表示与火神的近距离接触。然后，在院中宰杀一头牛，祭奠家神。整个婚礼中，亲人还要为新郎和新娘朗诵祭神的诗章，使神灵降临家门，家族从此交上好运。最后以新郎新娘当众共吃一块面饼而结束仪式。

恺撒父母的婚礼就是在公证人和神的祭司面前，严格按照上述步骤完成的。

婚后不久，恺撒的父亲老恺撒（他的全名和恺撒一模一样）就被选为行政官，他的身份和地位对于成就恺撒日后的丰功伟业起到了重要作用。按当时的说法，这就是"吉日结婚，神灵保佑"的结果。

从小时候起，恺撒就时时记着自己是维纳斯女神的后代，这一观念牢牢地占据着他生活的每个角落。家族的豪宅有如圣地：门廊参照神殿来设计，

维纳斯，古罗马神话中的女神，也就是古希腊神话中的爱与美之神阿佛洛狄忒。恺撒认为，维纳斯是家族的祖先，自己是神的后代。图为陈列于法国巴黎罗浮宫的断臂维纳斯雕像

大厅四周挂满了这个家族曾经出过的行政官的蜡质面具。庄重威严的面具，向生活在这所豪宅里的每个人诉说着这个家族过去的荣耀和辉煌。

恺撒的童年像其他贵族的孩子一样，几乎是从一出生就被教导如何为家族赢得名誉，如何成为元老院当权派中的一员。

依照罗马人的传统，婴儿并非一出生就会自动成为公民，做父亲的有权利拒绝一个新生儿，遗弃不想要的孩子，尤其是女孩。

恺撒出生时，还没有吃到母乳，他的父亲便把他高高地举起，表示他接受了这个孩子，准许他日后成为罗马的公民。恺撒出生后的第9天，家里进行了大扫除，目的是将邪恶的精灵扫地出门；同时他们请来祭司根据鸟儿的飞行动作占卜，预测恺撒的未来。祭司做出了吉利的预言，为恺撒佩戴上象征好运的金垂饰。这些首饰将一直陪伴他到成为公民的时候为止。

在罗马，婴儿从出生起就得接受磨炼。新生儿被襁褓紧紧包裹，以塑造形体。成人用手击打婴儿的面部，使其受到锻炼，并对婴儿施行冷水浴。不管男孩还是女孩都要接受同样的训练，男孩的训练为战争做准备，女孩为生育做准备。在罗马人看来，人对自我的认识就是对忍耐力的认识，这是为成年生活所做的准备。这种近乎残酷的抚育方式造成了极高的婴儿死亡率。但是，罗马人对婴儿的死亡并不会过于伤心。他们常说："如果婴儿在摇篮里死去，不应该悲伤。"

恺撒就是在这样严苛的环境下成长的。7岁之前，他都由母亲奥尔里亚来照顾养育。奥尔里亚出身贵族，受到过良好的家庭教育。公元前250年左右，奥尔里亚的家族就有人做了执政官；他们的祖先中曾有一位担任过太阳神的重要祭司；在征服迦太基的战争中，这个家族中的英雄也曾为罗马立下汗马功劳。

奥尔里亚没有像其他上流社会的妇女那样把孩子交给奴隶喂养，而是亲自给孩子哺乳。这在当时的古罗马是非常大胆的做法。

幼年时的恺撒，每天在家里玩耍，玩陀螺、掷骰子。他玩耍时，奥尔里亚总是在一边看着，观察儿子的行为和心理的微妙变化，以便及时端正他的态度，训练他接受风险的能力。恺撒跟随母亲学习罗马人的传统美德，学习技艺，听母亲讲罗马英雄的故事。年幼的恺撒常常在母亲的讲述中想象着自己长大后也成为大英雄，做兼有勇敢、坚毅、正直和忍耐等美好德行的人。姑父马略也是恺撒最崇拜的人物之一，他是平民出身，完全依靠战功和政治才能，数次连任罗马执政官。恺撒希望自己能像马略一样，有朝一日也成为罗马的统帅，享受征服者和当权者的利益与荣耀。

古罗马人笃信是神在主宰着人的生命，所以常常举行杀牲祭祀以向神表示敬畏之意。恺撒的家族也不例外，一年中总要举行几次杀牲祭祀仪式。每到举行仪式时，恺撒都会站在一旁，注视着大人们的表情和举动，并在幼小的心灵里感受着这些仪式的重要。在仪式上，老恺撒将一块咸饼干投入炉火中，火光映红了他刚毅、坚定的脸庞。恺撒看见这些，心里萌动着一种强烈的愿望：要像父亲一样主持敬神仪式。他学得很用心，不久就熟识并能独立主持家庭守护神、先祖之灵以及厨神的致敬仪式了。这些经历，使得恺撒日后对宗教仪式一直十分敬重。

7岁时，恺撒开始到一家学校读书。学校位于市区的商业中心，是由一家店铺改建而成的。在学校里，恺撒和其他同龄的孩子一起，坐在长凳上，在老师的严厉管教下，学习背诵罗马、希腊的诗章，默记大量的罗马法规，练习在众人面前即兴演讲。除了学校里的课程和母亲讲的故事，恺撒更多时候是通过父亲了解罗马政治的。每当父亲招待政治盟友，或者出席元老院的宴会时，恺撒总被父亲带在身边，亲眼目睹罗马的政治斗争，感受共和国的多重复杂性。

老恺撒交际广泛，时常在家里接待来访者，并在众人面前演讲。同样，他也时常成为盟友的座上客。每天，请愿者和受保护的平民都挤满恺撒家的过道。老恺撒很清楚得到这些被保护者的支持对于他的政治活动有多么的重要。在这样的氛围里，小恺撒一天天长大，懂得了笼络平民的重大意义。

公元前93年，老恺撒竞选大法官一职，那是罗马政府里最重要的职务之一。

小恺撒经常陪着父亲到平民的集会上或是集市上演讲，以争得平民的支持。

过了一年，老恺撒又当选为行政长官，后来更出任亚细亚长官，但从来不曾取得最高官阶即执政官的地位。虽然他的身前身后常常簇拥着众多的支持者，但小恺撒很清楚这并不意味着什么。在罗马，政治职务是不能继承的，每代人都要重新奋斗。如果儿子达不到父辈的地位和成就，就会被人视为家庭的奇耻大辱。因此，恺撒要的不仅仅是父亲赢得的一切，而是更多：他立志把全罗马置于自己的保护和掌控之下，有朝一日统治整个共和国。这一愿望来自于家庭的教育，更来自于社会的鞭策。对恺撒和同时代的每个罗马人而言，积极地追求荣誉是男人毕生奋斗的目标。

恺撒 12 岁时，罗马人通过政治联姻和军事征服的手段已经获取了诸多领地，在地中海北岸形成了空前庞大的国家，其领土已经远远超越了意大利半岛的外围。罗马统辖的区域包括山南高卢(今意大利北部波河流域)、西西里岛、撒丁岛、科西嘉岛、伊利里库姆（南斯拉夫西部边界）、非洲的突尼斯、亚该亚（今希腊南半部）、马其顿（今希腊北半部）以及西亚的部分地区。各属地的财富源源不断地流向了罗马，使罗马经济繁荣，社会十分的富庶。

早在公元前 509 年，罗马人就建立了共和国。事实上，在罗马共和国内有三种政治力量并存，即贵族、王政和民主政治。恺撒的姑父马略属于民主派。这三种力量互相制约，协助治理国家。然而，随着罗马疆域的不断扩大，这种共和制出现了危机。

公元前 88 年，贵族派政治家卢奇乌斯·科涅利乌·苏拉经过不懈的努力和奋斗，担任执政官一职。

苏拉通过在雅典的胜利稳定了罗马在希腊的统治，并恢复了罗马在亚洲行省的地位，重建了罗马在该地区的秩序，也因此扩张了个人的势力。

此前，苏拉一直着手实现重建国家，他的最高目标就是罗马的执政官之位。现在他终于如愿以偿，在政治上全胜马略，在罗马实行独裁统治。但是，马略的支持者们并未就此善罢甘休。他们提出了新的法案，反对苏拉的独裁。

盖乌斯·马略，恺撒的姑父，古罗马统帅、政治家。他所进行的军事改革对古罗马历史产生了深远的影响。在将罗马军队改造成职业化军队的过程中，罗马士兵增加了很多负重，因此他们自嘲为"马略之骡"。图为陈列于德国慕尼黑古代雕像展览馆的马略雕像

苏拉利用执政官的职权召集元老院大会，公然与马略对抗，要求元老院宣布马略及其支持者为国家公敌。苏拉在会场布置的卫兵对元老们造成巨大的威胁，为保全自己的性命，元老们匆匆妥协了。于是，马略被宣判为罗马共和国的敌人，苏拉带领军队冲进罗马城，对全城进行了血腥的攻击和屠杀。

苏拉依靠武力夺取了政权，而马略则被赶出罗马，流亡到了非洲。苏拉夺权后继续实行独裁统治，并对政敌进行了肃清。马略一派的家族或是惨遭屠杀，或被赶出罗马城。恺撒一家逃过一劫，幸运地留在了罗马。

流亡在非洲的马略并未因此言败，而是寻找机会赶回了意大利。他召集了一支由奴隶组成的私人军队，与当年的执政官卢奇乌斯·科尔涅利乌斯·秦那的军团会合，轻易地打败了苏拉的军队。公元前 87 年，马略重新控制了罗马。

重新控制罗马的马略对苏拉的军队和支持者们进行了血腥的屠杀。对于对手，马略或者流放，或者用残忍的手段杀掉。他的奴隶军在罗马城里横冲直撞。不久，马略再次当选为执政官。

年轻的勇者

当执政官的姑父把恺撒送上了政坛，但也给他带来厄运。在政敌的迫害下，年轻的恺撒不得不远走他乡，到军队谋求出路。他的勇气和智慧出类拔萃，不过他最大的愿望还是回到罗马从政。再一次离开罗马时，恺撒竟遇到了一群海盗⋯⋯

公元前 87 年，在姑父马略的安排下，13 岁的恺撒得到了朱庇特神的祭司职位。由于 13 岁还不到法定年龄，职位就给恺撒留着。

公元前 86 年，马略去世了。公元前 84 年，老恺撒也撒手人寰。从这时候开始，女人在恺撒的生活中起到了十分显著的作用。

姑父和父亲的去世让恺撒失去了政治上的依靠。这意味着，他今后必须靠自己的努力涉足政坛。

正是在这一年，恺撒到了成人的年龄，得以取下垂饰，换上长袍。执政官秦那正式确认恺撒的祭司资格。6 月，他们将在朱庇特神庙里举行祭司的授职仪式。

古老的朱庇特神庙是罗马最大、最神圣的建筑。它耸立在卡匹托尔山顶上，金饰的屋顶，四周由雕像和盾牌环绕。神庙里供奉着诸神之王朱庇特、神后朱诺和智慧女神密涅瓦，人们相信这几位神能够引导罗马共和国走向辉煌。每年元老院的第一次会议都选在朱庇特神庙的圣所举行。

这一天，诸神的祭司、执政官秦那和女儿科尔涅利亚（恺撒的未婚妻）、恺撒的母亲奥尔里亚以及罗马的各级官员都来参加授职仪式。仪式由祭祀团的大祭司主持。在仪式上，恺撒神情庄严地跪在神火旁，默默地向朱庇特神祈祷，在心中一遍遍呼喊着："神啊！保佑我吧，为我祝福吧！"

当大祭司把象征着朱庇特神掌管的风、雨、雷、电的权杖交给恺撒时，整个神庙沸腾了。人们欢呼着，为这位罗马最年轻的祭司祝福。恺撒坚定的眼神向众人传递着这样一个信息：罗马，恺撒来了！奥尔里亚激动而自豪地注视着儿子，科尔涅利亚的眼里噙着泪水，充满深情地望着未婚夫。众祭司

1811 年法国画家让·安格尔的美术作品《朱庇特与忒提斯》。朱庇特，古罗马神话中的众神之神，也就是古希腊神话中的众神之神宙斯。公元前 84 年，16 岁的恺撒当选为朱庇特神庙祭司

也为恺撒高贵、桀骜、坚定的神情所折服，他们看到了一个器宇不凡的朱庇特神的代言人。

当上祭司后不久，恺撒与科尔涅利亚结了婚。失去了父亲的荫庇，恺撒向权力攀爬的途径就唯有婚姻。他开始帮助岳父秦那料理政务，主持神庙里的仪式和庆典，每天忙忙碌碌，没有片刻的闲暇。但是，恺撒精力十足，从不懈怠。他要以此为开端进入政界，实现更远大的抱负。

然而，恺撒的政治事业在开始之初就险些毁掉。

公元前83年，不甘心失败的苏拉在希腊积极布置备战，准备再次杀回罗马，夺回失去的一切。这时有消息传来说，担任守卫的瓦季埃叛变，投靠了苏拉。听说此事，秦那愤怒至极，率部直奔瓦季埃而去。当晚，在林间散步的恺撒无意间发现了瓦季埃传递给苏拉的情报，遂知秦那将遭到苏拉的暗算，于是连夜策马狂奔，欲追回秦那。遗憾的是，恺撒没能来得及追上秦那，等恺撒赶到时，发现秦那的士兵已经尸横遍野。

苏拉赢得了这场战争，秦那被叛变的士兵谋杀。

秦那死后，罗马城就乱了。苏拉趁势在不到两年的时间里，占领了罗马城，并封自己为终身独裁官。苏拉一上台立即肃清了所有马略派和秦那派的残余分子，以防后患，并把他们的财产也都充了公。作为马略的侄子、秦那的女婿，恺撒的处境十分不利。然而，苏拉并没有把恺撒的名字纳入公敌的名单中。尽管苏拉的死敌马略是恺撒的保护人，但是恺撒与苏拉也有很近的关系。恺撒母亲的家族曾经为苏拉提供过重要的支持。正是由于这层关系，苏拉没有杀害恺撒，但他剥夺了恺撒的祭司职位，并要求他跟科尔涅利亚离婚。这一要求遭到恺撒坚定的拒绝。恺撒因此大祸临头，于是和几名侍从逃出了罗马，躲进中部意大利萨宾人居住的山区，但不久还是被苏拉的巡逻队找到，押回了罗马。

一回到罗马，恺撒就被径直送到苏拉的行营接受审问。面对胜利者苏拉，恺撒的目光冷得出奇，内心涌动着一种难以抑制的抗拒，神情中自然就透出一种不可名状的高傲和鄙夷之色。看着桀骜不驯的恺撒，苏拉暗暗地开始佩服这个年轻人。其实，他的算盘很清楚——只要恺撒肯投降，听从他的意旨，他一定会放过恺撒，使恺撒成为自己的盟友。但是，恺撒执意不肯屈服。苏拉渐渐明白，他的打算是徒劳的。于是，苏拉下令将恺撒处死。

就在这时，罗马城里维斯太的全体贞女们赶来，要求见苏拉，请求苏拉赦免恺撒。在罗马，维斯太的贞女是最受人们尊敬的。她们是侍奉圣火维斯太女神的祭司，在任职30年内必须守贞，因此称为"贞女"。在所有神的祭司中，她们拥有最高的赦免权。只要获得贞女们的赦免，任何人都无权再提出质疑。

拥有至高地位的贞女是很难被求动的。而像这次这样，全城的贞女们一起出动来见苏拉，给恺撒求情，更是百年难遇的"盛况"。原来，奥尔里亚得知了恺撒被捕的消息后，千方百计地要挽救儿子。她拜见了贞女们，苦苦哀求贞女们帮助恺撒。贞女们考虑到恺撒曾是朱庇特神的祭司，在职期间口碑很好，被罗马人看作是神的儿子，因此决定帮助恺撒。苏拉不敢公然违抗贞女们的意志，只好赦免了恺撒，放他回家。

被释放后不久,恺撒决定离开家。虽然苏拉表面上无法拒绝贞女们的请求，但恺撒始终是他的一个心病。苏拉曾说恺撒"可抵得上好几个马略"。这句话暗藏杀机，他不会轻易放过恺撒的。于是，恺撒与母亲和妻子商量，决定离开罗马，到小亚细亚的罗马军团去，寻找机会，出人头地。

这天清晨，恺撒背上行囊，准备上路了。母亲和妻子一同把恺撒送到特韦雷河边。这一年雨水很多，河水上涨。望着滚滚的特韦雷河水，恺撒心潮澎湃，一股无比的勇气和志向油然而生。他转向母亲，不断地保证："我一定会回来的，一定会回来的。"

到了小亚细亚以后,恺撒在军队里谋到了一个对外联络的职务。他的智慧、敏锐和过人的才干，很快就得到军官和士兵的欢心。恺撒如鱼得水，在军中上下挥洒自如，名气一天天大了起来。可在恺撒的心里，这小小的天地根本不是他的栖身之处，他有更远大的目标和理想，他要的是——整个罗马。

恺撒等待着时机，以彰显自己的雄才大略。不久，上天真的就给了恺撒一次机会，让他在军队里脱颖而出。

一天，恺撒带着百余骑人马外出巡逻，遇见罗马军队与米特里达特斯军队交战。可以看见罗马军队在节节败退，米特里达特斯军队乘胜追击。战场上杀声震天，罗马军队士气大挫，眼看就要撑不住了。恺撒沉住气，冷静地思考着如何挽救罗马军队。他阻止了按捺不住要冲上去的随从，安排他们下山去砍树枝，把树枝绑在马尾巴上，然后命令他们上马，朝着战场的方向飞驰。一路上，拖在地上的树枝在飞驰的战马身后激起浓浓的尘烟；另一队人马在其后狂奔，就好像突然间有千军万马铺天盖地般奔来。米特里达特斯军队见状惊恐万分，顿时乱作一团。恺撒趁势率领余下的人马杀向措手不及的米特里达特斯军队，在米特里达特斯人还没搞清状况的时候就冲进了城里，迅速击溃了守军，占领了米提列涅城。恺撒成功地打败了米特里达特斯人，巩固了罗马人在小亚细亚的地位。

恺撒的胜利使他在军中的名气得到了空前的提高。士兵们见到恺撒，犹如见到了神的使者一样。他们传颂着恺撒的英勇和谋略，为这位年轻人的才智所折服。提起恺撒的名字，在小亚细亚的罗马军团中，无人不知，无人不晓。恺撒成为大家既熟悉又喜爱的人物。他的事迹传回了罗马，当然也传到了苏拉的耳朵里。对于恺撒，苏拉是又恨又爱。他爱惜恺撒的才干，又恨自己的儿子不像恺撒那样出色。

恺撒的兴奋劲儿很快就过去了。与大多数年少气盛的青年人不同，恺撒并没有为目前所拥有的荣耀而目眩。行政长官为表彰他的功绩而授予他的金像冠，也只是带来了微不足道的满足感。恺撒始终觊觎着罗马，想着有朝一日耀武扬威地重回罗马城，坐在最高、最荣耀的宝座上。

公元前 79 年，从罗马传来消息，苏拉因染痼疾"隐退"乡间。但恺撒心里十分清楚，此时的他不能急于返回罗马，而是应该继续留在小亚细亚的罗马军团中，积蓄自己的实力，为重返罗马做好一切准备。

公元前 78 年，苏拉去世了。恺撒意识到：返回罗马的时机到了。他打点

卢奇乌斯·科涅利乌·苏拉，古罗马统帅、独裁者。苏拉性格勇敢而狡猾，被人称为"半狐半狮"。苏拉的墓志铭上写着：我的朋友没给我多少帮助，我的敌人也没给我多大伤害，但是我都加倍奉还了他们。图为陈列于德国慕尼黑古代雕像展览馆的苏拉雕像

行装，马不停蹄地直奔罗马城。苏拉的影响还在，罗马城仍然笼罩在独裁者高压政治的阴影下。人们小心翼翼地交往着，观察着苏拉去世后罗马政局的变化，不敢多说一个字，也不敢贸然有所行动。

经过几年的军中生活，恺撒更懂得了如何运筹帷幄。回到罗马后的恺撒，很快引起人们的关注，成为人们谈论的焦点。

恺撒决定不马上从政，而是组织一些诉讼案，引来市民观看，从而展示自己的才能，赢得民意支持。在回到罗马后的第一年，恺撒对苏拉的一位军官提起了诉讼。虽然苏拉的人仍然掌管着政权，那位军官也最终被宣告无罪，但恺撒出众的表现给全罗马城的市民留下了深刻印象。

辩论那一天，罗马大法院的广场上挤满了前来观看的人，辩论台被围得水泄不通。人们非常期待看到传说中的神之子恺撒将有怎样精妙绝伦的表现。辩论开始了，在对手陈述的时候，恺撒十分沉着，一言不发，机敏地寻找着对方的破绽。轮到他发言时，他一针见血地指出对手的纰漏，步步紧逼，让对手招架不住。恺撒不负众望，在人们的掌声和喝彩声中，使对手甘拜下风。

与其说恺撒赢得了这场辩论，倒不如说恺撒因此而赢得了罗马人的爱戴。从此，恺撒名声大噪。

然而，在亲自发起了诉讼后，恺撒深知胜利并不像表面看起来那样手到擒来。在辩论过程中，他真切地感觉到自己的口才尚存在一些不完美的地方。恺撒没有满足现状，他想要进一步提高。恺撒的好友西塞罗，得知恺撒希望提高自己的辩论术，便推荐他去罗得斯，拜演讲家为师。恺撒接受了这个建议。

恺撒很快就起程了。在登上白色帆船的那一刻，他回过头望了一眼罗马城。这就像一种无言的宣告：我会以更优秀的面貌回来；那一天，恺撒的时代将会到来！

帆船朝着东方的法尔玛库撒岛缓缓地行驶着。站在甲板上，恺撒出神地望着海面，内心翻涌着各种精彩的、刺激的未来规划。蓝天、白云和广阔无垠的大海似乎更激发了他的豪情壮志。

一天，恺撒像往常一样站在甲板上，向远处眺望。忽然，两艘黑色的帆船从法尔玛库撒岛的方向径直疾驶过来。恺撒的船正想避让开，可是已经来不及了。黑色的帆船转眼间就到了恺撒他们面前，船上突然间蹿出几十名手执利器的彪形大汉，其中一个首领对着恺撒和船上的其他人大声叫道："都不要动，我们要的是钱，只要你们按我们的要求把钱交出来，我们就放你们走。都听明白了？"

恺撒见状，知道他们的船遭遇海盗了。这时，只听见海盗头目又说："好了，我现在就来告诉你们每个人应该给的钱数。"

"你，10个塔兰特（1塔兰特相当于20—40千克黄金）！"他朝着一个商人走过去说道。

"什么？10个塔兰特？求求你，饶了我吧，我一年也赚不到10个塔兰特啊！"

海盗头目理都不理睬他，继续点着船上的其他人，说出叫人瞠目结舌的数目。顿时，船上哀求声一片。

而此时的恺撒却一直面带微笑地看着这帮家伙。当海盗头目来到恺撒面前时，他被恺撒的轻松表情搞得有些发毛，一时竟然不知道该要什么价钱。最后，他磕磕巴巴地说道："你，你，15个，不，20个塔兰特！"他以为，这个价钱足可以吓住眼前这无知无畏的小子，让他笑不出来。

然而，恺撒笑得更厉害了。海盗们见状更不知所措了，他们搞不懂这个年轻人葫芦里卖的什么药，船上的众人也都安静下来。因为20个塔兰特是一笔巨额的赎金，没有人能拿出这么多的钱。大家都看着恺撒，不知道将会发生什么。

恺撒看着海盗头目，轻蔑地说："20个塔兰特？我就值20个塔兰特？你也太小看我了。这样吧，我给你们50个塔兰特。"

海盗们惊得下巴要掉了。多给赎金，总不是坏事吧。于是，海盗头目心怀忐忑地应道："那好，只要你交得出50个塔兰特，我们就放你回去。"

恺撒斜眼望了望对方，用戏弄的口吻补充道："50 个塔兰特，我可是有条件的！"

"什么条件？"海盗头目的声音透着犹豫和担心。

恺撒大声道："你们要想收到全部这些钱，那就得听我的，按我的要求做。"

恺撒的条件是要求海盗暂时成为他的侍从，像对待贵宾一样伺候着他。他还以半开玩笑的口吻说，待他出去后一定要把所有海盗处死。

海盗并没有把恺撒近似狂妄的誓言当回事。38 天后，恺撒的赎金送来了，他们便放了恺撒。可恺撒却没有忘记自己的誓言。重获自由后，他立即奔往最近的海岸城市米利都。他雇了数艘船只，招募强壮的船员，开往法尔玛库撒岛，追赶那些绑架过他的海盗。最后，他把这些海盗全部抓获，要回了赎金，然后把海盗尽数处死。也许是因为那些海盗确实对他不错，为了减轻他们的痛苦，恺撒在把他们钉上十字架之前割开了他们的喉咙。

通往权力的路上

随着学业的完成，恺撒对未来的规划也逐渐清晰：他还是应该回到军队，他需要的是建功立业！只有战争才能使他名扬罗马。他的机会很快就来了——罗马在小亚细亚的军团遭到袭击，急需援助。恺撒未经政府同意就私自组建了一支军队，跑到前线，准备大战一场。

处死了众海盗，恺撒带上贴身的侍从向目的地——罗得斯驶去。

罗得斯位于今天的爱琴海和地中海的交界处，罗得港于公元前408年建成。在恺撒生活的时代，罗得斯以绘画和雕塑闻名，有著名的讲演学校。城邦政治生活中的演讲和辩论，使辩论术在古希腊和古罗马都占有十分重要的地位。恺撒这次要拜见的阿波洛尼奥斯，正是在讲演学校任教的老师。

一上岛，恺撒就迫不及待地拜见了阿波洛尼奥斯。他拿出西塞罗的推荐信，说明来意，请求阿波洛尼奥斯收下他做学生，他愿意跟着阿波洛尼奥斯苦练辩论术。

西塞罗的信是这样写的："尊敬的老师，递交给您这封信的人是恺撒。在与米特里达特斯的遭遇战中，他曾经救我一命。随后，我们有一段时间每天都在一起，成为了朋友。我非常欣赏恺撒的才干，我们时常在一起谈论政治，探讨学术问题。恺撒虽然比我小6岁，但是他拥有罕见的雄才大略，将来势必会有所作为。恳请老师收下恺撒，允许恺撒跟随您学习系统的辩论术。他这只'雄鹰'迟早是会飞起来的。"

从信中，阿波洛尼奥斯得知恺撒极具辩论天赋，口才已经不错，只是缺乏系统的训练。根据恺撒的要求和愿望，阿波洛尼奥斯为他制订了细致、严密的训练计划。

首先，阿波洛尼奥斯安排了一些辩论的基础课和技巧课。恺撒学得很认真，并很快在阿波洛尼奥斯的指导下接手了一些诉讼案件，参加辩论。这时他的辩论术比在罗马时期更显纯熟，在任何一个诉讼案中均有良好的发挥，体现出超强的逻辑性和艺术性。

位于罗得斯（即罗得岛）古希腊卫城的阿波罗神庙遗址。古代罗德斯以中介贸易闻名，原有三个城邦，公元前 5 世纪末，以罗得斯城为中心统一。希腊化时代岛上文化和经济发达。罗得斯人曾在岛上建造的太阳神巨像是世界七大奇观之一

在罗得斯的几个月里，恺撒一边跟随阿波洛尼奥斯学习辩论术，一边研究了古希腊的政治学。罗得斯曾经是雅典的属地，有大量的神庙、宫殿等古希腊建筑。在学习之余，恺撒常常带着他的希腊奴隶们观赏这些建筑，听奴隶们讲述关于古希腊战争的故事，讲述古希腊文明的神奇。恺撒对希腊越来越迷恋，内心涌起一股强烈的欲望：我想拥有这一切，我想统治这一切！

时间一天天过去了。学习辩论术只是为日后从政所做的准备，所以恺撒并不想在阿波洛尼奥斯处久留。当清楚自己已经完成了辩论术的系统学习后，恺撒便决定开始下一步的计划。他很快要离开罗得斯了，但他并不想马上回罗马。他想在外面建功立业，为自己赢得荣誉，以胜利者的姿态衣锦还乡。

恺撒需要的是战争！只有战争才能给他施展才能的机会。他耐心地等待着，等待神灵给他一个成为王者的机遇。

恺撒向来对自己的好运深信不疑。德国学者蒙森评价说：

"不管如何审慎地谋划，如何周密地盘算一切可能出现的情况，恺撒心里总会有一种感觉，所有的幸运或者说偶然都要用来取得成功。这可以与当时的境况联系起来，恺撒常常与命运进行疯狂赌博，一次又一次大胆而又满不在乎地让手下冒险。眼光敏锐的人偶尔会置身于危险的赌博中。因此，在恺撒的理性主义中存在一个与神秘主义触接的界点。"

命运就是如此眷顾恺撒，当他需要神灵的帮助时，神灵的祝福就降临到了他身上。

在恺撒的帮助下，罗马人打败了米特里达特斯人并签订了停战协议。之后，双方一度相安无事。就在恺撒寻找机会建立军功的当口，从罗马传来了米特里达特斯人再次撕毁了停战协议，发动了第三次战争的消息。驻扎在小亚细亚的罗马军团对战争毫无准备，很快溃不成军，行政长官提尔穆斯也战死了。

在未获得罗马官方命令的情况下，恺撒擅自组织起一支军队，渡海来到了小亚细亚，与米特里达特斯人展开了几次面对面的较量，并凭借他出奇的智谋和悍勇击败了敌人。但是，由于这支非正规军队只有1000多名士兵，无法长时间抵御猛烈的攻势，很快他们就陷入困境。幸运的是，这时候罗马的执政官卢奇乌斯·里奇尼乌斯·路库路斯受命带领罗马军队主力讨伐米特里达特斯人。于是，恺撒带领部下加入了这支正规军，准备与罗马军团一起迎接更大规模的战斗。

在接下来的几次战役中，罗马军队遭遇重创，损失惨重。面对敌人的凶猛攻势，执政官路库路斯十分头疼。恺撒明白，只要打破这个连执政官也一筹莫展的局面，军功就唾手可得！

在一次会议上，军官们齐聚一处，商议如何抵御米特里达特斯人。恺撒站起来说："各位，我有办法击退米特里达特斯人。"

恺撒的话并没有得到将军们的重视。他们认为恺撒在说大话，对恺撒冷嘲热讽。恺撒并未予以反驳，只是不断恳求说："执政官大人，就请您让我试试吧！我一定能打败米特里达特斯人。"

路库路斯一时也找不到什么办法对付米特里达特斯人，就同意让恺撒带领一队人马出击。

众人都抱着看热闹的心理，半信半疑地等着看恺撒究竟有什么奇招，竟信誓旦旦说自己能打败米特里达特斯人。

通过前几次与米特里达特斯人的交战，恺撒发现，敌军最大的优势就是进攻阵形十分严整，罗马军队没有可乘之机。要想打败米特里达特斯人，首先就要想办法破坏他们的阵形。

恺撒率领1000多名士兵，在拂晓摸到了米特里达特斯人阵前。他们故意暴露目标，然后突然开始逃跑，诱使米特里达特斯人追赶。米特里达特斯人急于追赶恺撒的"败兵"，阵形很快就乱作一团。此时，路库路斯趁势率领大军杀了过来，一举击败了米特里达特斯人。此战为罗马军队赢得了决定性的胜利，恺撒因此再立战功。

接下来的几年里，恺撒在小亚细亚跟随路库路斯平定了米特里达特斯人小股力量的反击，并多次征讨海盗。公元前73年，恺撒已在战争中获得多次奖励，积累了丰富的经验，成长为有勇有谋的领袖。他隐约感到，回罗马的时机渐渐成熟了。恰在此时，恺撒获悉母亲去世。于是，他日夜兼程地向罗马进发。

这次，恺撒是以一名胜利者的身份返回罗马的。几年中，他在亚洲的战功早就传回了罗马，恺撒这个名字和它所意味着的英雄色彩、传奇故事已经在市民当中传为佳话。这次，恺撒志在必得，他要一步步把罗马纳入掌中！

新手政治家

恺撒以胜利者的身份回到罗马，一场真正的政治游戏拉开了序幕。角斗士起义没给他带来什么好处，反而促成了庞培、加图、克拉苏三股势力都比他强大的局面。恺撒仔细分析了罗马的形势以及这三人的个性，考虑着该怎么分别对付他们。

第四章

恺撒一回国就从自己的舅舅那里继承了祭司职位。不久后，一场起义战争的爆发，再次触动了他玩弄权术的灵感。

残忍而刺激的角斗比赛仪式早在罗马时代之前就存在了。它最早来源于伊特鲁里亚，角斗士之间通过决斗的仪式，以慰藉死者的亡灵。到了罗马时期，罗马人将其商业化，变成人们寻求刺激的娱乐方式。充当角斗士的人往往是身强体壮的奴隶或战俘。贵族们观看角斗士之间或者角斗士与猛兽之间的搏斗，与其说是要激发他们对勇敢、不屈的斗士精神的敬佩，还不如说是通过这种最原始、最野蛮的残杀，获得空前狂热的兴奋感。每次搏斗，角斗士不是倒在对手的刀下，就是成为野兽的食物。鲜血染红了竞技场，大批奴隶成为供人消遣的牺牲品，无声地昭示着奴隶们的悲惨命运。

在罗马，每年都要举行角斗士的比赛。入选的奴隶们先被送到角斗士训练学校进行残酷的训练，然后在角斗场进行比赛。他们的结局注定是死亡，即使在一场比赛中有幸获胜，也会因为体力耗尽而倒在下一场。

公元前 73 年夏，由于无法忍受这种野蛮的残杀，100 名坎帕尼亚地区的角斗士从角斗士训练学校逃跑，终于爆发了古罗马历史上规模最大、最具影响的角斗士起义——斯巴达克起义。

恺撒曾经在罗马人对米特里达特斯人的战争中见过斯巴达克。他是色雷斯人的王族，是部族首领。战争结束后，他回到了色雷斯。当罗马人入侵色雷斯时，他领导色雷斯人进行反抗，被罗马人俘获。因为有着赫拉克勒斯一般强壮的身体，他被卖作角斗士，在坎帕尼亚地区的角斗士训练学校里教授奴隶们剑术，成为少数拥有自由的奴隶之一。

战场上的斯巴达克（倒地举矛刺杀者）。斯巴达克，色雷斯人，被俘后充当角斗士。他领导的大规模奴隶起义震撼了整个罗马，加速了罗马共和国的灭亡

　　普鲁塔克评价斯巴达克说："此人英勇异常，体力惊人，而且聪慧仁爱。"在角斗士训练学校里，斯巴达克不忍见到奴隶们死在角斗场上的悲惨命运，提出"与其在竞技场里为奴隶主的娱乐卖命，不如在战场上为自由而战死"，由此领导坎帕尼亚地区的角斗士们发起暴动。

　　乔万尼奥里的小说《斯巴达克思》里曾描写，当恺撒得知了斯巴达克欲领导起义的意图后，他设法找到了斯巴达克，并表达了他对斯巴达克的同情和支持。但是，斯巴达克及其他角斗士准备发动起义的消息泄露了，角斗士们不得不提前举行起义。起义军受到罗马军队的围追堵截和打击。在这样的局面下，斯巴达克带领几十名角斗士逃到了维苏威火山（火山尚未爆发）上，准备积蓄力量，等待时机。

维苏威火山已经有很长时间没有喷发了，整座山覆盖着茂密的树林，成为角斗士们天然的藏身之处。

角斗士的起义惊动了罗马，但开始并未让罗马元老院感觉到任何威胁，他们派军队围剿维苏威火山，意欲把起义军全部消灭。然而，罗马军低估了斯巴达克所率领的起义奴隶的战斗力。斯巴达克不仅没有被消灭，而且还借着维苏威火山的掩护，与罗马军队展开了生死较量。

听说了斯巴达克的起义，维苏威火山周围的奴隶们纷纷投奔而来。起义队伍迅速扩大，人数增加到了 7 万，元老院对此大伤脑筋。

形势对斯巴达克很有利，但他意识到，如果一直待在意大利，起义军早晚会被罗马军困死。公元前 72 年春天，斯巴达克带领队伍主力直抵意大利北部的摩提那城，突然回军。这期间，罗马元老院又派出 1 万多人的兵力分三路追击起义军，并先后几次委托执政官带领队伍对斯巴达克展开歼灭战，但都遭到失败。元老院这才有些慌了，他们意识到不能再轻视这支骁勇的奴隶起义军了。

就在元老院面临无人可派的困境时，起用了克拉苏。

克拉苏开始行动了。元老院解除了两位执政官的军队指挥权，授克拉苏以独裁官的权力，倾全力镇压。克拉苏首先对罗马军进行了严格的训练，以建立起军令的威严。冬季到来了，克拉苏对起义军展开了层层的包围和封锁，想把起义军困死在弹尽粮绝之地。起初，斯巴达克打了几场胜仗，屡次击败克拉苏的军队。随后，他率领起义军南下，转战至半岛南端（墨西拿海峡），打算在那里率领起义军渡海到西西里去。这时，克拉苏的军队紧紧尾随追击，展开一场消耗战。奴隶军的伤亡人数逐渐增多，而兵员又得不到及时的补充，致使斯巴达克的兵力几乎所剩无几。而克拉苏的军队却在罗马元老院的支持下，不断扩充。斯巴达克开始节节败退，克拉苏乘势追击，他要全部、干净、彻底地消灭起义军，为自己狠捞一笔战功。

此时，远在西班牙的庞培也闻讯率军南下，途中击败了斯巴达克麾下近

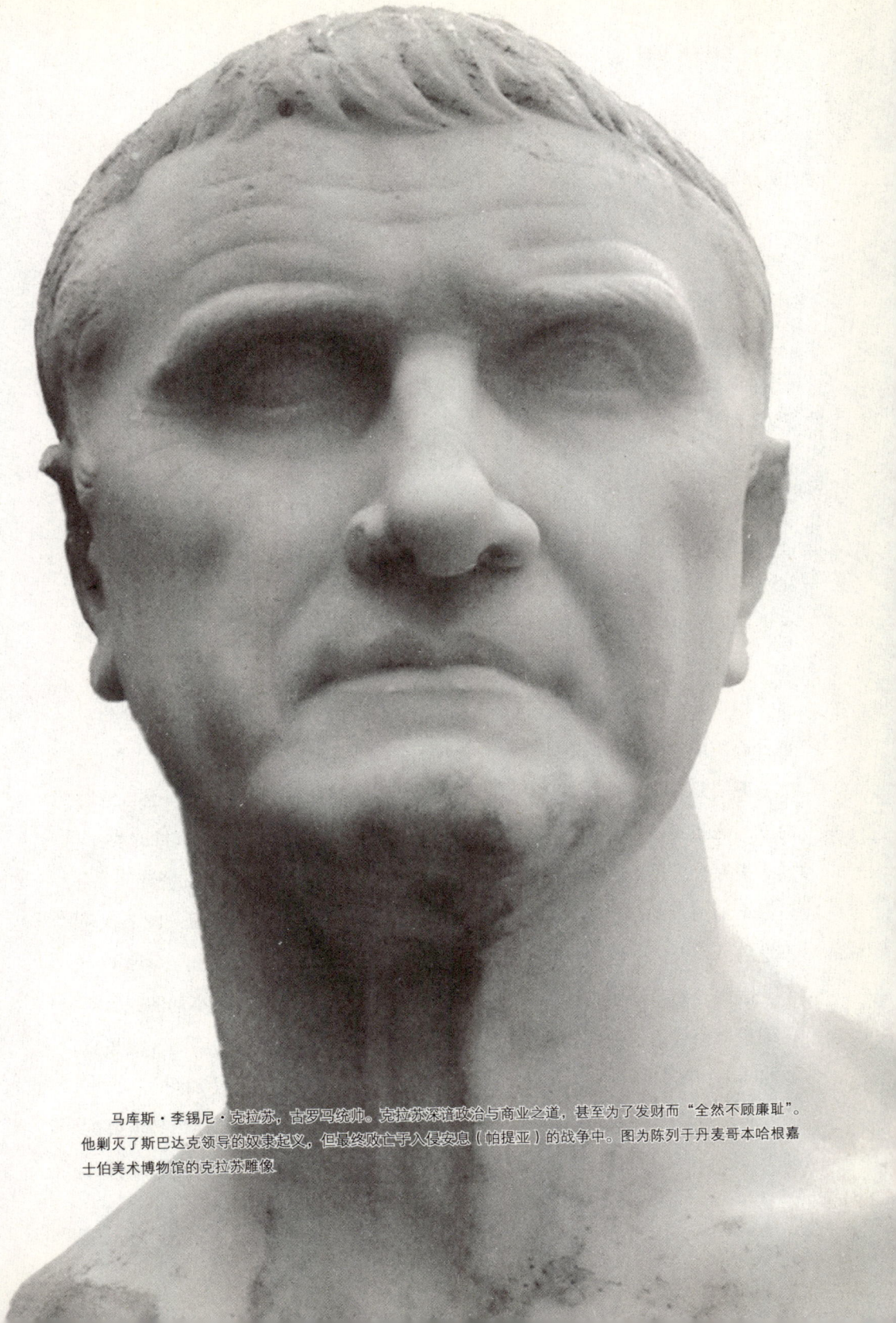

马库斯·李锡尼·克拉苏，古罗马统帅。克拉苏深谙政治与商业之道，甚至为了发财而"全然不顾廉耻"。他剿灭了斯巴达克领导的奴隶起义，但最终败亡于入侵安息（帕提亚）的战争中。图为陈列于丹麦哥本哈根嘉士伯美术博物馆的克拉苏雕像。

5000 人的军队，将他们全部屠杀。克拉苏担心庞培攫取本该属于他的功劳，便加快了进攻的步伐，希望以尽可能少的损失结束这场战争。

决战开始了，克拉苏凭借兵力的绝对优势，将起义军团团围住。起义军与罗马军队展开了殊死搏斗。斯巴达克亲手杀死了很多罗马士兵，在遍体鳞伤、腿骨折断的情形下，仍跪在地上继续作战。最后他体力不支，将短剑刺进了自己的胸膛，宁死也不再当俘虏。克拉苏最终剿灭了起义军，赢得了他要的胜利。

恺撒为斯巴达克感到痛惜，更令他始料未及的是，经此一役，克拉苏的实力和地位上升到空前的地步。

克拉苏和庞培凯旋那天，恺撒并没有去参加仪式。如今的局面是克拉苏、庞培和小加图的势力都强于恺撒，但他们三人之间的矛盾也很尖锐，恺撒要利用他们的矛盾，在他们之间找到平衡，确立自己的地位。要做到这一点，必须经过耐心的等待，以及精心的筹划。

恺撒仔细分析了罗马的形势以及小加图、庞培和克拉苏三人的个性和势力，考虑着该利用哪一方对付谁。

恺撒首先想到克拉苏，这个人虽然贪财重利，吝啬得出奇，追求地位可谓处心积虑，但恺撒认定，克拉苏暂时不会对他构成威胁。

庞培是苏拉的同党，曾大力帮助苏拉讨伐马略的余部，在政治上与恺撒对立。这些年，庞培通过几次征战，建立了赫赫战功，获得了引人瞩目的荣誉。他手中握有重兵，恺撒不能轻易与他发生冲突和摩擦，否则将引火烧身。

小加图是个坚定的共和主义者，作风正派但是脾气异常顽固，属于软硬不吃的危险人物，恺撒希望利用克拉苏和庞培的影响遏制住他的野心膨胀。

恺撒开始行动了，他的第一步就是通过克拉苏和庞培打击小加图，自己再伺机取而代之。他首先找到克拉苏，利用克拉苏对小加图的不满，挑拨克拉苏和小加图的关系，鼓动克拉苏竞选下一年的执政官，赶走小加图。

对待贵族派的庞培，恺撒知道不能像对待暴发户克拉苏那样，必须要更加小心谨慎，绝不能让他看出自己的用心和任何破绽，否则将事与愿违。所以，恺撒先准备了重礼，正式地拜见了庞培。

在庞培家的客厅里，恺撒和庞培闲聊着。对恺撒的突然到访，庞培感到很意外，心里揣测着恺撒的用意。可恺撒却闭口不谈来意，只是像朋友一样谈天说地，让庞培摸不着头脑。谈话的气氛越来越轻松，两人就像一对老朋友一样，心无猜忌。恺撒知道，时机到了。不知不觉中，恺撒自然地把话题引向了庞培未来的打算。

"庞培将军，这些年来，罗马民众清楚地看到您屡立战功，为罗马建立了丰功伟业。您深受民众的爱戴，以您的实力和声誉，参选执政官一定大有前途。"恺撒边说边暗中观察庞培的反应。他知道，执政官拥有罗马最高权力，有多少人渴望着这个头衔，庞培当然不会不动心的。果然，庞培面露得意之色，情绪不由自主地激动起来。于是，恺撒便顺势越发地恭维庞培，让庞培有些忘乎所以。最后，恺撒运用自己高超的口才，把庞培个人的能力和罗马的命运巧妙地联系在一起，使庞培终于下定了决心：要和克拉苏一起参选执政官。

公元前71年，庞培和克拉苏联合参加了竞选，结果是两人都轻松获选，当选为下一任执政官。通常执政官里总是一个辅佐另一个，但由于庞培和克拉苏两人各怀野心，彼此都不肯服从对方，两人暗中较劲，矛盾越发尖锐。

恺撒暗中关注着两人的一举一动、一言一行，不动声色地寻找着机会。另一方面他确立了两条基本路线，为自己将来参政奠定基础：一是更多地获得平民的支持，二是继续在军队中树立牢固的威信，并想方设法扩充兵力。

担任祭司的恺撒有很多机会在宗教仪式上向民众发表演讲。为获得平民的好感，他利用这个职权，竭力打破苏拉独裁期间对平民的限制规定，恢复了保民官的权力，以此赢得平民的拥护，打击元老院的保守贵族派。

公元前69年，恺撒的姑姑——马略的妻子朱莉亚去世。恺撒宣称，要为姑姑举行颂德仪式，以最隆重的葬礼埋葬朱莉亚。

送葬那天，罗马城几乎所有的市民都来了，人们怀着好奇的心思等看看恺撒是如何给一个女人举行盛大的葬礼的。

　　送葬的队伍由乐师、合唱团和殡仪队组合而成。这支长长的队伍绕行罗马城，人们目瞪口呆地看着这一场面，简直不敢相信自己的眼睛。因为在罗马，还从来没有哪个女人享受过这么高的待遇。

　　让人们惊异和好奇的还远不止这些。人们发现送葬的队伍中间，有人抬着个大家伙，虽然上面用红布遮盖，但人们很清楚地能看出这是尊雕像。但这是为谁立的雕像呢？人们猜测着，议论着。难道要为一个女人立雕像？这绝不可能！

　　人们耐心地等待着谜底，谁也不想提前离开。

　　朱莉亚下葬后，恺撒来到雕像前。人们屏住呼吸，眼睛都不敢眨一下，生怕错过了接下来的时刻。终于，随着恺撒把红色的遮布掀开，人们看清了：那是马略的雕像。

　　人群开始骚动起来，有人愤愤不平，有人大声叫好。显然人们对待马略的态度是不一样的，对是否应该在罗马中心的马尔斯广场上展出马略的雕像，也意见不一。因为在苏拉掌权后，马略被宣布为国家的公敌，苏拉的支持者是无法忍受马略的雕像立在罗马正中心的。但苏拉的时代毕竟过去了，而苏拉的独裁也让普通民众丧失了很多权益，所以反对苏拉的人占了多数。

　　选择葬礼后展出马略的雕像，是恺撒精心策划的一出好戏。

　　恺撒知道，要想赢得大多数平民的支持，就一定要让他们感受到：他们曾经拥有而又失去的东西，恺撒可以帮助他们重新找回来。马略曾为罗马创下丰功伟业是不争的事实；借用马略的影响力，一来可以给苏拉派的人以沉重打击，二来可以为马略的继承者——恺撒自己带来更多的支持者。马略雕像立在全罗马的人面前，民众情绪几乎失控，恺撒为自己制造了一个"该说点什么了"的完美机会。

　　广场上渐渐静下来，人们平复了情绪，等待恺撒对这一切做出解释。这时恺撒飞身跃上台阶，站在高处，凝视了一会儿马略的雕像，才把目光转向民众，开始了他一番激动人心的演说。

在苏拉的时代过去之后，恺撒成功地利用姑父马略的雕像为自己赚取政治资本。图为马略的雕像

恺撒从家族的历史开始，盛赞自己的家族，把尤利乌斯说成维纳斯女神的后代，并给出了相关的证据和解释。他说："我们家族的神圣，曾如尊贵的帝王一般。同时，人们对它的敬畏之心，犹如对神一般。帝王乃凡人中的至尊，而神却是帝王的主宰。"

随后，恺撒历数家族的辉煌，从神的后裔缔造罗马，到做到罗马执政官的叔父塞克斯图斯·尤利乌斯的丰功伟绩。他对姑父马略的战功以及为罗马的民主事业所建立的伟大功勋也给予了高度的赞扬。最后，恺撒慷慨激昂地说：

"罗马市民们，我们每个人都深深地热爱着民主，我们拥护罗马法赋予我们的民主。然而，苏拉的独裁，野蛮地践踏了罗马法律，亵渎了神灵赋予我们的权利。我们要反对专制统治，恢复民主，因为这是神的意志。"

恺撒的魄力和诚心打动了在场的所有民众，人们高喊着："民主万岁！"

这次，恺撒大获全胜。民意几乎完全倒向了他一边。

不久，恺撒的妻子科尔涅利亚也去世了。妻子的离世让恺撒一度消沉。但是，他很快恢复了理智，采取了一种重振雄心、继续为事业铺路的有效办法：他把全副精力放到计划中的下一步——扩张兵力上去。他认为自己可以去西班牙寻找机会。

在西班牙，恺撒获得了度支官的职位，担任西班牙行省总督的助理。这是个得罪人的差使，每天都要处理琐碎的纷争和法律问题。但是，恺撒精明地认识到，如果权衡得当，把握好分寸，这也可以是个收买人心、培养自己支持者的绝佳契机。一个多月以来，恺撒从西班牙东部的地中海到西海岸的大西洋，巡视着西班牙的各城市和分社。以恺撒的精力和能力，这个小小的差使他应付自如。大量的闲暇时间被他用来参加各种社交活动和集会，借机展示自己高超的演说水平和亲民形象。

一天下午，天气很好，阳光暖暖地照着，微风从地中海吹来，带着微咸的味道。空气中弥漫着花和草的清香。恺撒抬头望望湛蓝的天空，顿觉神清气爽。他想到处走走。

来到西班牙做度支官已经有一段时间了，恺撒凭借个人的能力和魅力，成为了众多民众的保护者。但这样安逸的生活不是他的追求，注定只能做他雄才伟略的一个插曲。

沿着一条小路，恺撒登上了一座小山丘。小山被茂密的树林覆盖着，一派郁郁葱葱。站在高处往远处望去，恺撒发现了一座神殿。

"那是什么？"恺撒问身边的侍从。

"是一座神殿。"侍从回答说，"听说里面摆放着亚历山大的雕像。"他补充道。

亚历山大大帝，马其顿帝国国王，被认为是欧洲历史上最伟大的军事天才。恺撒和拿破仑都以亚历山大大帝为榜样和偶像。图为保存于意大利那不勒斯国家考古博物馆的亚历山大大帝马赛克镶嵌画

"亚历山大？那个征服世界的亚历山大？"恺撒追问。

"是的，就是那个马其顿的亚历山大。"侍从回答说。

"你给我讲讲亚历山大的故事吧！"恺撒来了兴致。

侍从就从马其顿的兴起和亚历山大开始征服希腊讲起，一直讲到亚历山大东征波斯，攻入印度，建立了庞大的帝国，成为世界最古老文明的统治者。

来到神殿，恺撒果然看到殿中央矗立着亚历山大的雕像。雕像的表情凝重，气宇轩昂，颇具帝王之风。恺撒围着雕像转了一圈，抬头仰望着这位高大帝王的面孔，深深地叹了一口气。他抚摸着雕像说："亚历山大去世时应该是33岁，我现在也是这个年龄。他在这个年龄就已经征服了全世界，而我却还什么都没有做。"说着，不禁越发感伤。

从那次山上散步回来以后，恺撒对很多集会和活动都失去了先前的兴致。更多时候他陷入一种沉思，思索着自己该采取什么具体的行动，以尽快在罗

马的政治角逐中获胜，从而像亚历山大大帝那样征服世界。

　　眼下，在西班牙的这段时间里，恺撒已经征服了当地的大批民众，这些人对恺撒是既爱戴又崇拜，他们成为了恺撒彻底的支持者。但这离恺撒预定的目标还差太远，他要的是军功，要的是足以对敌人造成威慑的兵力。这一点，恺撒仍然无法与庞培和克拉苏相比。在恺撒的计划中，他要首先与庞培和克拉苏平起平坐，再把对手各个击破，继而成为罗马的最高统治者。

　　恺撒的心，向往着希腊文明，也向往着最伟大的帝王，不止一次地呐喊：我要成为罗马的统治者，我要成为第二个亚历山大，我要征服全世界！

　　在西班牙的任期刚结束，恺撒就回到了罗马。

三巨头结盟

　　恺撒还不能与庞培和克拉苏明争，他要拉拢、利用这两人，为自己谋求发展。他与庞培互相娶了对方的女儿，庞培的人脉和地位无疑都对他助益良多。而对于大财阀克拉苏，恺撒主要以出谋划策的方式博得他的好感，尤其是取得他的经济资助。

这次回到罗马后，恺撒的着眼点在于如何获得权势和金钱上的支持。

为了与掌握权力和财力的人搭上关系，获得同盟者，恺撒仔细地分析了罗马当前的形势。顽固的小加图和元老院的保守派仍是必须打击的对象，恺撒要做的是设法争取那些摇摆不定的人物的支持，以扩大自己的势力。

经过再三的考虑，恺撒决定采取联姻的方式获取政治资本和同盟军。妻子科尔涅利亚去世后，恺撒盯上了庞培的远亲庞培娅。在恺撒的生命中，他非常重视婚姻给他带来的政治利益，所以他在选择妻子时，一定会把这种连带关系考虑进去。

公元前 67 年，恺撒再婚了，新夫人正是庞培娅。通过这次婚姻，恺撒不仅可以争取到更多的支持者，而且夫人家极为富有，这也使他不必再为财务担忧。

不久，恺撒被选进了元老院。这意味着恺撒在这些人中间没少费口舌，庞培娅的家族也为他提供了大力协助。现在，恺撒足以和小加图分庭抗礼了。

这时期，地中海的海盗活动猖獗，他们肆无忌惮地绑架沿岸城市居民，掠夺钱财。罗马军队多次前去围剿，但海盗们凭借手中强大的兵力和武器顽抗，气焰日益嚣张。消息传到罗马，民众十分气愤，纷纷要求元老院尽快采取强有力的措施，打击海盗。

元老院召开会议，商议由谁统领军队讨伐海盗。恺撒虽然很想出头，但他忍住了：以他目前的势力还无法与庞培匹敌，所以不能让庞培看出他的野心；他必须表现出一副诚恳的支持者的面目，全力举荐庞培。所以，在会议上，恺撒明确表示支持庞培担任地中海司令官。然后，几乎在意料之中，在是否授予庞培以无限权力的问题上，恺撒与元老院的小加图派发生了激烈的争执。

格涅乌斯·庞培，古罗马统帅。他是古罗马共和国末期著名的政治家和军事家。在与克拉苏和恺撒结成的"前三头政治（联盟）"中实力最强

无限权力意味着庞培不仅拥有罗马海军的统领和指挥权，而且还享有地中海沿岸所有行省长官的大权，可以任意支配、调动和使用行省的财力和兵力。元老院的保守派担心庞培借机壮大自己的势力，对元老院构成威胁，所以极力反对此项提案。

恺撒看到与庞培结成正式联盟的时机来了。他站起身，用眼睛扫视了一下所有在场的人，开始了他的极具感染力的演说：

"先生们，海盗猖獗，大肆掠夺我地中海沿岸各行省的人口和财富，致使我罗马受辱。民众在等待着我们当机立断，给海盗以毁灭性的打击。此时，我们应该考虑的不是自身的权力和利益，而是讨伐海盗的胜利，从而使地中海沿岸的人民安心生活，巩固罗马的力量。授予庞培将军以无限的权力，正是为了保证他率领的罗马军能够全力以赴，早日挫败海盗，以减少罗马及你们各位在海外的贸易损失。消灭海盗，是我们的当务之急。为了达到这个目的，我们要团结一致，拿出勇气和决心，做出正确的决定。现在，提案就摆在我们面前，不要犹豫了，先生们，我们的决定要么让罗马荣耀，要么使罗马受辱，该如何选择，我们每个人都非常清楚。"

恺撒的一席话，感染了在场的绝大多数人，元老们纷纷开始转向支持此项提案。最后，提案获得通过。

自此，恺撒的声望又一次得到极大提升。是他的坚持和力挽狂澜的演说，为庞培赢得了巨大的权力。同时，打击海盗也是民众的共同愿望，最大限度地迎合这个愿望，就等于赢得了民心。

庞培被任命为地中海司令官后，统领罗马海战舰队与海盗作战，取得了突破性的进展。在当年年底，他就肃清了地中海的海盗，稳定了罗马在海上的贸易和在地中海沿岸各行省的控制权。

庞培凯旋后，小亚细亚方面告急。由卢奇乌斯·路库路斯率领的罗马军队在与米特里达特斯人长达10年的战争中，损失了大量的兵力和财力，仍然没能取得对米特里达特斯人的彻底胜利。所以罗马人要求元老院尽快拿出方案，结束对米特里达特斯人的战争。

这次，恺撒又站到了庞培一边，他坚决支持由庞培来统率驻扎在小亚细亚的罗马军团，彻底打败米特里达特斯人。

庞培不负众望，小亚细亚捷报频传，罗马举国欢腾。

就在庞培忙于对付米特里达特斯人的日子里，恺撒开始更多地接近克拉苏。

因为恺撒的全力支持，庞培得以获得巨大的权力和建立军功的机会。庞培对恺撒虽然不敢轻视，但却少了戒心，更多的是感激之情和建立联盟的愿望。恺撒成功拉拢了庞培，下一步就是巩固和克拉苏的友谊。

作为罗马最富有的人之一，克拉苏的个人财富远不只养得起一支私人军队，也足以让他为了权力而大肆挥霍。在和庞培双双当上执政官之后，克拉苏在政治上并没有什么大的作为，而是一直在通过各种途径和手段大肆敛财，采取投机的方式获得暴利。倒是庞培由于率军出征地中海和小亚细亚，屡立战功，名望飙升。克拉苏对此虽然嫉恨，却找不到反击的机会。

恺撒实在是太了解这位昔日的同党了。他将向克拉苏示好，表示合作的诚意，甚至帮克拉苏料理一些力所不及的政治难题，而他要的报酬就是克拉苏的财力支持。基于这一想法，恺撒频频出现在克拉苏身边，帮助克拉苏料理生意，凭借着他的聪明头脑和人脉关系为克拉苏赚取了更多利益。公元前65年，克拉苏利用自己雄厚的财力帮助恺撒坐上了民政官的宝座。

当上民政官之后，恺撒开始为罗马的公共建筑、民众的娱乐竞技活动等进行筹划。他是一个富有活力的人，不仅熟谙政治，也懂得如何玩乐。怎样取悦民众？最直接的方式，就是让他们沉浸在狂欢般的公共娱乐活动中。

恺撒开始挥霍公共资金，以组织全民性的娱乐活动。每当庞培在小亚细亚的胜利捷报传回罗马，恺撒就借机举办大型的庆祝活动，让民众享受到欢乐、愉快的气氛。因为罗马人十分喜爱各种竞技活动，恺撒就时常安排一些精彩、刺激的角斗比赛。一时间，民众把恺撒视为带来快乐的救世主，不论在什么场合，只要恺撒出现，人们都要欢呼雀跃。

在欢呼声中，恺撒为自己的声望感到由衷满足。

恺撒为举办竞技赛而招募了大量的角斗士，此举令元老院十分不安。他们担心恺撒因此掌管和控制众多的角斗士，便下令限制参加竞技的角斗士的人数。

恺撒毫不介意，既然人数受到限制，他就在场面上花费更大的力气。他花费重金为角斗士配备了银盔甲，把角斗场和看台精心装扮一番，以吸引众多的罗马市民。

恺撒所做的这一切，目的就是为了提高自己在今后罗马的政治选举中的支持率。

公元前 63 年，罗马的大祭司长去世。这是个只有资深元老和军事将领才敢问鼎的职位，然而，年仅 37 岁的恺撒自恃有民众的支持，大胆地宣布要参加大祭司长的竞选。在广泛的民意基础上，再加上克拉苏的财力支持，恺撒为自己的竞选大肆宣传，最后如愿以偿，高票当选为罗马大祭司长。

恺撒的当选令小加图和元老院极为震惊。他们感到恺撒势必对他们的权力构成威胁。大祭司长的职位会对罗马的政治产生重大影响，而恺撒就在他们眼皮底下轻而易举地得到了它！

此外，庞培日益显赫的功绩也让这些人坐立不安。他们担心庞培借机利用手中的 20 万大军和赫赫战功摘取王冠，成为独裁者。但庞培并没有那样做，而是像罗马历代的得胜归来的将领一样，一回国即解散了军队，接受了凯旋仪式，向罗马的市民们展示战利品。

对于庞培此举，恺撒既感到惋惜又感到庆幸。他是个相信神话、崇尚英雄的人，出于一种对力量的朦胧向往，他希望庞培能走到更辉煌的一步；但在理智上，他当然不希望庞培真的掌握那么多兵力，否则他接下来想要超越庞培就几乎不可能了。现在，庞培解散了军队，倒也是件好事。

恺撒当选大祭司长后不久，罗马发生了一次政治危机，给他制造了一名新的竞争对手。

事情是由一个名叫喀提林的苏拉党羽引发的。

1888 年，意大利画家切萨雷·玛卡里在都灵玛德玛宫的壁画画作《西塞罗在元老院首次发表反喀提林演说》。图左边的演说者即为西塞罗，图右边孤坐者为喀提林

　　早在公元前 65 年的时候，喀提林曾被指控组织暗杀罗马执政官的行动。当时的喀提林得到过恺撒的庇护，所以有人认为恺撒也与那次的暗杀行动有关。

　　公元前 63 年的竞选，喀提林因声名狼藉，又遭遇强有力的对手西塞罗的攻击，竞选失败。为此他心怀怨恨，策划了推翻罗马共和国的行动。不料，计划还没有实行，便走漏了风声，被西塞罗揭穿。喀提林的同党被捕入狱，喀提林本人逃离了罗马。

　　公元前 63 年 12 月，元老院下令将谋反者判处死刑。恺撒为喀提林的谋反辩护说："所有在仔细考虑难题的人，都应该排除个人的好恶、情谊、愤怒与同情等因素。"他的演讲固然打动了许多人，但小加图立即出来捍卫死刑，元老院也站在小加图一边。

　　最后，恺撒表明了中立的立场，提出给谋反者以终身监禁的处罚建议。但未能改变元老院的决定，谋反者被全部施以绞刑。西塞罗因为粉碎阴谋有功，被授予"祖国之父"的称号，威望大大提升，成为恺撒的又一对手。

公元前 62 年，恺撒当选为大法官。身兼大祭司长、大法官和元老院一员的恺撒，不仅政治势力日渐增强，而且也利用职务之便，大肆敛财，渐渐积累了雄厚的财力资本。这意味着，终有一天他将不再依靠克拉苏。

公元前 61 年，恺撒参加竞选并当上了行政长官，被派往西班牙行省任职。

重返西班牙后，恺撒的工作进行得风生水起。他一方面废除了压迫当地居民的一系列法令，使他们大为受益，获得了当地居民的拥戴；另一方面开始了军事行动，对路西塔尼亚人和加莱奇亚人实行了军事打击，并通过计谋使这两个一直不肯屈服的部族归顺罗马的统治。此外，他还通过有效的征敛政策获得了巨额财富，既充实了自己的腰包，也充实了国库。最后，他获得了元老院的凯旋仪式奖励，可谓名利双收。

然而，恺撒会满足于在远离权力中枢的地方做一个乐不思蜀的地方官吗？当然不。

公元前 60 年 7 月初，恺撒在继任者到达以前，便离开西班牙赶回罗马。这次，他是是冲着下一年的执政官之位来的，他要参加竞选。

按照罗马的规定，在凯旋仪式举行前，恺撒仍是军人，是不允许进入罗马的。于是，恺撒向元老院提出缺席竞选执政官的请求。小加图极力反对，说恺撒必须在凯旋仪式和竞选资格之间做出取舍。凯旋仪式一直是恺撒梦寐以求的荣誉，但为了实现未来更诱人的目标，他只好忍痛提出放弃。

虽然小加图力阻恺撒的竞选，但由于有了庞培和克拉苏的支持，恺撒的竞选相当顺利，以压倒性的优势击败其他候选人。元老院对此结果没有提出异议，恺撒顺利当选。小加图对此耿耿于怀。

当选执政官后，恺撒认为到了与庞培和克拉苏正式结成联盟的时候了。民众最欢迎的政治家恺撒，政治生涯如日中天的庞培，富甲一方的克拉苏，这三个人结成的同盟足以对付元老院的保守派。这次结盟在历史上被称为前三头政治（亦称前三头政治联盟）。

联盟形成后，恺撒开始为加强该联盟而进行运作。他故技重施，打出了联姻的牌，把 14 岁的女儿朱莉亚嫁给了 50 岁的庞培。这种年龄悬殊的姻亲关系一定程度上保证了他和庞培的联盟。

纵观前三头政治（联盟），庞培拥有军事上的统领地位，克拉苏占据着雄厚的财富，恺撒看上去什么都没有，但恺撒真正拥有和不能替代的是：不可匹敌的雄心和智慧。

恺撒当上执政官后，罗马共和国开始由三个民主派领袖联合统治了。三个人中，庞培显然居首位，是那个时代的第一将军。人们称他为"非公开的独裁者"，高傲的西塞罗在庞培面前卑躬屈膝。与庞培相比，恺撒目前的劣势相当明显——庞培所统治的几乎是整个帝国，而恺撒手里却只有两省；庞培对全国的军队和国库拥有绝对的指挥与调动的权力，而恺撒却只能动用 24000 人的军力；庞培可以自行选择退出政权的时间，而恺撒的自主权却是有限的。总之，帝国一切重要的事物和权力全部都集中在庞培手中，而恺撒则被派往遥远的北部，为罗马的安全和庞培的统治不受干扰充当守卫。这当然不是恺撒想要的结果，表面上恺撒似乎是庞培的助手，处理很多庞培的副官应该做的事情，但他在暗中一直没有停止寻找战胜庞培的机会。

在恺撒被派往北方期间，统治着罗马的庞培处处暴露出他治理才能的缺陷。庞培虽然能够游刃有余地指挥罗马军团打仗，但管理首都罗马城却让他感到力不从心。他只会简单地下指令，不懂得如何统筹和管理。

此时，恺撒却缔造了辉煌的业绩。开始，恺撒只是被派往意大利半岛的北部拱卫首都。但他却率领军队越过阿尔卑斯山，粉碎了辛布里人的入侵。同时，他又借机擅自征兵，使自己的兵力增加了一倍。公元前 57 年，他已将罗马军队带至莱茵河与英吉利海峡。

在罗马人的心目中，恺撒的英雄形象渐渐高大起来，而庞培由于政治统治的无能，正渐渐失去往日的光辉。

从前三头政治（联盟）开始时起,恺撒的目标就是针对罗马共和国政体的。恺撒采取了一系列有益于罗马民众的措施，修改了一系列的法案，包括向庞培的老兵分发田地，政府适当退税，鼓励民众到人口稀少的郊区开发土地等等，深受罗马民众的欢迎。此外，恺撒在罗马兴建了相当多的建筑，使执政官上下都因之得到利益。

但元老院中的小加图派却处处与恺撒作对，成为恺撒在任期内施展才干的最大障碍。当恺撒在一次元老院的会议上提出修改罗马法案时，小加图立刻强烈反对。恺撒不得不采取极端的做法，令侍从带走小加图。支持小加图的元老院贵族们见状纷纷起身离开，并对恺撒说："我宁愿和小加图一块被抓起来，也不愿和你待在元老院。"

恺撒气愤至极。但他并非鲁莽之人，他是个智者，十分懂得控制人的情绪。他放弃了元老院，而直接把自己的提案交给广场的公民大会讨论。

消息传开后，修改法案的最大受益者——庞培的老兵们纷纷来到罗马，令恺撒的反对者感到惊恐不安。恺撒的支持派也在密切关注着时局的变化，人们不知道接下来会发生什么。

就在恺撒的提案开始投票前，恺撒的支持者纷纷公开表态。庞培当然是站在恺撒一边。出乎人们意料的是克拉苏的态度。由于和庞培的宿怨，克拉苏一贯的原则是：只要庞培拥护的，他就反对。但这次，圆滑的克拉苏和恺撒、庞培结成了同盟，他把自己的选择说成是为了罗马共和国的利益，但明眼人都看得出来，克拉苏是十足的机会主义者。

通过投票，恺撒的提案获得通过。在这一回合里，恺撒没有给小加图留下机会，小加图又一次在和恺撒的交手中败下阵来。

初征高卢

对于野心勃勃的恺撒来说，高卢总督是个肥差。高卢不仅富有，而且山高皇帝远，有利于他发展自己的力量。此外，这里部落众多，常年混战，也是恺撒喜欢的一点：他可以动用一些手段，或拉拢分化、或军事打击，使这些部落通通归顺罗马，给他自己添一大笔功勋。

当上执政官，并不是恺撒的最终目的。他的最高目标是成为罗马的独裁统治者。为了实现这一理想，恺撒知道，除了获得政治上的绝对优势，还必须在军事上占有统治地位。

当时的恺撒尽管立过相当多的战功，但统领军队的经验还是非常少。于是，恺撒又把目光放在了高卢——要实现远大目标，征服高卢是他迈向成功的关键一步。

公元前58年，恺撒为自己争取到了机会：元老院通过决议，任命恺撒为高卢（意大利北部波河流域，即阿尔卑斯山以南或内高卢）总督，随后又兼理纳尔邦高卢（波河上游以西）地区。

在恺撒的心中，高卢是个风水宝地。那里土地肥沃、矿藏丰富，出征高卢不仅能给罗马带来巨大的财富，而且还可以使他摆脱元老院的牵制，进一步壮大自己的军事实力，与庞培抗衡。

当时的高卢全境分为两大部分：山北高卢（阿尔卑斯山以北广大地区，大体包括今法国、比利时、卢森堡及荷兰、瑞士的一部分）、山南高卢（意大利北部波河流域，相当于阿尔卑斯山以南、鲁比科内河以北地区）。北面一部分住着比利其人，另一部分住着阿奎丹尼人，这些人用他们自己的话来说统称为凯尔特人。外界称之为高卢人的民族，则是靠南面这部分居民。此时，高卢领地在政治上四分五裂，并没有取得真正的统一，不过在经济上还是相当发达的。境内居民人口较多，土地资源丰富，农业水平已经达到很高的程度，某种意义上说，甚至超过了罗马。手工业生产也具有较高的水平，居民自制铁矛，建筑城墙，能加工军事武器和精美的首饰，高卢刀剑的锻造就非常有

公元前 3 世纪—公元前 2 世纪的高卢士兵。高卢人属于凯尔特民族的一支。图中，位于中间的赤身裸体的高卢战士，头戴青铜头盔，装备 1 面盾牌、1 把长剑、1 支长矛和 2 支标枪。位于右边的高卢战士，头戴铁质头盔，装备 1 面盾牌、1 支长矛、1 把长剑和 1 把匕首。左边的高卢骑兵则模仿了日耳曼民族辛布里人，头戴铁质头盔，装备 1 面盾牌、1 把长剑和 2 支标枪。他头盔上的青铜鸟工艺精巧，当他策马飞奔时，青铜鸟的翅膀甚至会拍打起来

名。他们还能使用木材、皮革加工船只、车辆以及皮革制品。但是，由于语言、法律、习俗各不相同，不同地区的居民时常发生交战。也正因为经常发生战争，高卢军队经验丰富，十分顽强好战，甚至凶残成性。

在出征高卢前，恺撒请了一位土生土长的高卢人那拉坎特为他详细介绍高卢的情况，以便为征服高卢做周密的准备。

那拉坎特拿出一张地图，指着地图为恺撒介绍说："将军您看，这里是高卢人和阿奎丹尼人交界的这一面，是加隆纳河（今加龙河）；和比利其人的交界处是马特隆纳河（今马恩河）和塞广纳河（今塞纳河）。所有这些民族当中，

要属比利其人最勇猛，因为他们距离行省最远，所以受行省的文明和教化的影响也最小，而且那里商业、贸易滞后，商贩往来稀少。他们与日耳曼人只有莱茵河一河之隔，彼此战争不断。因而，他们在战争中锻炼了高超的战斗能力。而高卢中的赫尔维蒂人差不多每天都与日耳曼人作战，要么是抵御日耳曼人的入侵，要么是他们侵入日耳曼人的领地，掠夺财富和人口。由高卢人居住的区域，从罗唐纳斯河（即罗讷河）起，四周分别为加隆纳河、大洋和比利其人的疆域，另外在塞广尼人和厄尔维几人的这一面，和莱茵河相接。比利其人的领地一直延伸到莱茵河的下游。阿奎丹尼人的区域则是由加隆纳河到比利牛斯山和西班牙的大洋边。"

说到这，那拉坎特抬起头看着恺撒，"将军，您了解罗马和高卢人的历史，如果我们能够利用好罗马和高卢人的关系，就能够做到让高卢人服从罗马的意志，从而控制高卢的经济，获得巨额财富。"

听了那拉坎特的介绍，再加上自己对高卢的全面了解和分析，恺撒对高卢已了如指掌。罗马与高卢各个民族之间确实存在非常复杂的关系。而且在不同时期，这关系也是在不断变化着的。居住在普洛文尼亚和自由高卢之间边界地区的阿洛布罗克斯人曾在前年起来反对过罗马的统治，但被再次征服了。埃杜依人则站在罗马一边，被认为是最忠诚的罗马的联盟者。塞广尼人和赫尔维蒂人则对埃杜依人非常仇视。其中赫尔维蒂人可称得上是罗马危险的敌人。早在公元前107年，在与赫尔维蒂人的一次交战中，罗马人战败。当时，罗马执政官卢奇乌斯·卡休斯惨遭赫尔维蒂人杀害。恺撒的军队也曾经败给过赫尔维蒂人。所以，对待高卢境内的各民族，罗马必须采取不同的政策，既要使他们屈服，同时又要从他们手里攫取巨额财富。

不久，恺撒挥师挺进高卢。

进入高卢后，恺撒还没有来得及采取任何行动，便接到密报：赫尔维蒂人当中有个奥尔及托列克斯，阴谋篡夺权位，正鼓动周边的民族一起离开原来的居住地，企图开辟新的领土，统领高卢。但是这件事最终败露，引起了赫尔维蒂人的内讧。始作俑者奥尔及托列克斯死去，但动乱并没有结束。受了蒙蔽的赫尔维蒂人为了实现离乡迁徙的计划，烧掉了自己所有的 12 个市镇，400 个村庄，以及私人的建筑物。除了随身携带些粮食以外，他们把其余的个人财产也都烧掉。这些都表明他们断绝了回家的希望。

恺撒决定利用这个机会，把赫尔维蒂人各个击破。他找来自己的心腹谋臣那拉坎特商议对策。

那拉坎特说："将军，赫尔维蒂人要离开自己的家乡，一共有两条路可走。一条是通过塞广尼人的领域，那里处在侏罗山和罗唐纳斯河之间，地势崎岖、险要，旁边是一座山，只要很少的兵力就可以阻止他们通过，赫尔维蒂人不会冒此风险。另一条路就是通过我们的行省，因为这里的地势平坦，此处的罗唐纳斯河水不深,极易渡过。况且在罗唐纳斯河边上有一座小城镇叫日内瓦，而这座城镇通往赫尔维蒂人的居住地有一座桥梁，他们可以从桥上通过。"

这番分析与恺撒自己的判断一模一样。恺撒满意地朝那拉坎特笑笑，随即发出命令：立即赶往罗唐纳斯河边的小城镇日内瓦。

恺撒的军队没有直接进驻城内，而是在城郊选择了一处有利地形安营扎寨。他自己和大部分军队驻扎在这里，准备随时作战。部署好军队之后，恺撒马上下发命令，要求部下一方面要多方招募军士以解决兵力不足的问题，另一方面要详细了解当地的情况。同时，要立刻将罗唐纳斯河边日内瓦小镇通往赫尔维蒂人居住地的那座桥毁掉，以阻止赫尔维蒂人从此通过。

赫尔维蒂人听说了恺撒的军队会对他们采取行动，但万万没有想到恺撒的行动如此之快。面对强大的罗马军团，他们显然有些招架不住，于是派出使团求见恺撒，说明他们只是想借道穿过行省，不会对当地的居民造成任何伤害。除了这条路，他们没有别的选择，所以希望恺撒能让他们由此通过。

恺撒想起执政官卢奇乌斯·卡休斯的死，又想起他自己的军队败给赫尔维蒂人的奇耻大辱，没有心软。他是绝对不会答应这个请求的，而且也不相信赫尔维蒂人的承诺——他们一旦通过行省，势必会对行省居民肆意蹂躏。

19 世纪瑞士画家夏尔·格莱尔的画作《赫尔维蒂人强迫罗马人钻轭》：公元前 107 年，在阿让之战中，赫尔维蒂人击败了罗马军队。画中左边张开双臂，右手举剑者就是赫尔维蒂人的领袖狄维果

罗马军必须断然阻止赫尔维蒂人从行省通过。

恺撒先是采取外交手段拖延时间，并不急于向赫尔维蒂人表明态度，建议使臣们到 4 月 13 日再来商议。这期间他一面向赫尔维蒂人的使臣展示罗马军团的威武和强大，一面积极修筑工事，招募军队，准备迎接与赫尔维蒂人的战斗。

当赫尔维蒂人的使臣如约再次来见恺撒时，罗马军已经做好了充分的战斗准备，于是恺撒断然拒绝了赫尔维蒂人的请求。他说："按照罗马人的习惯和惯例，我们绝对不会给任何人一条穿过行省的通道。如果你们企图蛮干，那我们就一定要用武力阻止你们通过。"

赫尔维蒂人看出恺撒的决心，更为恺撒的威名而恐惧。于是在尝试着强行涉渡没能成功后，被迫放弃了从罗马行省通过的企图，而不得不考虑从侏罗山和罗唐纳斯河之间的塞广尼人居住区通过。

恺撒看出了赫尔维蒂人的企图，他绝对不允许他们的计谋得逞。赫尔维蒂人始终是恺撒的心中之患，一旦他们的计划得以实现，定会给罗马在高卢地区的统治带来潜在的威胁。因为那样赫尔维蒂人就会依靠塞广尼人和埃杜依人的富庶的土地而获得充足的粮食，从而武装自己的军队，回头与罗马人再次开战。

恺撒命令自己的副帅卡尼尼乌斯率兵留守，并继续修筑防御工事，而自己径直返回意大利征召军队。在回到意大利 1 个月的时间里，恺撒征募了 2 个军团，加上坎某将军从阿奎来耶调遣的 3 个军团，一共 5 个军团开始越过阿尔卑斯山，追赶赫尔维蒂人。一路上，他们与高卢的一些部落发生了遭遇战。

果然不出所料，赫尔维蒂人所到之处，对当地居民和他们的土地进行了残酷的蹂躏。埃杜依人、阿姆巴里人等无力与赫尔维蒂人交战，纷纷向恺撒求援，寻求保护。

凭借当地居民的支持，恺撒一次次地取得对赫尔维蒂人作战的胜利。但是为了击败那些土著居民对罗马军队的反抗，恺撒也消耗了大量的士兵。当冬天来临时，军队还没有准备好足够的粮食和冬衣，又一次受到巨大损失。

一天，恺撒的侦察兵报告说，赫尔维蒂人正在抢渡阿拉河，而且已有四分之三的兵力转移到对岸了，还有四分之一留在岸边等待渡河。

阿拉河是流经埃杜依人和塞广尼人居住区域的一条河，水流缓慢地汇入罗唐纳斯河。赫尔维蒂人渡河的时候把几只木筏和船只联结在一起，以防河水冲散了船只。

得到报告，恺撒即刻率领 3 个罗马军团迅速赶往阿拉河，攻击尚未渡河的赫尔维蒂人。

恺撒出其不意的行动，让赫尔维蒂人大为惊慌。罗马军团开始了一场大屠杀，赫尔维蒂人无力反抗，只顾四散逃走。恺撒很快就结束了战斗，把这四分之一的赫尔维蒂人彻底消灭在了阿拉河畔。

随后，为了消灭赫尔维蒂人的军事力量，恺撒命人在阿拉河上建起了一座桥，率领军队从桥上过河，死死追着赫尔维蒂人不放，要把赫尔维蒂人一网打尽。

仅仅用了两天时间，恺撒的军队就全部渡过阿拉河。赫尔维蒂人闻讯大为惊恐，因为他们自己用了 20 天时间才艰难地渡过来的河流，恺撒这么快就过来了。于是，他们只好再次派出使臣与恺撒讲和。使臣的首领叫狄维果，就是曾经率领赫尔维蒂人打败卢奇乌斯·卡休斯的领袖。见到恺撒，狄维果说：

"如果你们罗马人愿意和我们赫尔维蒂人讲和，我们愿意到你们所指定的、要我们住下来的地方去。如果你们坚持要战争，你们要记住罗马人以前的灾难和赫尔维蒂人的勇敢。至于你们趁我们毫无防备的时候攻击了我们那支部队，是因为当时已经过了河的那些人不能来救援他们同胞的缘故，你们决不能因此过高地估计了自己的勇敢，而轻视我们赫尔维蒂人。我们从祖先那里学到的是：战争主要依靠勇力，不应该依靠阴谋诡计。所以，你们罗马人千万不要让我们耽搁在这块地方。因为罗马人在这里遭到过灾难，军队遭到歼灭，成为历史，流传后世。"

恺撒听后，不为所动。他说："我们罗马人正是因为牢牢地记住了赫尔维

19世纪瑞士画家卡尔·召斯林的画作：恺撒（台阶高处者）与赫尔维蒂人领袖狄维果（栈桥桥头者）谈判

蒂人给我们带来的耻辱，所以才不会答应你们的任何请求，一定要给你们惩戒。"

拒绝了赫尔维蒂人的请求后，恺撒集中了从行省和埃杜依人以及同盟那里征集来的全部骑兵，约4000人，全都派为前锋，观察赫尔维蒂人的进军方向和路线。不久，恺撒的军队终于追上了赫尔维蒂人的大军队，并在地形不利的情况下与赫尔维蒂人的骑兵发生一次遭遇战，损失了不少人。这场战斗之后，恺撒认为目前重要的不是与对方作战，而是紧跟对方，摸清全部情况，等待时机。就这样，恺撒的军队仍然以追踪赫尔维蒂人为主要任务。

由于地处高卢北部，天气寒冷，在追击赫尔维蒂人的时间里，恺撒军队的后勤补给遇到严重困难。后援中断了，粮食也只能维持数天，军中将士的信心受到重大打击。

为了鼓舞士气，恺撒对他的官兵说："你们忍饥受冻，远离家乡，跟随我来到了高卢。现在我们遇到的敌人是赫尔维蒂人，虽然在与他们交战中出现了一些损失，目前又存在一些困难，但这只是暂时的，我们很快就能解决问题。我相信你们的意志是无比坚强的，你们的决心也是坚定的，你们在战场上的英勇表现更是无人可比的。只要我们继续战斗，就一定能彻底击败赫尔维蒂人。到那时，你们将会获得大量的财富和荣誉。"这话起到了一定作用，很多官兵都振作起来。

恺撒果断地命令军队停止追击，因为以他们目前的战斗力来看，不宜与赫尔维蒂人正面交战，当务之急是解决补给问题。于是，恺撒决定暂时撇开敌人，向附近的毕布拉克提城撤退。毕布拉克提城是埃杜依人的领地，盛产粮食。在那里罗马军队可以得到休整，补充粮草。

谁知，战局突然发生逆转。赫尔维蒂人得知恺撒的动向后，开始掉头追击罗马军队，希望趁罗马军陷入困境时将其一举消灭。见此情形，恺撒当机立断，决定依靠毕布拉克提城山区的有利地形，对赫尔维蒂人展开一场歼灭战。

恺撒命令军队驻扎在最近的一座山上，并派出骑兵去抵挡赫尔维蒂人的进攻。同时，他把4个军团分成三列布置在半山腰，把新招募的2个军团和全部辅助军团安置在山顶上。这样，整座山都布满了罗马军队。然后，他又命令把全军的行囊都集中放在一起，由在高处的军队负责守卫。

远远地，赫尔维蒂人带着他们的全部车辆赶到，并把他们的辎重集中在一起，结成密集的方阵向恺撒的军队冲过来。

在此危急关头，恺撒表现出了非凡的胆略和勇气。他下令把自己的坐骑牵走，一直送到远处看不见的地方，并命令把所有指挥官的马都牵走，让大家面对同样的危险，不存有逃脱的希望，以示决不离开战场的决心。

战斗打响了。恺撒指挥他的军队，凭借着山上的有利地势，对赫尔维蒂人展开了猛攻。罗马士兵先是投掷出雨点般的标枪，打乱敌人的方阵，待赫尔维蒂人大乱时，乘势冲下山坡，向赫尔维蒂人发动了潮水般的攻势。赫尔维蒂人手中的盾牌被罗马士兵的标枪击中，带钩的枪头穿透盾牌，无法拔出来。很多人扔掉盾牌，暴露了身体。他们连连败退，向另外一座小山逃窜。恺撒见状，命令罗马士兵紧追不放。

这时，赫尔维蒂人的援兵到了，对恺撒的军队进行了反攻。已经逃到山上的赫尔维蒂人见此情景，又折返而回，冲向恺撒的罗马军队。恺撒的军队因此受到夹攻，不得不兵分两路应战。战斗异常残酷，一时间杀声四起，战马嘶鸣，刀锋相撞。罗马士兵勇猛冲锋，杀伤了大量的赫尔维蒂人。为了抵挡罗马人的进攻，赫尔维蒂人用排列起来的马车作为防护，向罗马人投掷石块和标枪，致使罗马人付出了沉重的代价。战斗持续了很久，赫尔维蒂人最终抵挡不住罗马人的猛烈攻击，他们的主力被罗马人彻底摧毁，辎重和营寨也被占领。那些战败的幸存者逃到了林恭内斯人的地区。至此，赫尔维蒂人被完全降服。

这场山区中的激烈战斗，尽管双方都付出了沉重的代价，但最终以罗马军队获得重大胜利而结束。

在《高卢战记》中，恺撒对这场战斗做了十分精彩的描述：

"战斗就这样分为两面，长期地激烈地进行着，直到他们再也挡不住我军的攻击时，一部分开始退到山上去，一部分集中到他们的辎重和车辆那边。尽管这场战斗从第七刻时一直延长到傍晚，但在整个战斗过程中，谁也没有看到任何敌人转过身去逃走。辎重附近，直到深夜还在进行战斗，他们把车辆排列起来当作堡垒，站在高处向我军进攻的人投射矢石，另有些人则躲在战车和四轮车之间，向上投掷梭镖和标枪，杀伤我军。战斗持续很久，辎重和营寨终于为我军占领。奥尔及托列克斯的女儿和儿子，都在那边被我军俘获。约有13000人从这场战斗中逃出，他们通宵赶路，整夜一刻不停，第4天到达林恭内斯人境内。我军因为有的士兵受了伤，还有些阵亡者要掩埋，停留了3天，没追赶他们。"

3天后，恺撒亲自带领全军追赶逃跑的赫尔维蒂人。赫尔维蒂人因为给养匮乏，不得不派使者向恺撒求降，他们跪在恺撒脚下，含着眼泪低声下气地恳求讲和。按照恺撒的命令，在他们交出了武器和人质以及逃亡到他们那里去的奴隶之后,恺撒接受了他们的投降。

于是,恺撒又命令赫尔维蒂人、都林忌人、拉多比契人,都回到原来出发的地方去。因为他们家乡的一切庄稼都已经被赫尔维蒂人毁坏,没有可以度日的东西,恺撒命令阿洛布罗克斯人把足够的粮食供给他们,并命令他们把已经烧掉的市镇和村庄重新建起来。恺撒之所以这样做,主要是因为他不愿意让赫尔维蒂人迁走后那块地方空下来。否则,住在莱茵河对岸的日耳曼人发现这里的肥沃土地,就会搬迁到这里来住,给高卢行省带来威胁。

在对赫尔维蒂人的战争结束后,恺撒获胜的消息传遍了高卢,几乎全高卢的首领都赶来向恺撒祝贺。他们说:恺撒击败了赫尔维蒂人,不仅为曾经被赫尔维蒂人侵害过的罗马人报了仇,同时也使高卢境内获得了和平。因为赫尔维蒂人在他们正强大的时候离开故乡,向高卢发动战争,妄图在全高卢的广大土地上,选取他们认为是最便利、最富饶的地方作为自己的领地,实现对高卢的统治,把高卢各国作为纳贡的属臣。

这些首领还请求恺撒允许他们约定一天,召开一个全高卢的大会为恺撒庆功。恺撒答应了这个请求。

大战日耳曼人

第七章

高卢人成为恺撒的子民,恺撒要展示他作为"保护者"的慷慨了。对付入侵高卢的日耳曼人是他的下一个目标,这不仅是因为高卢人求助于他,更因为罗马的权威不可冒犯。高卢人的自大粗鲁使恺撒无法容忍,所以他对高卢人进行了一场大屠杀,连妇女和儿童也不放过。

历史学家特西奥多·蒙森在他的《罗马史》中说："从莱茵河口到大西洋都布满着日耳曼民族；整个莱茵河都在他们控制之下；情形就像 500 年以后，日耳曼民族之法兰克人与其阿勒曼尼联盟猛扑没落的罗马帝国一样。"

高卢大会召开之后，许多高卢的首领都来到恺撒身边。他们向恺撒求援，请求恺撒出兵驱逐日耳曼人，保护全体高卢人的安全，维护高卢境内的和平。同时，他们恳求恺撒绝不要把这次谈话的内容泄露出去，否则他们就要遭到最残酷的处罚。代表他们发言的埃杜依人首领狄维契阿古斯说："恺撒统帅，目前高卢境内各邦分为两个集团，一个集团的领导权由埃杜依人掌握，另一个由阿浮尔尼人掌握。多年以来，他们之间为了争夺霸权，战争不断，以致阿浮尔尼人和塞广尼人联手雇佣日耳曼人。这些粗鲁而又野蛮的日耳曼人一来到高卢这片富庶的土地上，就喜爱上了这里。他们第一次渡过莱茵河的有 15000 人，后来他们又带过来更多的日耳曼人，使大批的日耳曼人源源不断地渡过莱茵河，迁徙到高卢境内，至今在高卢的日耳曼人已经达到 12 万人左右。"

几年来，高卢的埃杜依人和他们的属邦与这些移民的日耳曼人之间一直不和。在互相争斗中，粗鲁野蛮的日耳曼人连连获胜，势力不断壮大。埃杜依人在吃了败仗之后，遭受到了巨大的损失和灾难。他们失去了全部贵族、全部元老和全部骑士。

由于战争和灾难的打击，这些过去在罗马人的帮助下一直享有高卢统治权力的埃杜依人，不得不交出自己国内最尊贵的人和孩子给塞广尼人做人质。还要宣誓不得要回人质，不得向罗马人求救，要永远服从塞广尼人的统治。

但是，令塞广尼人没有想到的是，他们同被征服的埃杜依人相比，目前

公元前 1 世纪—公元 1 世纪的日耳曼士兵：左边的日耳曼骑兵骑着矮种马，装备 1 面盾牌、1 支长矛、2 支标枪，腰上别有 1 把青铜短剑；中间的日耳曼战士装备 1 面凯尔特风格的盾牌，1 支凯尔特风格的长剑和 1 把匕首；右边的日耳曼战士近乎赤裸，装备 1 面凯尔特风格的盾牌和 2 支标枪

的处境更为惨痛。因为日耳曼人很快就背叛了塞广尼人。日耳曼人的国王阿里奥维司都斯就住在塞广尼人的领土内，占据了他们三分之一的领土，而这些都是全高卢最富饶的土地。现在，日耳曼人越发贪心，要求塞广尼人让出更多的土地，企图在高卢建立起自己的霸权地位。毫无疑问，照这样发展下去，所有的日耳曼人都会在数年之后渡过莱茵河，将所有高卢人挤出自己的家园。因为高卢的土地要比日耳曼人的土地肥沃，高卢人的生活也比日耳曼人的生活富庶。

阿里奥维司都斯入侵高卢后，在马其多勃里加地方与高卢军队展开一场战斗，并击败了高卢军队。此后，阿里奥维司都斯更加傲慢，对高卢人的统治更加残酷。高卢贵族们的孩子被掠去做人质，经常遭到日耳曼人的残酷虐待。阿里奥维司都斯是个粗野、蛮横和残暴的人，在他的统治下，高卢人民不聊生。

狄维契阿古斯还说："日耳曼人势力的不断壮大，给高卢境内的多个部族造成了巨大的威胁。日耳曼人给高卢人带来了极大的灾难。要不是恺撒统帅和罗马人民赶来，设法给我们一些帮助，我们全高卢人就只好背井离乡，到别处寻找安身之处了。"他还恳求恺撒："如果刚才的那番话被阿里奥维司都斯知道，他就会把最残酷的刑罚加到全部人质身上。现在高卢人自己已经无法解除日耳曼人的威胁。所以，我们请求恺撒统帅，以罗马人的名义，利用您和您军队的威望，出兵征服阿里奥维司都斯，阻止他再让更多的日耳曼人越过莱茵河，侵占高卢的土地。这样才能够解救我们，保护全高卢不再遭受这些日耳曼人的蹂躏，还我们一份安宁的生活。"

狄维契阿古斯一番话过后，其他部族的首领们都一起号啕大哭，恳请恺撒出兵相助。

听着首领们的哭诉，恺撒表面上不动声色，内心却已对日耳曼人的傲慢和不敬大为恼火。他在迅速计划着打击日耳曼人的行动。其实，恺撒早就对日耳曼人怀有戒心。日耳曼人对罗马的"亲人"埃杜依人的欺凌，让罗马人丧失了颜面，感到莫大的耻辱。更为危险的是，日耳曼人的势力不断壮大，早晚有一天会占领整个高卢，而动摇罗马对高卢的控制，危及罗马的安全。因为塞广尼人的居住地和罗马的行省只相隔一条罗唐纳斯河，日耳曼人轻而易举就可以渡过罗唐纳斯河，进犯罗马。

恺撒经过深思熟虑，决定出兵援助高卢人。但是他知道，面对眼前的情形，应该先对高卢人说些鼓励的话。

于是，恺撒首先应允道："各位首领，对这件事，我绝不会坐视不管的。我向你们承诺，一定制服日耳曼人。"接着，他又用充满激情的话语说："我们罗马人历来爱护高卢境内的'兄弟'和'亲人'。针对此事，我一定要亲自出面干预。同时，我也希望阿里奥维司都斯能够看在我的恩惠和威望上，不要再做伤害高卢人的事情。否则，我将立即采取行动。"

这些高卢部落首领听了恺撒的承诺后，内心感到一丝安慰。他们想：如果恺撒真能像他刚才所保证的那样，高卢人就能受到保护，就能在这块土地上平安地生活了。

散会后，恺撒开始和他的部下一起商议，如何解除日耳曼人对高卢的威胁。

恺撒知道，作为罗马的兄弟，高卢人现在正遭受日耳曼人的威胁，这对罗马这样的大国来说，无疑是一种耻辱。再者，如果日耳曼人一直像现在这样，轻松自由地渡过莱茵河，大批大批地跑到高卢领土来，定会对近在咫尺的罗马行省造成威胁。这些凶残、蛮横、野心勃勃的日耳曼人，绝不会安分守己的。他们一旦占据高卢全境，就有可能冲进罗马的行省。从目前的种种情况考虑，恺撒认为，必须立即采取行动。阿里奥维司都斯表现出来的那种高傲自大、蛮横无礼、不可一世的态度，不仅令高卢人无法忍受，也让作为罗马军统帅的恺撒十分反感。

但恺撒知道，在对日耳曼人宣战之前，一定要首先采取外交策略。使用计谋让日耳曼人背上发动战争的罪名，这样既能造成日耳曼人不义的局面，又可以显示出罗马人的不可侵犯。

恺撒派出使臣和日耳曼人的国王阿里奥维司都斯谈判，要求他们选择一个和双方距离比较合适的会面地点。阿里奥维司都斯回答使臣说：如果他本人对恺撒有什么要求，他自己会到恺撒这里来；但如果恺撒想求助他做什么事情，恺撒也应该自己到日耳曼人的地方去。他还认为，在他用武力征服所得到的那一部分高卢领土中，也没有什么事情可以让恺撒和罗马人来过问的。

使臣将这番回答带回来后，恺撒感到阿里奥维司都斯的态度完全出乎他的意料。但是，恺撒不能听之任之，就此停止谈判。于是，恺撒让使臣再次到日耳曼人的驻地，会见阿里奥维司都斯，并让使臣转告他：在恺撒任执政官那一年，罗马元老院给了阿里奥维司都斯"国王"和"友人"的称号，这是恺撒和罗马人民对他的恩德。可他却对罗马人民做出这样的回答，不但不愿接受会面的邀请，而且对于与双方都有关的事情，也不想一起商谈和解决。现在恺撒向他提出的条件是：不允许再带日耳曼人渡过莱茵河进入高卢境内；归还从埃杜依人那边掠夺来的人质，同时也允许塞广尼人把他们手中握有的人质还给埃杜依人；不得再侵犯埃杜依人，也不允许再对埃杜依人和他们的同盟发动战争。如果阿里奥维司都斯能够做到这些，恺撒和罗马人民将永远跟他保持友谊。反之，如果他不能答应这些要求，那么，恺撒就只好从罗马共和国的利益出发，对埃杜依人和罗马人民的其余友邦加以保护。因为罗马人不能看到埃杜依人受到伤害而坐视不管。

恺撒十分清楚，对于以上这三个条件，阿里奥维司都斯是不会接受的。这样一来，他就有了出兵讨伐日耳曼人的借口，既可以借此征服日耳曼人，又可以使自己成为高卢各部族的救星，从而扩大和稳固自己在高卢的势力和统治。

果然，使臣回来向恺撒汇报说，阿里奥维司都斯傲慢地拒绝了恺撒提出的所有条件。阿里奥维司都斯说：

"根据战争的权力，战胜者可以随心所欲地支配他所战败的人。同样，罗马人统治被征服者，也只是凭自己的意愿，而从来不听别人的意见。既然我从来不干涉罗马人行使自己的这种权力，那么我在行使这种权力时，也就不该受罗马人的阻碍。至于埃杜依人，他们曾经在战争中试过运气，刀兵相见之后，吃了败仗，才开始向我纳贡。恺撒的介入，已经给我造成了很大的损失，使我的贡赋减少了。我是绝对不会把埃杜依人的人质还给他们的，如果他们能够履行先前的诺言，每年交纳贡赋，我也不会无缘无故对他们和他们的盟邦开战；反之，他们如果胆敢违背这些约定，罗马人的'兄弟'头衔，绝帮不了他们的忙。"

对于恺撒，阿里奥维司都斯警告说，如果想试试日耳曼人的武艺，那一定不会有什么好下场。阿里奥维司都斯还说，无论谁想与他作战，都是自取灭亡。如果恺撒愿意，尽可一试，领教一下日耳曼人的勇猛。

听了使臣的汇报，恺撒愤然而起，马上召集众将商议讨伐日耳曼人的对策。这时，埃杜依人派使者来到罗马兵营，向恺撒哭诉：刚刚渡河来到高卢的日耳曼人，正在对当地居民实施残酷的侵略和掠夺。即使他们送给阿里奥维司都斯再多人质，也无法换取和平。埃杜依使者的话还没有说完，又有德莱维里人来见恺撒，也说：还有一支日耳曼人现在正企图渡过莱茵河，向高卢进犯。等待德莱维里人的将是土地遭到掠取和居民遭受蹂躏的命运。

恺撒意识到当前的形势十分危急。如果阿里奥维司都斯与那两支日耳曼人结成联盟，将形成与罗马军队势均力敌的局面。所以，他的当务之急是赶在渡河的日耳曼人之前，消灭阿里奥维司都斯，然后再逐一征服其他的日耳曼人。

恺撒对自己的判断力充满自信。近来在高卢征战，他还从没有因为决策失误而造成失败。想到这里，他大声对众将领说道："现在，我们必须立刻赶往阿里奥维司都斯驻地，先消灭他们的力量，然后再去对付那些刚刚过河和正要渡河的日耳曼人。否则，我们将失去战机而使罗马军队处于被动。"

随即，恺撒对自己的军队做出全面部署，并亲自率领军团日夜兼程地赶往莱茵河畔的阿里奥维司都斯驻地。军队行进到第3天时，恺撒从侦察兵处获得情报，阿里奥维司都斯已率领他的军队离开驻地，前往塞广尼人最大的市镇维松巴阿。对于这个消息，恺撒感到有些不安，因为维松巴阿储藏着大量的战备物资，而且那里的地形犹如天然堡垒，易守难攻。如果这座城市被

　　公元 1 世纪，正在追捕战俘的罗马骑兵。前面下马的骑兵装备金属头盔、鳞甲和西班牙短剑，后面在马上的骑兵装备金属头盔、锁子甲、1 面盾牌、1 支长矛和 1 把西班牙短剑

日耳曼人占领，罗马军团就会陷入极为被动的局面。

于是，恺撒立即派坎那将军率领 2000 名骑兵加快行进，争取在阿里奥维司都斯之前赶到维松巴阿城。几天后，恺撒接到坎那送回的消息，知道他们已经抢先赶到了维松巴阿城，并开始修筑防御工事，顿时感到轻松很多。他随即带领剩下的军队，经过几天的快速行军，也来到了维松巴阿城，与先头部队会合。

在行军途中，补充给养期间，恺撒军队的士兵和将帅有机会接触到当地居民。他们告诉罗马军人，日耳曼人威武勇猛，强壮凶狠，侵略成性，十分可怕。这样的传闻给罗马士兵们造成了恐慌。对于将要与阿里奥维司都斯发生的战争，有些士兵感到忧心忡忡，忐忑不安。

恺撒察觉到军心有些动摇，于是召开了一次军事会议，运用他激情四射的演说鼓舞士兵，以扭转他们的情绪，显示他作为统帅的信心和勇气。他对部下说："你们都是罗马军团中能征善战的勇士，在同赫尔维蒂人的战争中，正是有你们的英勇作战，我们的军队才取得了胜利。如今日耳曼人不听我们的劝阻，大肆侵占高卢领地，并向我们挑战。虽然传闻把他们说成是所谓的勇士，但是赫尔维蒂人却常常跟他们交战。无论在赫尔维蒂人自己的领土作战，还是跑到日耳曼人的领土作战，他们都被赫尔维蒂人连连击败。而实践证明，赫尔维蒂人已不是我们的对手。由此看来，那些日耳曼人也只是外表吓人，其实并不可怕。我相信，只要你们肯勇敢地去战斗，我们一定能够战胜日耳曼人，取得最后的胜利。"他还特别赞扬了他的第 10 军团，认为即使他的部下多数人畏惧日耳曼人，不想跟他走，第 10 军团也会照样跟他继续前进的。对此，史学家普鲁塔克这样描述说："恺撒说，哪怕只有一个第 10 军团，我也要率领他们向蛮族发动进攻，因为我要对之作战的人们不会比辛布里人（曾与马略率领的罗马军队交战并全军覆没的日耳曼部落）更强，而我本人作为统帅也不会比马略更差。"可见第 10 军团是恺撒特别重视的军团，也是恺撒最信得过的军团。

恺撒的发言果然奏效，全军的情绪又重新振奋起来，对战斗更加充满渴望。特别是第 10 军团，因为得到恺撒的好评，他们首先立下誓言，誓死跟随恺撒将军征讨日耳曼人。其他将士也纷纷表示了与日耳曼人战斗到底的决心。

看到军中士气旺盛，恺撒即刻下令军队继续朝着阿里奥维司都斯的驻地进发。

行军到了第 7 天，侦察队报告说，距离阿里奥维司都斯只有 24 罗里了（1 罗里约等于 1.49 千米）。恺撒命令军队停下来待命，并派人侦察阿里奥维司都斯的举动。

此时，阿里奥维司都斯对恺撒能够如此迅速地追上他而感到十分震惊，一时不知道如何应对。于是，他采取了缓兵之计，派出使臣与恺撒谈判。恺撒接受了谈判的要求，并对谈判怀着很大的希望，以为阿里奥维司都斯看在罗马人对他的恩惠上，改变了强硬的态度。但是，阿里奥维司都斯并没有诚意。他要求恺撒不要带步兵到会谈的地方，双方只能带骑兵到场，否则就不参加会谈。恺撒没有拒绝这个建议，但为了安全，他安排第 10 军团的骑兵随行。

会谈是在距离双方营地恰好差不多远的一个土墩上进行的。在开始谈话时，恺撒首先提起以前他本人和罗马元老院，对阿里奥维司都斯的仁爱和恩德。随后，恺撒又告诉阿里奥维司都斯，罗马人和埃杜依人之间的密切关系是多年以前就建立起来的。埃杜依人在与罗马人建立友谊以前就掌握着高卢的霸权，可以说他们自古以来就是高卢的主人，而罗马人向来不肯让同盟和友邦蒙受损失，更不能让罗马人与埃杜依人的友谊遭到破坏。

可是，阿里奥维司都斯对恺撒的发言心不在焉，只是一再吹嘘自己多么勇敢。他还说日耳曼人渡过莱茵河不是出于主动，而是高卢人邀请他们来的。他们能在这里居住，也是高卢人主动把土地让给他们的。至于他们手里获得的人质，也是高卢人自愿送来的。现在他们取得的贡赋，则是战争获胜者的权利。他本来没想与高卢人刀兵相见，只是高卢各部落都起来攻击他，结果一战就被他击败了。如果高卢人愿意重新开战，他愿意奉陪，但如果乞求和平，就要继续缴纳贡赋。他不断地把大批日耳曼人带到高卢来，目的不是要攻击高卢人，而是保卫自己。他现在占领高卢的土地，并没有侵犯罗马人的疆域。因此，恺撒不应该干扰他对高卢的统治。

恺撒说了很多话，一再表明，罗马人绝不忍心抛弃与高卢各邦的友谊，一定要帮助高卢人重新享有自治的权利。他希望阿里奥维司都斯从全面考虑，接受罗马方面提出的要求。但是，由于阿里奥维司都斯并没有诚意，谈判最终没能达成和平协议。

恺撒不想承担破坏和谈的罪名，遂令军队暂时撤回驻地。罗马将士摩拳擦掌，斗志昂扬，时刻准备着与日耳曼人决一死战。

谁知，阿里奥维司都斯第二次派出使臣来和谈。恺撒从容应对，也同样派出使臣，让他们了解阿里奥维司都斯还有什么话要说，回来向他报告。这次，阿里奥维司都斯背信弃义，不仅扣押了恺撒的使臣，还把队伍向恺撒的军队的驻地推近，在离恺撒的军队营6罗里的一座小山下驻扎下来。第二天，阿里奥维司都斯又派军队绕到恺撒营寨后方驻扎，妄图截断恺撒军队的供给通道。这样一来，形成了前后夹击，使恺撒的军队腹背受敌。

为了避免陷入被动，恺撒决定主动出击，按战斗的阵势在营寨前把军队布置好，然后派人在日耳曼人的军营前发出挑战。但是任凭罗马军如何叫阵，阿里奥维司都斯都按兵不动，只是每天派小股骑兵出动骚扰，不与恺撒决战。恺撒看到自己军队的粮草和给养逐渐短缺，不能继续拖延下去，决定发起进攻，速战速决。

恺撒得到情报，日耳曼人拥有6000名精锐的骑兵。每次出战，日耳曼人都采用骑兵与步兵协同作战的方式获胜。因此，决不能轻视日耳曼人的作战能力。

恺撒仔细分析形势后，先派出小股侦察队，找到在距离阿里奥维司都斯营地大约600步，适合修建防御工事的地方，然后立即把军队调到这里重新进行部署。恺撒把军队分成三部分，他命令一部分人负责修筑防御工事，另外两部分人马负责警戒。

左上：罗马重装步兵，装备金属头盔、锁子甲、盾牌、标枪、西班牙短剑和匕首。在拔剑冲锋之前，先投掷标枪，是罗马重装步兵方阵的标准战术。右上：罗马轻装步兵，无护甲，负责在战阵之间往来穿梭，投掷标枪。其装备的圆盾要比罗马重装步兵装备的长条形盾更具机动性。左下：罗马士兵持盾推进状态。右下：罗马重装步兵标准跪姿刺杀状态，罗马士兵装备的西班牙短剑主要用于穿刺和切割，而不像蛮族的长剑主要用于砍杀

　　阿里奥维司都斯见罗马人居然在日耳曼人营地的边上修筑工事，按捺不住愤怒，即刻派出全部轻步兵和骑兵奔罗马军队而来，以人多势众相威胁，企图阻止罗马军构筑工事。按照事先制订的计划，罗马军出动两部分人马阻击对方，这样，修筑的防御工事很快完成。之后，恺撒部署两个军团和部分辅助军团防守，把其余的4个军团带回大本营。

　　第二天，恺撒仍按照原来的做法，把自己的军队从营中带出，并排列起战阵，引诱对方出来作战。前一天，日耳曼人破坏恺撒军队的防御工事没有得逞。阿里奥维司都斯更加谨慎，仍然不肯出来应战。恺撒只好命令他的军队返回营寨。阿里奥维司都斯看到罗马军团主力回营，遂派出部分军队去攻击。双方一直激战到傍晚，结果阿里奥维司都斯勉强把他那支伤亡惨重的军队带了回去。

　　第3天，恺撒在两个大队中分别部署大致足够防守的兵力之后，指挥全部辅助军队开始向日耳曼人挑战。恺撒知道，他的兵力比敌人少得多，要借助辅助军队壮壮声势。他自己则把军队分成3列，一直向阿里奥维司都斯的营寨推进。阿里奥维司都斯没有选择，只好带领人马杀出营寨。阿里奥维司都斯把全军四周都用自己的四轮车和辎重车团团围住，使大家没有逃脱和幸免的希望，这个阵势令恺撒很是吃惊。恺撒的军队以事先布置好的阵形向阿里奥维司都斯层层逼进。

　　战斗打响了，恺撒首先出击阿里奥维司都斯的左翼，因为他观察到左翼是阿里奥维司都斯军队的薄弱之处。日耳曼人冲杀的速度非常快，恺撒的军队使用投掷武器难以发挥作用，两股人马很快开始短兵相接。经过一段时间的拼杀，阿里奥维司都斯的左翼被击溃。

　　恺撒在《高卢战记》中这样记述这场战斗：

　　"在战斗的号令一下，我军猛烈向敌人进攻时，敌人的推进也极为突然和迅速，使我军连向敌人投掷标枪的机会都没有。他们只能抛掉标枪，用剑迎战。日耳曼人很快就按照他们的习惯，结成方阵来迎接我军的剑击。这时，我军中有许多人都跳到敌人的方阵上去，用手拉开盾，从上向下刺伤敌人。当敌人的阵列左翼被我军击退并驱散时，他们的右翼仍以大量兵力紧紧地压迫我军。"

　　阿里奥维司都斯的右翼是较难对付的精锐军队，一直在牵制罗马军团的进攻，而且在人数上也占绝对的优势。这时，罗马的骑兵队长小克拉苏（克拉苏的儿子）带领预备军队投入了战斗，缓解了恺撒的压力。结果，阿里奥维司都斯的右翼也被罗马军团击溃。这时阿里奥维司都斯的军队完全乱了方寸，大部分日耳曼人扔下武器，四处奔逃。恺撒指挥军队乘胜追击，一直把日耳曼人追到莱茵河岸。无路可逃的日耳曼人纷纷下水逃命，慌乱中很多人淹死在河里。

　　恺撒的军队紧追不放，对那些没有来得及下水的日耳曼人进行了一场大屠杀，最后，只有阿里奥维司都斯幸运地逃回了家中。他的两个妻子和一个女儿被杀，另一个女儿被俘。

战斗结束了，罗马军大获全胜，但也为此付出了不小的代价。消息传到了莱茵河对岸，另两支企图侵犯高卢的日耳曼人暂时打消了渡河的念头。

公元前 55 年，恺撒离开位于山南高卢的寓所，开始了在阿尔卑斯山另一侧的征服战。

当时，日耳曼人中的乌西彼得斯族和登克德里族大批渡过了莱茵河，他们不断侵扰附近的高卢人。出于对日耳曼人的畏惧心理，有些高卢部落主动派使者请求日耳曼人到自己领地，并给他们准备所需要的东西。为了彻底消除日耳曼人的威胁，恺撒决定再次对日耳曼人发动战争，将渡过莱茵河的两支日耳曼军队赶尽杀绝。

恺撒首先征集粮草，选派骑兵，并很快带着军队进入日耳曼人活动的区域，在那里驻扎下来。这时，日耳曼人也听说了恺撒的行动，马上派出使者面见恺撒说："日耳曼人恪守对其他民族的尊重，绝对不会先动手攻击罗马人。但是，一旦受到攻击，绝对予以还击，绝不求饶。这是我们祖祖辈辈传下来的规矩。我们离开本土来到高卢，也是迫不得已。如果罗马人能够给予我们一块安身之地，我们一定会心怀感激。如果不能，那我们就将和罗马人世代为敌。"

听了使者的话，恺撒愤然还击道："如果你们继续留在高卢，那就永远不会和罗马人成为朋友。你们无力守住自己的土地，却反而进犯他人的疆土，真是无耻。高卢现在是罗马的行省，我恺撒是绝对不会容忍你们横行霸道。和谈的条件只有一个，那就是日耳曼人立刻离开高卢，回到你们自己的土地上去。否则，罗马军团将把你们赶回到莱茵河那边去。"

谈判未能达成和解，恺撒把军队继续向前推进。当恺撒的军队快要到达日耳曼人的营地时，日耳曼人再次派出使者拜见恺撒，恳请恺撒不要继续推进。恺撒从侦察兵送回的报告得知，日耳曼人的骑兵此时正在别处抢夺粮食，他们是想采用缓兵之计，等骑兵返回营地，就会与恺撒的军队交战。所以，他们的请求遭到恺撒的严词拒绝。

今人复原的罗马军团士兵正在表演从营寨中出发

留在营地的日耳曼骑兵只有不到 800 人，而恺撒却有 5000 名骑兵。在实力悬殊的情况下，日耳曼人却采取了大胆、违反常规的行动——他们主动向罗马军团发起攻击。那时，日耳曼人派来求和的使者刚刚离开，正处于他们要求休战的时间内。因此，恺撒对此毫无准备，只得慌忙迎战。罗马军陷入混乱，700 多名骑兵阵亡。当看到日耳曼人在战斗中采用下马刺击罗马战马的战术后，恺撒当机立断，及时派出步兵，救出了骑兵。

通过这次事件，恺撒也看清了日耳曼人佯装求和、积极备战的阴谋。

第二天，日耳曼人的使者又来到恺撒的营地，请求恺撒原谅他们前一天的行动。因为那不是他们的本意。恺撒见他们竟然敢再次玩弄把戏，就下令把他们全部扣押下来，然后亲自率领步兵冲出营寨，并让骑兵跟在后面。罗马士兵突然出现在日耳曼人的营寨前，让日耳曼人措手不及。他们还以为，即使恺撒行动，也应该是在派出的使者返回之后。日耳曼人看到罗马士兵来势汹汹，便丢掉手中的武器和旗帜逃出营寨。当他们逃到摩泽尔河和莱茵河的交汇处时，许多人已经被杀掉，余下的人看到已经没有希望继续逃生，便跳进了河里。日耳曼人恐惧而疲惫，没有坚持多久就全部淹死在湍急的河水中。恺撒的军队对那些惊慌逃散的妇女和儿童也不放过，一律杀死。

恺撒对当时的情景做过这样的描述："当他们逃至摩泽尔河与莱茵河交界处，便知道无处可逃了。大多数人被杀，其余的投入河中，在激流与身心惊恐、疲惫的冲击下，被淹死了。"

罗马军团在莱茵河区域大肆屠杀了日耳曼人。少数幸存的日耳曼人逃到日耳曼民族的苏刚布里人部落寻求庇护。

恺撒近乎没有人性的残忍屠杀，在罗马人当中引起了反感。以小加图为首的保守派对恺撒的做法提出质疑，要求将恺撒送交日耳曼人处置，以保护罗马免受神的惩罚。

元老院并未采纳小加图的提议，相反对恺撒的屠杀做了精心的保护和美化。

有了元老院的默许，恺撒打算乘胜追击。恺撒认为日耳曼人一直不安分守己，很容易再次被引进高卢。他应该率领罗马军队渡过莱茵河，狠狠地打击苏刚布里人，以示威慑。再者，还有部分日耳曼骑兵，因为渡过莫塞河去掠夺粮食，没参加这次战斗。如果他们返回，与日耳曼军队残部会合，还有可能再次发生战斗。作为试探，恺撒在渡河之前派使者到日耳曼人那边，让他们交出作战时俘获的罗马人质。日耳曼人不仅不听从恺撒的要求，还对使者说：莱茵河是罗马人权力的界限，如果日耳曼人没有经过恺撒的同意擅自渡过莱茵河侵入高卢是不合理的行为，那么恺撒为什么要越过莱茵河这边发号施令？恺撒得知日耳曼人的态度后，决定尽快渡过莱茵河。但是，他认为坐船过河既不安全，也跟罗马人的尊严不相称。所以，只能在莱茵河上搭建桥梁。

10 天之后，罗马军团在莱茵河上架起了长 1500 罗尺（1 罗尺约合 29.8 厘米）、宽 40 罗尺的木桥。在准备好了建筑材料后，罗马军团只用了 10 天就造

小加图，全名马尔库斯·波尔基乌斯·加图·乌地森西斯，古罗马政治家。此人性格固执而坚忍，他与恺撒长期不和，但他为人高尚诚实、从不受贿，并非常厌恶当时腐败的政治

好了这座桥梁，成为了世界桥梁史上的奇迹。

桥梁建造完毕之后，恺撒就带领队伍过河，进入到苏刚布里人的境内，并在桥的两端留下强有力的守卫。

罗马军团没有遇到任何阻挡，顺利通过莱茵河，这一行动意在向日耳曼人表明：罗马的控制权已经延伸过了莱茵河。

接下来，恺撒达到了他渡过莱茵河的目的——威吓日耳曼人，焚烧苏刚布里人的房舍和村庄，扔掉了他们的谷物，对苏刚布里人进行了报复。渡过莱茵河18天后，恺撒认为已经达成了目的。于是，他退回高卢，拆毁了桥梁。

从此，日耳曼人渐渐打消了占领高卢的念头。

平定高卢各部

　　恺撒的能征善战震慑了一部分蛮族人，也惊动了另一些人。北部高卢的几个部落认为恺撒对他们构成威胁，于是决定联合起来，先下手为强。他们确实骁勇善战，恺撒的军团在他们手下吃了些苦头。然而，恺撒是不会轻易服输的。他的耐心、谋略和自尊心，都在拒绝失败。

公元前 57 年，恺撒在征服了赫尔维蒂人和阿里奥维司都斯的日耳曼部落后，开始关注北高卢。当时，生活在北高卢、占据高卢大约三分之一领土的部族是比利其人（占据今天法国马恩河与塞纳河以北的地区、比利时和荷兰的部分领土）。从前，比利其人在高卢的势力很大。他们曾有能力招募雇佣军，几乎称霸高卢。在很早的时候，比利其人就曾渡过莱茵河，驱逐了定居在那里的高卢人。但是，恺撒在高卢的连连得势，对比利其人产生了威胁。比利其人担心罗马人全面征服高卢后，会对他们进行征讨。在比利其各部不断地煽动下，比利其人结成了同盟，计划向罗马人发动进攻。

得到此消息后，恺撒十分震惊。他本想让军队好好休整一番，没想到比利其人却不让他们喘息。既然这样，那就只好积极备战了。

对赫尔维蒂人和阿里奥维司都斯的战争，使恺撒的军队付出了重大代价。要想战胜骁勇的比利其人，就必须首先补充兵源，备齐粮草，装备武器。

恺撒利用自己在高卢的势力和威望很快就征集了两个军团，由赫尔维蒂人、埃杜依人、塞广尼人和日耳曼人等组成。这样恺撒就拥有了共 6 个军团，远远超过元老院允许他拥有的兵力。

很快，恺撒得到消息，比利其人正在集结兵力。恺撒感到不能再犹豫了，必须马上向比利其人发起进攻。否则，比利其人一旦集结完毕，就会对罗马军队产生不利。

这次，恺撒做了周密的部署。他把军队交给小克拉苏带领开往北高卢，自己则留在高卢，待备齐粮草后再挥师北上与小克拉苏会合。会合的地点是靠近比利其人领地的森农内斯人居住地。为了摸清楚比利其人的意图，恺撒与熟悉并与比利其人相邻的森农内斯人达成了协议。森农内斯人向恺撒提供情报、粮食和军需品，恺撒为森农内斯人提供保护。

恺撒的军队备齐了充足的粮草之后，便开始移营前进。经过15天的行军，到达了比利其人领地边境附近的小镇。消息传开，比利其人惊慌失措，他们没有想到罗马军队来得如此之快。比利其人中离高卢最近的雷米人，立即派使者拜见恺撒，表示愿意将全部财物交予罗马人保护和支配。他们表示，雷米人没有参加反抗罗马人的联盟，并愿意随时向恺撒交纳人质，听从恺撒的指示，希望恺撒率领军团进入他们的市镇，他们会拿出粮食和物资全力支援恺撒。雷米人的使者还告诉恺撒，其余的比利其人都已经武装起来，还与莱茵河对岸的日耳曼人相互串通，准备联合对付恺撒。

了解到这些情况，恺撒安慰了雷米人，并希望雷米人配合他打击比利其人的行动。

很快，比利其人做好了应战的准备。恺撒却不急于出兵开战，而是找来了驻地附近的雷米人，请雷米人介绍比利其人军队的部署情况。有了雷米人的支持，恺撒可以不必为军队的供给担忧。但是据获得的情报来看，比利其人的兵力有二三十万人，而恺撒只有六七万人。两军兵力相差如此之大，恺撒面临严峻的考验。为了避免与比利其人庞大的军队正面作战，恺撒凭借自己对战争的敏感和判断力，迅速做出决定：设法分散比利其人的军队，然后集中自己的优势兵力，再逐个击破。

正当恺撒向众将士布置战斗任务时，侦察兵前来报告：比利其人正集合军队向罗马军队杀来，他们企图强渡阿克松奈河，包抄罗马军的后翼，以切断雷米人对罗马军队的粮草供应。

恺撒听罢，立刻指挥军队紧急开赴阿克松奈河，决定赶在比利其人之前渡过河。为防止意外，他令小克拉苏率领一个军团留在原地接应。

恺撒的军队渡河成功，在河对岸安下营寨。营寨有河流的掩护，可以使后方免受敌人的威胁，而雷米人和其他各邦送来的给养，也可以毫无危险地运送过来。河上有一座桥，恺撒安排守卫把守，又在河对岸布置了 6 个大队，命令他们建造一座 12 罗尺高的壁垒，挖掘一条 18 罗尺深的沟壕作为营寨的防御工事。

这时忽然有雷米人前来报告，说他们驻守的比勃拉克斯城遭到比利其人的攻击。比利其人先用大批兵力把城团团围住，然后用石块向城墙上投掷，把防守的人全部击退，接着又结成龟甲盾阵，逐渐靠近，并躲在下面挖掘城墙。现在，比勃拉克斯城的处境非常危险，请求恺撒派兵支援。恺撒当即派遣坎那将军率领努比亚的弓箭手、巴利阿里的投石手和 3000 名骑兵，由雷米人信使带路，火速赶往比勃拉克斯城。恺撒军队的到来使雷米人备受鼓舞，他们与恺撒的军队联合作战，一举打退了比利其人，保住了比勃拉克斯城。

在这次战斗中失败后，比利其人一心想要报复。他们一面对雷米人进行大肆烧杀抢掠，疯狂破坏他们的田园和村庄；一面倾巢出动，准备向恺撒的军队发动进攻。得知情报后，恺撒认真分析了当时的形势。他认为，比利其人人多势众，骁勇善战。如果和他们硬拼，对己方不利。因此，恺撒决定仍旧避免和他们发生大规模的正面作战，而先派出骑兵与比利其人接触，对他们的作战能力探个虚实。

经过小股骑兵与比利其人的几次交战，恺撒觉得罗马士兵的作战能力并不在比利其人之下，但在战术上仍旧不能轻视对方。根据这些，恺撒制订了作战计划，他决定充分利用自己营寨前的有利地形。恺撒看到自己扎营的那座山略高于平地，它正面延伸的空地正好布兵列阵。同时恺撒又派人在山的两侧各挖一道大约 400 步长的壕沟，壕沟两端建起了堡垒，避免敌方从侧面来攻击。布置停当后，恺撒命令最近征召来的 2 个军团在营中待命，必要时作为援军，将其余 6 个军团按阵列部署在营寨前。

比利其人也同样在营寨前布下阵势。

尽管双方都做好了战斗准备，但是谁也没有先出击，都在观察对方的动静，以免自己陷入被动。

位于比利时通厄伦的比利其人领袖艾姆比克斯雕像。比利其人，或译贝尔盖人，是主要由凯尔特人和日耳曼人组合而成的部落民族。其民族得名于他们的居住地——古罗马的比利时高卢行省

在恺撒的军队和比利其人之间，有一片不是很大的沼泽地。两军对峙，谁都不想首先涉渡，因为在涉过沼泽时很可能遭到对方的攻击而不便还手。在这种情况下，双方先派出骑兵互相骚扰。最后，比利其人派军队赶到了恺撒的军队营后方的阿克松奈河，并在那里找到一个渡口，企图过河，攻击恺撒的军队的后方。如果成功，可将恺撒留守在河对岸的 6 个大队消灭，然后拆掉桥梁，完全截断恺撒的军队的退路；或者，至少也可以阻碍雷米人对恺撒的军队的粮草供给。恺撒得到消息，立即派军团的全部骑兵、投石手和弓箭手，火速从桥上过河，冲向比利其人，展开了著名的阿克松奈河战役。

恺撒指挥军队集中打击渡河的比利其人，歼灭了其大部。这场战斗十分激烈，比利其人在渡河的混乱中被打得措手不及，很多人丢掉了性命，而企图继续渡河的比利其人，又被大量的标枪和石块击退。那些侥幸过河的比利其人也被恺撒的骑兵全部歼灭。

比利其人领教了恺撒的厉害，知道渡河或者袭击市镇都已经没有希望，而且他们自己的粮食供给又跟不上，不得不退下阵来，放弃先前的企图，另想对策。他们在结成联盟的时候曾经约定，如果任何部落首先遭到罗马军队的攻击，其他部落就从各地赶去救援，这样可以快速利用当地的资源保障军队的供给。可是这些人的联合只为各自利益，并没有形成稳定的关系。经过了与罗马军队的较量，比利其人的联军发现自身难保，于是开始分化，纷纷向各自的驻地撤退。恺撒利用敌人失去组织、重新统一行动的绝佳时机，向乱作一团的逃兵发起了攻击，打得他们溃不成军。比利其人不得不纷纷向以恺撒为代表的罗马军称臣，表示愿意归顺罗马。至此，恺撒再次以智慧和勇气取得了高卢征服战的胜利。

之后，恺撒把军队向东北方向推进，准备进入比利其人同盟中的主力——纳尔维人居住地境内。离恺撒的军队较近的一侧居住着阿姆比安尼人。恺撒向阿姆比安尼人打听情况，得知纳尔维人骁勇善战，意志顽强。他们不允许把酒和其他的奢侈品带入境内，在他们看来，这些东西会消磨他们的意志，减弱他们的勇气。他们从未与罗马有过任何联系，鄙视高卢境内的其他部族败给罗马军队并向恺撒屈服，声称绝对不会接受罗马人的任何条件。

恺撒了解到纳尔维人的态度，决定使用武力征服纳尔维人。在恺撒的世界里，只有征服和胜利，其他的都没有商量。他绝不能容忍反对罗马的行为，罗马共和国和恺撒需要的是尊敬和荣誉。

恺撒率领军队，从阿姆比安尼人的领地直奔纳尔维人的领地。当行进到萨比斯河附近时，恺撒通过打探消息得知，纳尔维人看到恺撒平定了高卢境内大部分部族，预感到恺撒一定不会放过他们，所以早就有所准备。全部纳尔维人事先都集中在萨比斯河的一岸，并找到阿德来巴得斯人和维洛孟都依人作为援军，后方还有阿杜亚都契人增援。妇女和不能作战的人，则集中隐蔽在一个军队无法通行的地方。

了解到这些情况，恺撒就派侦察队和百夫长前去选择适宜扎营的地方，随后率领军团开始安营扎寨，加固营地。但是队伍中那些被收编的比利其人并不真心为罗马人服务，伺机造反。当得知罗马人要与纳尔维人作战时，他们乘夜赶到纳尔维人一边，告诉他们说，罗马军队的通常行军方式是：一个军团和另一个军团之间拥有大量的辎重队，当前面的军团已经进入营寨，与后面的军团相隔一段距离时，可以乘其不备攻击那些背负行囊的士兵，很容易就能击溃他们。这样就可以夺走辎重，其余的罗马军团也就不敢再相持下去。

纳尔维人得到消息喜出望外，以为有神相助，定会战胜罗马军。

纳尔维人没有骑兵，他们的主要兵种是步兵。为了阻止邻国的骑兵进入领地劫掠，他们往往利用当地的一种可以迅速滋生的灌木，把它们插入地下，很快就可以长成一片灌木丛，用这些犹如篱笆墙的屏障保护自己。这次，纳尔维人故技重施，盘根错节的灌木令罗马骑兵无法前行，同时又挡住了罗马步兵的视线。

在罗马军营的前方靠萨比斯河一侧有座小山，河的对面也有一座相似的山，那座山脚下约有 200 罗尺的空地，旁边还有一片树林，纳尔维人有可能就埋伏在这些密林中。萨比斯河的深度约为 3 罗尺。

恺撒派骑兵走在前面，让其余的军队紧紧跟在他们后面。在接近敌方时，他们以 6 个军团做先锋，全军的辎重跟在后面，又将 2 个军团放在最后，以掩护全军并保护辎重队。

纳尔维人背靠着小山丘，前面是一片开阔地，有灌木丛做掩护。在罗马军的骑兵和投石手、弓箭手渡过萨比斯河后，纳尔维人突然从密林中冲出来，把罗马军杀了个措手不及。尔后，他们又迅速撤回到丛林的后面，如此往返数次。

纳尔维人如此迅速而又机动灵活的进攻让罗马人始料未及。罗马人不知道丛林中隐藏着多少敌军，因此不敢贸然追击。这时，后面的军队还没有完成渡河，前面的灌木丛又阻挡了罗马骑兵。纳尔维人又以最快的速度冲向罗马军的营寨和正在修筑的工事。恺撒没有预料到纳尔维人会采取这样的战术，为此罗马军陷入两难的境地，遭受了重大损失。

关于这场战斗，恺撒在《高卢战记》中做了这样的描述：

> 我军的骑兵和投石手、弓箭手，一过河就和敌人的骑兵交起锋来。敌人时而退回藏在密林中的自己人那边去，时而又冲出林来攻击我军。我军追赶退走的敌人时却不敢越过那片可以遥望到的空旷地带。这时，我军走在前面的 6 个军团已经测量好工事，开始为营寨建筑防御工程。当我军的第一批辎重队被躲在林中的那些敌人看到时——这就是他们事先约好同时进攻的时刻——他们就在森林中布好行列和阵势，彼此鼓励了一番后，突然以全部兵力猛冲出来，攻击我军的骑兵。后者很快就被击溃，陷入混乱。他们又用难以想象的速度奔到河边。一时看起来似乎林中、河边，以至我们身边，到处都是敌人，他们甚至还以同样的速度赶上山去，冲向我军的营寨和那些忙于修筑工事的人。

纳尔维人疯狂的进攻使恺撒无法重新布置阵列。因而罗马士兵不再等待恺撒的命令，一看到纳尔维人逼近就马上根据自己的判断采取对策。

今人复原的古罗马弓箭手。早期的罗马军队并不重视弓箭手，因此军中的弓箭手数量很少，集中编制于罗马辅助军团。古罗马共和国时代，罗马军队中的弓箭手主要由雇佣兵组成，三分之二为步兵弓箭手，三分之一为骑射手

恺撒不断地鼓励士兵不要慌张，并亲自出马，投入与纳尔维人的战斗中，用他个人的干预来扭转战役的形势，奋勇抵抗纳尔维人的攻击。

危急时刻，恺撒指挥若定。他把军团分为左右两翼以阻击纳尔维人，并让占领制高点的士兵齐声呐喊，其余士兵在下面回应。这样四周都同时发出回声，在气势上与纳尔维人抗衡。左翼的第9军团和第10军团，与阿德来巴得斯人相遇，把他们从高地赶到河中，在纳尔维人要渡河时，又紧跟其后，一路攻击砍杀，并将他们追赶到对岸。埋伏在右翼和正面战线上的军团将维洛孟都依人也赶到河边，击败了维洛孟都依人。

罗马军乘胜追过了河。这样一来，虽有第7军团和第12军团在右翼，但是没想到整个营寨的正面及左侧却暴露给纳尔维人。由于罗马军队遭到突然攻击，双方交战异常激烈，全军的阵形完全被打乱。这时，纳尔维人发现了罗马军团的薄弱点。他们的指挥官波陀奥耶多斯立即派出两股军队，一部分从暴露的侧翼包围两个军团，另一部分直接攻击罗马营寨。右翼的罗马军团在追杀并击败部分纳尔维人后，正返回营寨。突然，又杀出了一批纳尔维人。由于没有防备，罗马士兵被纳尔维人杀得大败。波陀奥耶多斯的军队来势凶猛，最后占领了罗马军队的营寨。

赶来支援恺撒的德莱维里人见此情形，大为惊骇，纷纷逃生。恺撒见状，在鼓励了第10军团之后，连忙向右翼赶去。他发现自己的部下正受到沉重的压力，第12军团所有连队标志都集中在一个地方，军士们被迫拥挤在一起，无法对纳尔维人展开攻击。各大队的百夫长不是负伤就是阵亡。兵士们的斗志开始松懈，有些人看到自己身后已经无人掩护，只好退出战斗。另一边，纳尔维人的进攻更加猛烈，他们不仅在正面从低处向上进攻，同时还不停地向两面侧翼冲击。

此时的形势已经十分危急，而且没有任何后备力量可以动用。恺撒突然从一个兵士手中抢过一面盾，奋不顾身地冲向队伍的最前面，径直杀向敌群。他一面冲杀，一面鼓励着百夫长们和其他兵士，吩咐他们把连队标志移到前面去，让连队与连队之间拉开距离，以便能够自由地利用刀剑防守和反击。恺撒的亲自上阵，激励了战场上的每个罗马士兵，给他们带来了希望。大家的精神又重新振作起来，每个人都想在恺撒统帅的亲眼目睹之下好好表现一番。一时的奋力反击，使纳尔维人的攻势稍稍被遏制住了。

恺撒看到在他附近的第7军团同样受到敌人的攻击，便指挥第12军团向第7军团逐渐靠拢，让两个军团连接起来，背靠背地与纳尔维人作战。这样一来，士兵们互相掩护，解除了身后遭受敌人攻击的危险，得以毫无顾虑地投入战斗。

纳尔维人的进攻一直没有停止，恺撒的军队仍然处在危险之中。在最关键的时刻，第10军团击败了与之交战的纳尔维人，指挥官马上派军队赶回增援恺撒统帅和友军。这时，在后方保护辎重队的军队得知前方的战事，加快了行军速度，也赶来增援。这两队人马的到来，使形势发生了巨大的变化。罗马士兵虽然受伤，但是却充满希望，继续坚持战斗。罗马骑兵一马当先冲在前面，与纳尔维人展开了殊死搏斗。

纳尔维人也表现出惊人的勇气。当他们前面的人阵亡时，旁边的人马上站到倒下的尸体上继续战斗；当这些人也都倒下，他们的尸体越积越多，活着的人就把他们当作壁垒，站在上面向罗马军投掷标枪，或者拦截罗马军投掷的标枪并将其扔回来。

尽管纳尔维人仍在拼死抵抗，但是有了两队罗马援军的到来，此时的战局已经明显地转变。纳尔维人从原来的主动逐渐变为被动，开始一步步后退，一直退过萨比斯河。

对于纳尔维人，恺撒这样评价说："我们完全有正当的理由称这些敢于渡过大河、攀登高岸、闯入形势不利的地方的人为英勇无比的人。这些行为虽是极端不容易的，但高度的英勇使他们轻易做到了。"

战斗结束了，罗马军最终获胜。这在很大程度上要归功于第10军团。纳尔维人参加战斗的有6万人，只有大约500人幸存。恺撒的军队把纳尔维人这个部族连带他们的名字都消灭掉了。尽管如此，在战斗开始前，躲在森林和沼泽地里的纳尔维妇女和儿童向罗马军无条件投降，而恺撒全部赦免了他们。恺撒让这些纳尔维人继续在自己的领地内生活，并命令邻邦不许侵害他们和他们的财物。恺撒的仁慈得到了幸存的纳尔维人的拥护，恺撒在高卢的名望再次提高了。

恺撒彻底制服了纳尔维人。对于在后方增援纳尔维人的阿杜亚都契人，恺撒并没有像以往那样仁慈宽大。

阿杜亚都契人是纳尔维人的邻邦。在恺撒的军队同纳尔维人开战时，纳尔维人曾向阿杜亚都契人求援。当阿杜亚都契人集中全部兵力行进在增援路上时，纳尔维人战败的消息传来，于是阿杜亚都契人又赶忙返回了驻地。他们将所有的财物都集中到一个易于防守的城镇，以防止罗马军队前来报复。

阿杜亚都契人的预感是对的。此时，在恺撒的率领下，罗马军队正直奔阿杜亚都契人的领地。当恺撒的军队来到阿杜亚都契人严密防守的城外时，发现此城四面由高峻的岩石和峭壁包围着，只在一面有一条平缓而较窄的山路。这里原先已经修筑了两面很高的城墙作为防御工事，现在城墙上又放置了大石块和削尖的木桩。

恺撒在城外选择有利的地形安营扎寨。阿杜亚都契人看到罗马军队已经逼近城外，想依靠他们的坚固防守，趁罗马人立足未稳之际将其击退。因此，在恺撒的军队刚到时，阿杜亚都契人就不断派小股军队从城里冲出来。后来，罗马士兵快速造起了一道高 12 罗尺、长 15000 罗尺的壁垒，阿杜亚都契人便退守在城里不再出来了。

恺撒仔细分析了这座城镇的自然环境和防御工事，认为只能智取，不能强攻。他下令制造盾车和塔楼。阿杜亚都契人在城墙上看到罗马军队制造的塔楼非常笨重，不知它的用途，感到可笑。后来，当恺撒的军队移动塔楼靠近他们的城墙时，阿杜亚都契人开始惊慌了。他们认为，恺撒的军队能够将这么高大沉重的塔楼移动，一定有神灵相助。于是，阿杜亚都契人便派使者向恺撒求和，说他们愿意将全部财物交给恺撒，但是希望不要没收他们的武器。

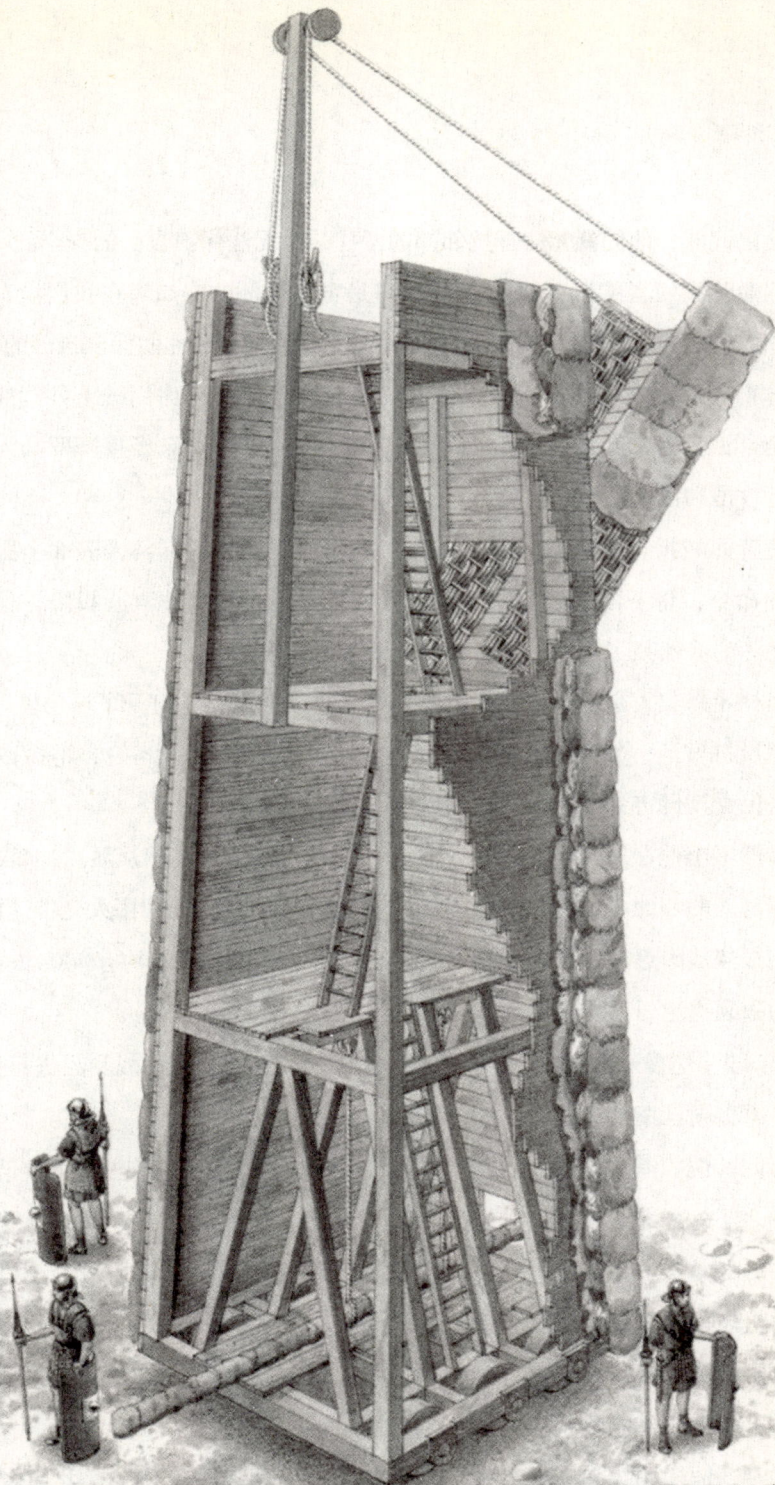

由罗马重装步兵守卫的攻城塔楼。塔楼的顶层可布设弓箭手；第三层装有吊桥，使突击队登上敌军城墙；
底层装有攻城槌。罗马军队懂得如何制造大型攻城武器，在军事技术上要比同时期的"蛮族"先进许多

如果交出武器，他们就无法抵抗邻邦的侵扰，也无法保卫自己的安全。

恺撒听完使者的话对他说："我一向是宽大为怀的。如果在我们没有制造盾车和塔楼之前，你们提出投降，我是会答应的，也会让你们保全自己的城邦。可是你们直到现在才提出投降，为时已晚，我不能答应你们的条件。如果你们把全部武器都交出来，我会命令你们的邻邦，不许对已经投降罗马人的城邦进行攻击和侵害。"

使者回城报告了恺撒的答复。为摆脱困境，阿杜亚都契人表面上服从了恺撒的命令，将一部分武器从城墙上投掷下来。由于并非真心投降，他们把三分之一的武器藏了起来，等待时机再和罗马军队较量。

阿杜亚都契人交出了武器和财物后，获得了和平，并打开了城门。

恺撒进城后，发现阿杜亚都契人有一些可疑的动向。当晚，恺撒以避免城内居民受到侵害为由，下令关闭城门，命令军队出城回营。

果然不出恺撒所料，等到夜半时分，阿杜亚都契人突然从城内冲杀出来，直奔罗马人的营地。这时，按照恺撒事先的安排，罗马人立即用火光传递信号，士兵们很快从附近的堡垒中冲出。阿杜亚都契人被打得惨败，约有 4000 人被杀，其余的狼狈逃窜返回城内。

第二天，恺撒进城后，下令对俘获的全部阿杜亚都契人和战利品进行拍卖，大约 5 万多阿杜亚都契人从此沦为奴隶。

至此，恺撒基本取得了高卢征服战的胜利。他宣布高卢已全部置于罗马的控制之下。于是，元老院把高卢划为罗马的一个军政区，罗马人为恺撒在高卢的胜利欢呼雀跃。人们传颂着恺撒克敌制胜的故事，把恺撒的英勇、智慧和胆略说得神乎其神，对恺撒征服的高卢充满着神秘的向往。

战争在高卢人中也引起了巨大的震动。其余一些没被涉及的部族也都派出使者，前来求见恺撒，答应交出人质和财物，服从恺撒的一切命令。

此时，恺撒因为急于赶到意大利和伊里列古姆去，便命令这些使者在明年夏季之初再来见他。他带领自己的军队进入设在卡尔号德斯、安得斯、都龙耐斯以及临近各邦的冬令营，让军队休整待命。然而，就在此时，高卢突然爆发了叛乱。

原来，小克拉苏带着第 10 军团奉命驻扎在安得斯人境内过冬。因为那边粮食不足，无法满足军队的给养，小克拉苏就派人到厄苏维人、古里阿沙立太人、文内几人那边去征收粮食。没想到，已经表示归顺的这几个部落竟然扣押了前来征粮的罗马人，借此要挟小克拉苏将他们的人质放回。这些人中，文内几人是闹得最凶的。

文内几这个部族的势力十分强大，远远超过高卢沿海的任何地区。他们拥有大量的船只，与不列颠之间的通航频繁。沿海的几个重要港口都掌握在文内几人手里，其他在海上航行的部族都得向他们纳贡。

对于罗马人在高卢境内的扩张，文内几人大为不满，联合其他几个部族结成反对罗马的联盟。由于生活在海上，文内几人十分熟悉并善于海战。他们组建了舰队，随时准备着与罗马军决一死战。

文内几人倚仗优越的地理条件，对胜利充满信心。他们深信，一旦切断陆路，河口港汊纵横，罗马人不熟悉地形，定会在海路上受阻。而他们的粮食供应也一直紧张，不会坚持太久。但是，接下来发生的事情却出乎文内几人的预料。

得知文内几人欲与罗马军开战，恺撒立刻赶往小克拉苏的营地。这一下，罗马驻军斗志倍增，而文内几人惊恐万状。恺撒能征善战的的威名已经足以令任何敌人闻风丧胆。但是，文内几人知道，即使是恺撒也不擅长海战。所以，他们决定先退到沿海小镇，背靠悬崖峭壁，面朝大海。有了这些天然的屏障，就可以避免与罗马军正面交锋。很显然，文内几人是在逼迫罗马军展开其并不擅长的海战。

勇气非凡的恺撒从未被对手吓倒，他始终怀着对胜利的渴望和自信。虽然文内几人长于海战，但面对文内几人的挑战，罗马军是绝对不会示弱的。恺撒很快找来了几名忠于罗马而又熟悉文内几的高卢人，从他们那里了解了文内几的自然环境，学到了海战的经验。

这之后，恺撒令军队撤回卢瓦尔河谷，制造战舰，准备与文内几人展开海战。

这时，军中有些人对进行海战的做法持怀疑态度。有人认为，以罗马军的海战经验和能力无法战胜文内几人，甚至认为打海战的战略很不明智，很可能致使罗马军惨败。然而，恺撒凭着好胜心和自信，没有改变作战计划。

首次交战，文内几人轻松击败了罗马军队，十分得意，扬言要将罗马军队全部消灭。

恺撒是个善于细心观察和思考的人，他总能找出对手的薄弱之处而加以打击。在与文内几人的交战中，恺撒发现，罗马战舰的速度和灵活性强于文内几人，但是船只航行的稳固性和自身的坚固性不如文内几人。文内几人的船只造得非常坚固，不易撞伤；船舷很高，武器无法投掷上去。每逢暴风雨来时，文内几人如鱼得水，可以乘风扬帆，镇定自如。但是，恺撒很快也发现了对手的薄弱之处。文内几人制造的战舰底面平实，吃水不深，面对大风大浪时可以从容应对。但当海上的风不大时，这样的船只就很容易搁浅。针对文内几人战舰的缺陷，恺撒命令在罗马战舰上装上带铁钩的木杆。当文内几人的战舰搁浅时，罗马军的战舰就会迅速靠上前去，先用钩刀钩住文内几人船只桅杆上的绳索，然后用力划动自己的船只与敌舰分离。这样，敌舰上的绳索就会被割断，船帆也就必然会脱落下来。恺撒观察到，文内几人的战舰主要是靠帆和索具，一旦船帆掉落，他们的战舰就失去了战斗的能力。

一切准备完毕之后，恺撒召集军队，宣布向文内几人发动进攻。他命令部下布鲁图指挥全部的 113 艘战舰，在海上排列好队形，与文内几人决一死战。恺撒自己和那拉坎特率领军队从陆地出发，占据有利地形，与海战相互配合，以便从多角度攻击文内几人。文内几人出动了大约 220 艘战舰，有序地排列在罗马舰队的对面。

这时，海上的风浪又大又猛。两支舰队逐渐靠近。当文内几人的战舰在海上停滞不前时，罗马战舰便迅速靠上前去，用铁钩将文内几人战舰的索具拆除，罗马士兵随即爬到文内几人的战舰上展开搏斗。文内几人万万没有想到恺撒会想出这样高明的战术，一时找不出办法应对，只得匆匆逃走。那些船被钩住的文内几士兵只能束手就擒。

逃走的船只刚刚驶出，恺撒再次得到神的恩赐：顷刻间海上风平浪静，连一丝风浪都没有，文内几人的船只寸步难行，一一搁浅。恺撒迅速指挥舰队靠上前去，将大部分文内几人消灭。只有少数文内几战舰，乘着夜色逃回岸边。

结束了与文内几人的战斗，恺撒并没有接受文内几人的投降条件，而是对文内几人实施了严厉的惩罚：把长老级的人物处死，其他人都卖作奴隶。

文内几人被打败后，沿海的多个部族，如奥西兰米人、古里阿沙立太人、厄苏维人、奥来尔契人、雷东内斯人都纷纷向罗马屈服，表示归顺。就连莱茵河以外的一些部族都派遣使臣来拜见恺撒，承诺交出财富和人质，向罗马朝奉。

恺撒的每次胜利都为罗马赢得了大量的财富，运回罗马的战利品不仅有珠宝，还有大批的奴隶。恺撒所征服的每寸高卢土地，也都成为了罗马人新的家园。罗马人从恺撒的高卢之战中获益甚多，于是元老院宣布，为了歌颂恺撒的功绩，在罗马城中举行为期15天的盛大的谢神祭作为感恩庆典。

谢神祭是一种宗教仪式，通常是国家对外取得巨大胜利之后在全国举行的。举行谢神祭时，城里的庙宇全部开放，人们把神像和圣物都摆放在广场上，供祭祀之用。

这是罗马有史以来时间最长的感恩庆典活动。当年庞培在东方大获全胜时也曾受到过如此的待遇，但那一次的庆典时间是10天。为恺撒举行的15天感恩庆典，是前所未有的盛事。

面对如此的荣誉，恺撒心里感到莫大的满足。可以肯定的是，恺撒在罗马的势力越来越大，尤其是在军事实力上。如今，罗马军队牢牢地占据了高卢的统治权，再加上恺撒本人不可动摇的威望，都为恺撒在罗马的政治地位赢得了资本。

恺撒对高卢的征服战影响巨大，西塞罗赞美他的功绩说：

> 我认为抵御高卢的入侵和日耳曼部落的野蛮，
>
> 不是阿尔卑斯山的屏障，也不是莱茵河的湍流，
>
> 而是恺撒的双臂和将才。
>
> 纵有一天海枯石烂，我们所恃以能巩固意大利的，
>
> 不是天然的防御工事，
>
> 而是恺撒的胜利与功绩之启示。

恺撒在高卢地区前后征战了9年，一次次的胜利为他赢得了杰出统帅的名声。战术上的迅速和灵活是他取胜的两个重要因素。罗马的历史学家苏埃托尼乌斯就曾针对恺撒的这一特点说：

"恺撒能以惊人的速度做行程极为漫长的行军——他的军队配备轻装，利用租来的车子，每天可以走100里。他的忍耐力是令人难以相信的：在行军中，他总是走在军队的前面，通常是步行，有时也骑马；无论在炎热的天气中还是在雨中，他头上从不戴任何东西。小心谨慎和胆大无畏在他身上结合起来。比如，他从来不率领军队通过易于受到伏击的道路，而且每次行军事先都要把道路调查清楚。另一方面，他自己又能换上高卢人的服装穿过敌人的岗哨，冒着随时会送命的危险到自己的被包围的军队那里去。"

恺撒在军事上的名望日益攀升，但是他长期身在高卢，远离罗马，担心庞培和克拉苏的政治势力过强，而使自己对罗马内政事务的影响力受到削弱。为了巩固自己的利益，加强与庞培和克拉苏的联系，恺撒决定与庞培和克拉苏在罗马以外的地方进行一次秘密的会谈。

公元前56年4月，恺撒再次跨越阿尔卑斯山到达山南高卢，让罗马军队在当地休整，并邀请庞培和克拉苏到卢卡城，和他一起计划商讨对抗元老院的联合阵线。这次会晤是在对文内几人的战争之前进行的。

虽然三人的会晤是在偏远的地方秘密进行的，但消息还是传到了罗马。

根据普鲁塔克的记述，参加会晤的不仅有克拉苏和庞培，还有 200 多位元老，120 位陪同人员。

恺撒首先与克拉苏进行了会晤和商谈，庞培则是绕道去了撒地尼亚采办粮食，而后才来到卢卡。

恺撒发起这次会晤有个重要目的：重新使克拉苏和庞培的关系得以和解。因为在最近，由于克拉苏反对托勒密王族重新取得埃及的王位，公开支持经济上攻击庞培的派别，两人的关系变得十分糟糕。

经过几天的协商，恺撒与庞培和克拉苏签订了一项秘密协定。按照该协定，恺撒全力支持庞培和克拉苏获选下一年度（公元前 55 年）的执政官，以阻止元老院保守派的候选人卢奇乌斯·多米提乌斯·阿埃诺巴尔布斯当选。同时采取一切可能的办法使选举拖延至冬季，因为那时候，候选人可以得到恺撒那些在冬天休假的士兵的支持。二人当选后，即设法通过一项法令，准许延长恺撒在高卢总督的任期，延长 5 年时间至公元前 49 年；到公元前 48 年，恺撒的总督任期届满后，他的最高行政统治权将得以保留，这样既让恺撒从始至终享有权力，又符合了同一个人任两年执政官之间必须间隔 10 年的规定。此外，扩充恺撒的兵力至 10 个军团，恺撒自行招募的军队的薪饷也由罗马来支付。而克拉苏和庞培将分别获得叙利亚和西班牙的军事指挥权。这样，恺撒使用政治手段协调了三个人的矛盾，使三人都获得了各自的利益。原本针锋相对的三巨头暂时和解并达成一致，从而稳定了三头政治（联盟）的统治。

其实，在卢卡会晤时，庞培的政治前途已经暗淡。此时的恺撒完全有能力把庞培踢开。但是恺撒很会审时度势，他觉得自己对军队的掌控力还不够，还不足以率领他们发动一场针对元老院贵族派的战争，因此担心内战过早爆发，自己还无力应对庞培和元老院。他想先平衡和庞培、克拉苏之间的关系，给自己争取到足够的时间。此外，爱女朱莉亚对丈夫庞培十分深爱，恺撒不忍让爱女伤心。恺撒既是一个叱咤风云的王者，也是一位对女儿疼爱有加的父亲。

公元前 55 年 1 月，罗马举行了执政官的选举。在恺撒、庞培和克拉苏的指使下，小克拉苏率领恺撒的军队士兵以武力驱赶了加图派的候选人。最终，就如三巨头所期望的那样，庞培和克拉苏当选。随后，庞培和克拉苏胁迫元老院的贵族保守派们，通过了一项法律，克拉苏和庞培分别取得叙利亚和西班牙的军事指挥权。卢卡会晤的计划就此全部得以实现。

卢卡会晤使得恺撒、庞培和克拉苏之间彼此确认了各自的利益和权力，但是就在他们的意图获得通过的时候，他们三人都没有能够预见到自己未来的命运。

扬帆不列颠

对于罗马人来说，不列颠是一块靠近世界边缘、被冰冷的海水包围着的神秘之地。恺撒对那里仅有的了解，是从征服高卢人的战争中获得的。罗马人不敢探索不列颠，因为那里充满了未知的危险。但恺撒不这么想，他充满了征服的欲望，不列颠这块处女地让他难以抗拒。

公元前 55 年底，恺撒发动了第一次征服不列颠的战争。

对于罗马人来说，不列颠是靠近世界边缘、被冰冷的海水包围着的神秘之地。罗马人对不列颠人的生活只有零星半点的了解，甚至不确定它是否真的存在，而这点了解还是从征服高卢人的战争中获得的，因为那时，在恺撒对高卢人的战争中，总有不列颠人给高卢人提供支援。罗马人不想登上不列颠岛，他们知道，越往北，部族越野蛮和凶猛。恺撒却很想登上不列颠岛，他从未忘记他的家系可以追溯至特洛伊战争，征服不列颠是他难以抗拒的诱惑。

恺撒给元老院呈送了报告，陈述他想出征不列颠的理由。恺撒在报告中说，不列颠有着丰富的矿藏资源，那里到处可见银和锡。此外，不列颠人曾帮助威尼斯人反抗罗马的统治，给罗马人带来很大的麻烦。打击不列颠人，不仅可以平定他们的反抗，还可以震慑岛上其他部族，使整个不列颠岛归顺罗马。

元老院批准了恺撒的计划。但是，冬天来了，登陆战的困难很大。而且，罗马人的惯例也是不到 7 月不出海。利用这段空隙，恺撒决定先了解一下敌方的情况。他叫人找来各地的商人，尤其是那些曾经与不列颠人有过贸易往来的商人，希望从他们那里打探出不列颠人的习惯、作战特点和能力。但是，除了沿海和面对高卢这边的地区之外，其他任何地方都没有人能说得清楚。

恺撒觉得最好的办法是派人出去侦察。于是他派了盖尤斯·沃卢森纳斯带领一艘战舰向不列颠靠近，并尽快回来向他报告。但是，盖尤斯·沃卢森纳斯和他的人一上岸，就被不列颠人抓去做了人质。

恺撒等待着沃卢森纳斯的情报，但迟迟不见他们回来，便决定亲自带领他的全部兵力前往距离不列颠最近的海岸莫里尼。在那里，他集中了附近各地区的船只，准备与不列颠人作战。

附近及岛上的很多部落得知恺撒要对不列颠人开战，都纷纷派使者拜见恺撒，承诺愿意向罗马人纳供，交出人质，服从恺撒的命令。对于这些主动前来投降的部落，恺撒十分慷慨。他鼓励他们信守诺言，便打发走了这些前来拜见的使者。恺撒一贯认为，只要有哪个部落主动表示愿意顺从罗马的统治，罗马方面就一定要做些安抚工作，尽量减少敌对的势力，以降低出征的危险。

恺撒做出了详尽的安排和布置，总共征集了 80 艘运输船，可以同时运送两个军团的兵力，其余的船只留给驻守港口的守军。

所有事情安排妥当之后，在一个晴朗的日子里，恺撒带领他的舰队起程了。他们首先到达了不列颠的多佛尔附近。眼前的情景令罗马士兵大吃一惊：只见山上布满了武装起来的不列颠人，他们都长着络腮胡子，脸涂成蓝色，看上去十分可怕。不列颠人的阵线距海很近，他们从山上投掷标枪可以直接击中海边的罗马士兵。恺撒看出此处不适合登陆，便命令军队不得与山上的不列颠人发生冲突，做好转移的准备。等到海风变得适宜航行时，他便下令拔锚起航，赶到附近一片空旷平坦的岸边，舰队在此下锚，准备登陆。

罗马战舰体积庞大，吃水较深，很难在浅滩上停泊。这时，岸上的不列颠人已经严阵以待，并派出骑兵和战车向罗马军队冲过来。他们很熟悉在浅水作战，自由往来拼杀，而罗马士兵却背负着沉重的武器，行动极为不便，无法与不列颠人形成有效的对抗。

恺撒见状，急忙调整阵形，向不列颠人的侧翼驶去，利用战舰上的弩炮和投石机等远程武器阻挡不列颠人。不列颠人大为吃惊，措手不及。当接近浅滩时，罗马战舰失去了优势。眼看不列颠人就要趁势反攻，而罗马士兵见脚下的海水很深，有些迟疑，只有第 10 军团的旗手率先跳下战舰。恺撒一挥手，高喊道："跳下来吧，战士们，除非你们想让你们的鹰旗落到敌人手中去。至于我，我是总得对我的国家和统帅尽到责任的！"其他士兵一听，也跟着一个个跳下战舰，追杀不列颠人。

不列颠人（左）抗击恺撒指挥的罗马登陆部队（右），图右上角站在船头指挥的人是恺撒。图中对罗马军队武器装备的描画有些偏差，恺撒时代的罗马军队装备的长方形盾牌，而不是图中的圆形盾牌。罗马帝国末期的罗马军队才装备圆形盾牌

但是，罗马士兵缺少在浅滩作战的经验，一离开战舰就失去了原有的阵形。跳下船的人只顾追杀，根本无暇顾及彼此的位置，所以罗马士兵和被追杀的不列颠人乱成一团。后方的不列颠人见状，派出骑兵迎战，趁罗马士兵还没有上岸、行动不便的时机，加以反攻。站在船上的恺撒注意到了不列颠人的增援行动，立刻命令后援军队及时支援陷入困境的士兵。

不久，恺撒的军队顺利上岸。他们发挥出陆地作战的优势，很快就把不列颠人击退到海岸森林里去了。由于罗马骑兵未能及时赶到，恺撒下令停止追击逃跑的不列颠人，抓紧在岸边建造防御工事，以防不列颠人反扑。

在这次成功的登陆战斗中，不列颠人损失惨重，一时难以形成与恺撒的军队对抗的局面。于是他们派出使者向恺撒求和，承诺交出人质，接受恺撒提出的所有要求，希望恺撒宽恕他们的无知和鲁莽。派来的使者说道："将军，

不列颠人请求您和罗马宽恕我们的无知。我们愿意交出全部人质，各部族首领愿意向您纳贡，把我们的人和财富交给您来管理。"

对此恺撒责备道："我们罗马人一向宽容，对服从罗马领导的各部族给予生命和财产的保护，但是你们不仅不接受我们的和谈要求，反而还抓了我们派去的使者，继而对我们发动战争。这是不可饶恕的。"

听了恺撒的话，不列颠人的使者吓得急忙匍匐在地上，恳求恺撒的仁慈与宽大。他们都知道，恺撒对诚心投降的部族从来都是采取宽大的态度，接受他们的归顺。恺撒对残酷加以克制不仅是出于天性，更重要的是他知道仁慈对自己更有利。

恺撒再次说明了接受投降的条件：交出全部武器、提供人质、交纳贡赋。不列颠人的使者一一答应。但是，当不列颠人发现又有机会来临时，他们便不再信守承诺，而是计划着与恺撒重新开战了。

那是一个满月的夜晚，海水涨得很高。停泊在岸上的罗马运输船在涨潮时灌满了水。海浪一次次地袭来，冲刷着岸上的战舰。战舰被冲来冲去，不停地相互撞击。一夜间，许多船被撞得粉碎，还有些船只因为缆绳被海水冲走而无法航行。第二天，当发现了这样的状况时，罗马士兵立刻不安起来。他们知道，如果短时间之内不能想出办法离开这里的话，他们就得在这儿过冬了，可是他们并没有足够的过冬的粮食。

恺撒很担心军队的处境，但是更让他担心的是不列颠人很可能借机与他们重新开战。

恺撒的推测是准确的。恺撒麾下的罗马军队目前没有骑兵、没有粮食补给，而且多数船只已经损坏，正面临窘境。不列颠人发现这些之后，便秘密地勾结了几个本土的部族，想趁罗马战舰被毁、粮食短缺之际，联合起来击败恺撒。这样就可以切断恺撒的军队的后路，把恺撒的军队消灭在不列颠，让罗马人再也不敢来与不列颠人作战。他们一做出决定，便开始放慢了交出人质和交纳贡赋的进度，或是找借口拖延。恺撒注意到不列颠人态度的变化，分析他们所处的形势，认为不列颠人一定有了新的计划。为了能够应对不列颠人，恺撒一面命令士兵尽快修缮战舰，积极储备粮食，一面侦察不列颠人的活动。

很快，恺撒的军队的部分战舰修理完毕，可以航行了，但是仍然损失了12艘船。这样恺撒的军队的战舰在数量上就暂时陷入了劣势，要想取胜，必须想出以少敌多的妙计。

正当恺撒恩索着如何战胜不列颠人之际，不列颠人已经开始行动了。

一天，恺撒忽然接到报告：他派出去征集粮食的第7军团与不列颠人遭遇了。由于不列颠人突然袭来，罗马士兵没有做好战斗准备，一时陷入被动和混乱。恺撒立刻召集了几个大队，亲自率领，马上赶往出事的地方。刚离开营寨不远，恺撒就看到第7军团的士兵正在受到不列颠人的猛烈攻击，标枪和箭从四面八方射过来，他们已经抵挡不住了。恺撒立即指挥士兵们冲上前去，帮第7军团解了围。接下来他发现，不列颠人这次的作战技法十分新奇，罗马士兵一时无法组织和调整阵形来应对。所以他认为，如果继续应战，不仅不会打退不列颠人的进攻，而且还会造成己方兵力的严重损失。于是恺撒下令把第7军团救出后，立即退回到营寨。

在接下来的几天里，每天都是狂风暴雨，双方都没有出战的机会。不列颠人放松了警戒，以为恺撒的军队无论如何也不会冒险在这样恶劣的天气里出战。可是出人意料的是，恺撒恰恰决定在这个时候发起突袭。在一个狂风夹杂着暴雨的清晨，恺撒指挥骑兵突然冲进不列颠人的营寨，快速砍杀，使不列颠人一时乱了阵脚。罗马士兵趁势放了一把火，不列颠人的建筑物没入火海之中。不列颠人无法抵挡这样突如其来的进攻，纷纷逃走。

这次战斗结束后，不列颠人又派出使者向恺撒求和。恺撒不想与不列颠人长期作战，因为冬天来了，军队在这里一时无法得到足够的补给，装备也损失过半。恺撒看到这次出征的前景黯淡，决定接受不列颠人的求和，这样可以给己方军队重整旗鼓、有备再战的机会。恺撒接受了不列颠人的投降，但是要求他们必须交出人质，并负责把恺撒的军队送回大陆。这样，恺撒对不列颠人的第一次出征前后只停留了 18 天，却对不列颠人造成了有力的震慑。

这次对不列颠的出征，虽然没有取得特别的成就，但在罗马仍然引起了轰动。这意味着，恺撒带领的罗马共和国军队不仅渡过了莱茵河，打击了日耳曼人，而且还跨过了海洋，第一次到达了不列颠岛。除了奴隶，罗马军队并没有获得什么战利品，但罗马人还是为恺撒的神话兴奋了很长一段时间。不过也有人指责恺撒犯了战争罪，西塞罗就对恺撒出征不列颠表示不满。他轻蔑地说："你能指望不列颠来的奴隶优雅地了解音乐或是文学吗？"但是后来，当恺撒第二次越过海峡时，西塞罗以同样兴奋的心情和极大的兴趣关注着他。

回到罗马后，恺撒吩咐副帅们组织士兵建造船只，越多越好。从与不列颠人的作战中，恺撒发现了罗马战舰的缺点，他要求新造的船必须适应与不列颠人的海战。这次，按照恺撒的指示，船的大小、形状都经过了改造，船只的甲板特别低，利于在浅滩停泊，适合沙滩登陆之用，同时可以装载更多的士兵、马匹和物资。

在罗马短暂休整的期间，恺撒曾到伊里列古姆处理行省与庇鲁斯坦人的冲突，平息了双方的战争，稳定了罗马对行省的统治。面对恺撒的强势，庇鲁斯坦人不得不主动求和。

当恺撒再次回到高卢时，冬天已经过去了，士兵们建造了 600 只运输船，28 艘战舰。恺撒十分高兴，他赞扬士兵们的勤劳，并向士兵们宣布他即将第二次前往不列颠的计划。

公元前 54 年的春天，恺撒率领 4000 名士兵、600 艘运输船、28 艘战舰和 200 艘罗马人捐赠的战舰，浩浩荡荡地启航前往不列颠。

这次恺撒把军队集中到距离不列颠只有 30 罗里的依久乌斯港，因为从那里去不列颠最为便利。

一切准备就绪后，恺撒率领舰队在日落时起航了。船队借着平稳的西南风顺利地航行了一程，但是到午夜时分风便停歇下来，这使船队无法保持航向，任凭海水把船向前推进。待到天明时，他们发现不列颠岛已经落在了距离船舷左侧很远的地方，于是，他们重新调整了航向，朝着预先计划的登陆地点驶去。

在靠近登陆地点的时候，海上突然刮起了狂风，海浪高过了船头，把战舰冲向大海深处。在这样恶劣的条件下，战舰很难靠岸。恺撒站立在船首，对士兵们高声喊道："不要害怕，我的勇士们，你们载的是恺撒和他的鸿运。"士兵们受到鼓舞，士气大增，片刻不停地划桨，所有船只终于顺利地到达了不列颠。

恺撒的军队的这次登陆丝毫没有遇到不列颠人的阻击，出奇顺利。原来不列颠人见恺撒舰队如此庞大，声势浩荡，知道一时无法抵挡，便躲到高处隐蔽起来，等待机会。

登陆后，恺撒的军队首先进入了德莱维里人的领域。过去，倚仗强大的骑兵，德莱维里人将自己的领土迅速拓展。但是，他们内部并没有统一的首领，所以部族之间纷争不断。听说恺撒在他们的领土登陆，各部族都急忙赶来寻求恺撒的支持，为保证自己的地位和利益向恺撒求情。恺撒不想在德莱维里人那里浪费太多的时间。夏天已经来了，对不列颠人作战的一切条件都已准备就绪，所以恺撒只是利用德莱维里人内部的纷争牵制住他们，以防他们对罗马人不利。

恺撒的军队准备往内陆推进，但是不列颠的森林曲折盘绕，很难辨清方向，军队常常迷失在其中。恺撒觉得要想加快推进的速度必须找到当地人做向导。恺撒的运气就是如此的好，他们遇到一位愿意提供帮助的不列颠人曼度布拉休。在曼度布拉休的引导下，恺撒的军队半夜行军，不仅没有被不列颠人察觉，而且还俘获了一些不列颠人。

队伍顺利地前行着。经过很长一段路，不列颠人设下的防御工事已经隐约可见了。这时留守在海岸边宿营的后卫军队派出骑兵赶上恺撒报告说，因为恶劣的天气，停泊在海岸边的战舰在风浪中几乎都被撞坏，绳索也被海水

公元前 1 世纪—公元 1 世纪，恺撒入侵不列颠时遭遇的凯尔特人步兵，均为无护甲的轻装步兵，大多在身上涂有蓝色条纹。

图 1：凯尔特投石手，装备盾牌、短剑和投石环索。他腰上系着的皮质袋子中装有从沙滩或河滩捡来的鹅卵石，这些石弹大小重量基本一致。

图 2：凯尔特弓箭手，装备弓箭和短剑。

图 3：古苏格兰战士，装备长剑和盾牌，敢于冒着罗马军队的矢石发起冲锋。

图 4：凯尔特标枪手，装备标枪和匕首。

冲断，战舰遭受了巨大的损失，请示恺撒该怎么办。恺撒得知此事，立即下令召回军队，停止前进，避免与不列颠人作战。罗马军队在海上的防御能力已经丧失，一旦与不列颠人在陆上作战，后方就会因为疏于防守而陷入被动。

恺撒要求军队在原地扎营防守，自己带上一队人马赶回舰队，发现岸边几乎所有的船只都遭到不同程度的破坏。即使修好，也需要花费大量的时间和劳动力。因此恺撒马上传令下去，从各军团和高卢行省召集工匠，日夜不停地修理船只。那些无法修好的船只也被设法拖到岸上，用来修筑防御工事，加强岸边营寨的防守。

待把这边的事情交代完毕，安排工匠有组织地开始修理工作后，恺撒又急忙赶回前线的营寨。

一回到营寨，恺撒就发现有大规模的不列颠人从四面八方包围而来。他立即下达命令，进行战斗部署。恺撒首先派出骑兵，与不列颠人的骑兵和战车发生了激烈的战斗。茂密的树林和树丛使骑兵的战斗力受到限制，罗马士兵纷纷下马，奋勇杀敌，把不列颠人赶进了树林和山丘。罗马军队乘胜追击，虽然杀死了很多不列颠人，但自己也损失了不少人。

这场战斗刚刚停下来，罗马军队正准备修筑工事，这时，大批不列颠人突然从附近的树丛中冒了出来，冲向恺撒的军队。恺撒派出两个大队支援，好不容易把不列颠人赶了回去。

这次突袭让恺撒有些措手不及。他发现，在作战时，罗马士兵身上沉重的盔甲极大地影响了他们的灵活性，使他们无法及时应对不列颠人不断变化的战术。不列颠人每次的进攻都不是大规模行动，而是有顺序的分批进攻，这样就总能有精力充沛的生力军接应，使战斗始终朝着有利于他们的形势发展。

分析了不列颠人的作战方略后，恺撒觉得一定要在他们前后两次出战的空隙，集中力量快速出击，在后一批敌人还没有来得及上阵前就结束战斗。恺撒详尽地做了部署和安排，先派出几个大队与不列颠人正面交战，然后故意退下阵来，使追来的不列颠人远离其后的支援部队。趁这个机会罗马军队把兵力集中在不列颠人的两支军队之间，在他们相距越来越远的时候突然冲杀出来，把他们各个击破。在这样的战术下，罗马军队不仅没有再发生死伤，还轻松地打败了所有不列颠人，并在很短的时间内渡过了泰晤士河。

在泰晤士河边的不远处，罗马军队俘获了不列颠人的首领卡西维劳努斯，占领了不列颠的首府。卡西维劳努斯向恺撒投降，并向恺撒交出人质，答应恺撒的条件。

恺撒再度远征不列颠的结果就是彻底征服了不列颠人。他接受了卡西维劳努斯和其他不列颠首领的投降。但是，他不得不承认，对待不列颠不能像对待罗马其他行省那样。罗马人无法在偏远的不列颠设立永久的驻军，所以对不列颠岛的征服是短暂的。直到100年后，不列颠岛的某些地区才成为罗马帝国的一部分。

恺撒要求不列颠人每年向罗马人交纳贡赋，命令卡西维劳努斯不准伤害邻近的部族。交代完这些事情之后，他就带领军队回到登陆的海边。由于军需品只够部分军队度过不列颠严寒的冬季，恺撒决定在当年9月起程返回罗马。

关于那次返回罗马的过程，恺撒在《高卢战记》中做了这样记述：

他（恺撒）率领军队回到海边，发现船只已经修好。在它们下水后，他因为有了大批俘虏，并且被风暴损坏了一些船，决定把大军分作两次运送回去。说来凑巧，在那么多船只，那么多次航行中，无论今年还是去年，只要是装载了军队的，就没有一艘在中途失事的。但是，在这些船只中，凡是从大陆派回到他那边去的空船，无论是已经把第一次运送的军队卸掉后再返回的，还是拉频努斯监督着新造的那60艘，却只有极少数能到达目的地，余下的差不多全被风吹了回去。他（恺撒）在白白地等了一段时间后，因为冬至已将来临，深恐航行受到时令阻碍。他不得不把军队更加压缩一番之后，趁一个风平浪静的大晴天，起锚出航，天明时抵达陆地，全部船只安然驶进港口。

恺撒对不列颠的征服和占领虽然只有短短的3个月，但却大大提升了他的军事声誉。这也正是恺撒所要达到的目的，他对荣誉和功绩的看重远远超过对不列颠的征服本身。

恺撒在不列颠的探险，被人说成是"一篇超乎想象的史诗，一项探险史上无与伦比的壮举，在技术上无人能比"。

但是，当恺撒在不列颠时，罗马政局突变，形势更为恶劣。三巨头的政治联盟岌岌可危。

这时，传来消息，克拉苏在与安息（帕提亚）人的战斗中阵亡了。

与庞培决裂

克拉苏突然死去，罗马的局面失去了平衡。恺撒虽然坐拥高卢，却抵不过庞培在罗马境内的一手遮天。庞培也感到恺撒是个强劲的对手，于是对恺撒百般打压，用各种手段阻止恺撒掌权。恺撒自然十分不满，不过，他想夺权也是不争的事实。

公元前55年，克拉苏获任叙利亚总督。在叙利亚，克拉苏遭遇安息（帕提亚，以下称帕提亚）等国对罗马军队发起的反击。克拉苏贪婪的秉性使得他未能抓住有利战机，他首先开始了大肆敛财的行动，而没有立刻对帕提亚等国实施打击。等他准备向帕提亚等国发起军事行动时，对手已经做好了充分的准备。

公元前54年，克拉苏带领军队攻入了帕提亚在美索不达米亚的领地并占领了一些城市。进攻开始很顺利，但是当他带领军队进入叙利亚时，他犯了第一个错误。按照普鲁塔克的说法，他当时应该带领军队继续向前推进，占领巴比伦和塞琉西。因为巴比伦和塞琉西人都对帕提亚人抱有敌对态度，他们一定会给予罗马军大力支持。可是克拉苏贻误了战机，直到公元前53年春天，他才带领军队渡过幼发拉底河，向帕提亚的腹地推进。

这次出征的准备不够充分。当克拉苏带领军队穿过沙漠地区时，他又犯了第二个错误：被帕提亚人引入了沙漠地带。向导背叛了罗马人，暗中与帕提亚人勾结，致使克拉苏的军队不得不与帕提亚人背水一战。这一战，罗马军队遭到了彻底的失败，克拉苏的儿子小克拉苏英勇战死。罗马军队伤亡惨重，克拉苏被俘。据说，帕提亚人将熔化了的黄金灌入克拉苏的口中，将其害死。

克拉苏的死，对恺撒是个沉重的打击。因为克拉苏始终站在与庞培对立的立场上，无形中形成了与恺撒共同对抗庞培的局面。克拉苏一死，恺撒与庞培的矛盾和对立更加明朗化，形成了正面冲突的局面。

在三头政治中，恺撒还是希望三人彼此以平等地位相待的，但庞培却不这么想，他总是希望打压恺撒，使恺撒处在自己的附属地位上。在内心里，他早就想破除这种政治联盟了。

卡尔莱战役—克拉苏之死：公元前53年，安息（帕提亚，以下称帕提亚）的苏雷纳将军率领2万骑兵在卡尔莱迎战克拉苏率领的7个罗马军团共4万大军。帕提亚的2万骑兵，主要是轻装的骑射手，另有少量人与马皆披重甲的重装骑兵。战斗中，帕提亚骑射手向被包围住的罗马军团倾泻箭雨。克拉苏派出骑兵、弓箭手和轻装步兵，试图驱散帕提亚骑射手，却被诱入伏击圈，遭到帕提亚重装骑兵的围歼。不重视骑兵和弓箭手的罗马军队陷入了"打又打不着，逃又逃不掉"的尴尬境地。为了躲避帕提亚骑射手的箭雨，罗马步兵方阵只能散开。这样却又无法抵挡帕提亚重装骑兵的冲锋，因此罗马士兵又必须结成密集方阵，在箭雨下徒增伤亡。最终，罗马军队惨败，克拉苏被俘。为了讽刺贪财的克拉苏，帕提亚人将熔化了的黄金灌入克拉苏口中，将其活活烫死

  公元前54年的秋天，恺撒的女儿——庞培的妻子朱莉亚因为难产而失去了生命。对此庞培和恺撒都感到悲痛欲绝。对于恺撒而言，这件事带来的不仅是悲伤，还有随之而来的危险。他和庞培都深爱着朱莉亚，他们两人也因为朱莉亚而形成了纽带关系，这根纽带经受住了以往的政治局势的考验。现在，朱莉亚去世了，恺撒和庞培的私人关系彻底破裂。他们在政治上还没有马上分道扬镳，维持了一段时间的联合，但是分裂已不可挽回，两个人都心知肚明。

  克拉苏的力量不存在了，恺撒身为高卢总督，一边忙于应付当地时而有之的叛乱，一边竭力避免他在罗马的地位下落。庞培受着协议的约束，一时

不愿招惹恺撒，但他内心却十分轻松和兴奋，觉得自己突然之间诸事顺利。

此时，罗马元老院的道德权威因一件件丑闻而名声扫地。加图派与庞培派为了执政官的人选而拉帮结伙，明争暗斗，使罗马的局势十分混乱。他们纷纷传播着反对派的丑闻，流言蜚语在元老院、在广场、在贫民窟随处都听得到。

随着危机的不断加深，共和国内部分裂的气氛不断加剧，并且出现了暴徒们的激烈行为。无论加图派还是庞培派，都没有形成真正的权力中心。这样一来，贵族的统治已经衰落，军事统治却尚未成熟。公元前53年年底，罗马共和国陷入混乱状态。更糟糕的是加图派和庞培派之间发生了血腥的争斗，骚乱、谋杀等暴力事件频频发生。

共和国面临着瓦解，中立的罗马市民对国家这种混乱的状态已经厌倦，他们渴望有一个强有力的人物，掌握罗马大局，而这个人非庞培莫属。庞培的时刻到了，小加图不得不接受庞培，他想尽快结束无政府状态。庞培利用权势平息了罗马政局的动荡，那些一直对庞培的野心疑虑重重的人也不得不承认庞培的无上权威。

公元前52年初，庞培在罗马的权力远远超过了恺撒，几乎独自操纵着罗马政权，成为了罗马实际上的独裁者。在选举下一任执政官时，庞培公开支持他的新岳父西比奥，一个无能的傀儡，而对恺撒极力打压。他不仅没有让恺撒继续担任高卢的总督，还想方设法把恺撒从高卢召回，以遏制恺撒在高卢的势力。

在彼此的对立之中，恺撒和庞培心里都很清楚：要想赢得罗马的王冠，必须为自己建立牢固的阵地。在接下来的权力斗争中，恺撒成为民主派的代言人，而庞培则以贵族和罗马合法政府为资本。在当时的罗马，民主的口号已经过时，绝大多数人拥护贵族派。这时，如果有人以立宪派的形象出现，势必获得平民的广泛支持。

公元前52年，罗马人听到恺撒在高卢诸行省的胜利而为此大大地松了一口气。很久以来，罗马人一直为高卢的阴暗前景担忧，现在，他们知道恺撒

陈列于丹麦哥本哈根嘉士伯美术博物馆的庞培雕像。在争夺罗马控制权的冲突中，恺撒代表民主派，而庞培代表了贵族派

已经控制了高卢，"野蛮人"的军事联盟再也不可能南下对罗马造成威胁了。保民官卡利乌斯提出了给予恺撒一项特别权力的建议，即恺撒不需要回罗马，可以在高卢参加执政官的选举。这一提议获得了保民官的一致支持。

可是问题远没有得到解决，恺撒的反对派坚决反对这一法案，因为有了这项法案的保护，恺撒就可能从高卢总督的位子上直接第二次当选执政官。这意味着，恺撒没有无公职的时期，很多人无法容忍。

恺撒仍然在高卢奔忙，目前的处境使他感到压力，他既要率领将士为罗马作战，又不得不与远在罗马的统治者们进行较量。恺撒在高卢的战绩越是显著，他的反对者就越痛恨他。恺撒的背后有多年跟随他征战南北的官兵，他们的支持成为恺撒日后与庞培和元老院进行公开对抗的资本。

在罗马，小加图以法律和共和国的名义反对恺撒。但是，恺撒把财富源源不断地从高卢带回罗马的国库。这使得大多数人都成为了恺撒的支持者。

小加图终于看清楚了，要想击垮恺撒，必须首先与庞培结成联盟。

公元前51年，经过权衡，小加图和庞培缔结联盟。这表明，小加图亲自把大权交给了庞培，巩固了庞培对罗马的控制权，进而削弱了恺撒所代表的民主派的力量。为回报小加图，在当年的执政官的选举中，庞培默许了小加图的党羽当选。

在意大利，庞培开始为与恺撒决裂做准备。而恺撒把形势看得更加明白。他之所以没有马上采取行动，是因为有更加周密的考虑。

但是，庞培的个性决定了他常常要坐失良机。他希望元老院能够与恺撒决裂，对恺撒宣战，然后把战争的指挥权交给他。这样，他就能顺理成章地成为民意、宪政的合法保护者和捍卫者。于是，庞培摆出一副淡然的姿态，表示要去西班牙指挥战事。此时，小加图派看到罗马时局有机可乘，就联合共和派，伺机重返政治舞台。

恺撒是个有远见的政治家，他不会贸然行动，而总是先审时度势。此时，恺撒身在高卢，此前对高卢的统治因出现了叛乱而一度陷入困境。他必须肃清叛乱分子，把高卢牢牢地控制在自己手里，这样才能与独揽罗马大权的庞培对抗。而与庞培的决裂，恺撒也不希望马上诉诸军事行动。不难看出，现在使用武力必将使罗马乱上加乱，政治机构也会因此而遭到彻底破坏。所以，恺撒想尽可能地拖延内战，为自己赢得最佳的时间和机遇。

接下来，恺撒要与庞培保持表面上的稳定关系。恺撒要控制时局，以获得元老院的支持。恺撒认为，首先考虑的应该是采用和平的方式，这样就能保留他在政治和军事方面的优势，继而战胜庞培。他要在别人毫无察觉的情况下，把庞培的势力打压下去，让庞培慢慢地从显赫的职位上退去。如果必须使用武力，恺撒一定要首先获得公元前48年的执政官职位，因为，以执政官的身份作战，既可以使元老院中的反对者屈从，又可以挫败庞培派与共和派的联盟。除此之外，恺撒如若以高卢总督的身份与元老院支持的将军对抗，势必导致自己要承担内乱的责任，而执政官的身份显然不会导致这种后果。到时候，如果庞培阻挠恺撒出任执政官，联盟分裂的责任就应该由庞培来承担。这样，恺撒就可以获得元老院大多数人的同情，还可以有充分的时间平服高卢，稳固自己在军中的地位。

身在高卢的恺撒小心翼翼地保持着和庞培的关系，以免发生正面的冲突。恺撒心里很清楚，越能拖延和庞培的正面冲突，离成功就越近。恺撒耐心地等待着公元前49年底的到来，那时他的总督任期届满，他可以获得公元前48年的执政官竞选资格。

此时恺撒的反对者也在利用形势制造对恺撒不利的局面。根据当时的罗马选举法，执政官候选人必须亲自到现任的执政官面前，在选举之前把自己的名字登记到候选人的名册上。恺撒身在高卢，无法在选举之前返回罗马，于是建议免除此项义务。如果得到庞培的默许，恺撒便可以不用亲自返回罗马，在高卢参加选举。但是，当新的选举法颁布时，候选人亲自登记的规定又赫然写在了总章上，恺撒对此十分不满。其实，这正是反对者希望看到的结果。这样将使恺撒在高卢的总督任期被迫缩短。因为依照惯例，只有在辞去执政官职位后才可以立即接任总督职位。由此，恺撒的继任者就会从公元前49年卸任的行政官中选任，3月1日立即执行。恺撒在高卢的任期就随之届满，立即卸任。而这时候距离下一年的执政官选举一职还有一段时间，恺撒处于权力的真空阶段，这是削弱恺撒势力的绝好机会。如果恺撒贸然拒绝卸去高卢总督的职位，元老院就有权宣布对恺撒的选举无效。那时，恺撒身在高卢，对此鞭长莫及，只能任事态朝着不利于自己的方向发展。

对此，恺撒的支持者和庞培所支持的元老院之间发生了激烈的争论。小加图派也趁势公开反对恺撒，要求依照选举法行事。如果恺撒不能履行亲临罗马的义务，就取消恺撒执政官候选人的资格。恺撒的支持者则强调，恺撒

现存于意大利米兰的庞培塑像。这座雕像最初放置在罗马元老院，1627 年迁移至米兰。恺撒嫩死在了
这座雕像的基座旁

应该兼任执政官和高卢总督——恺撒在高卢已经为罗马人建立了伟大的功业，恺撒有资格像当年的庞培一样兼任执政官和总督。

元老院和庞培都谨慎地观看着形势的发展，不急于表明态度或是采取行动。针对恺撒的支持者提出的要求，庞培没有正面做出承诺，但已经暗示恺撒可以免去亲临罗马的义务，参加公元前49年的选举。

但是，以庞培为代言人的元老院贵族派却暴露出他们欲极力压制恺撒的意图：通过修改宪法限制人民的自由而与立宪派公然结成了联盟。

此时，身在高卢的恺撒也在暗中为不可避免的内战做准备。首先，恺撒平复了高卢属地各处的叛乱，恢复了和平，稳固了个人在高卢的地位。在与庞培的较量中，恺撒做出为了罗马的利益而听从庞培建议的姿态。他先是听从元老院的安排，交出1个军团，以支持罗马与帕提亚的战争，而后又交还庞培1个军团。由此，在罗马民众的眼里，恺撒十分迁就，对庞培一再谦让，而庞培却背信弃义。

为了使形势进一步朝着有利于自己的方向发展，使庞培处于被动，恺撒收买了保民官盖阿斯·丘利欧。于是，盖阿斯·丘利欧在元老院会议上提出平等对待恺撒和庞培的要求。他说，在法制国家中，公平是处理一切事务的基本原则，而不可有人享有特权。恺撒和庞培同为罗马的将军，所以不得使法律有利于一方而不利于另一方。丘利欧的陈述，得到大多数人的赞成和拥护。在与庞培的非公开对抗中，恺撒显然占了上风。

看到时机成熟，恺撒公然地站到了丘利欧一面。他支持丘利欧的议案，提出只要庞培能与他同进退，他愿意在任何时候辞去总督职位并交出军事指挥官的权力。恺撒心里很清楚，庞培是绝对不会轻易放弃权力的。果然，庞培提出，恺撒必须先辞职，他才可以随其后。庞培的这一态度显然不能令人满意，加重了各界人士对他的不满。

另外，此时的庞培也越来越暴露出与恺撒对抗的意图，他已经开始亲自部署准备军事行动。

恺撒达到了他的目的——迫使庞培承担发动内战的责任。

接下来，恺撒派人送信去罗马。他告诉元老院，他会放弃对庞培的一切要求——严格遵守元老院的规定，自动辞去北高卢总督的职位，解散军团，只要求保留两个军团和南高卢总督的职位，任期到下一年度的执政官选举之后。这样，恺撒就等于是同意放弃在执政官选举之前到上任之间的权力。

恺撒的这一举动十分冒险。但是，事情的进展就如恺撒所预料的一样，元老院的大多数人都为他的真诚所感动。所以，当元老院在压力之下做出让恺撒辞去高卢两省的总督职位的决定时，恺撒的支持派和反对派在罗马展开了公然的对抗。

公元前 49 年的 1 月 7 日，元老院宣布罗马进入紧急状态，原因是庞培将他的军队开进了罗马，并宣告说保民官的生命安全不再受到保护。1 月 10 日，恺撒得知了庞培的行动，立刻派出军队向南方进发，占领了距离边境最近的意大利城镇。

恺撒并没有随队伍一同赶往边境城镇。在队伍出发后，恺撒洗了个澡，又宴请了众多将帅和行省长官。宴会间恺撒绝口不谈罗马的局势，而是漫无边际地闲聊，似乎对政治毫不关心。宴会从中午一直持续到黄昏，恺撒才起身，召集所有跟随他征战高卢的将士，带领他们连夜赶向意大利边境城镇的先头部队。没用多长时间，两支队伍就在卢比孔河岸边会合了。经过了一番权衡之后，恺撒率领将士渡过了涨满水的卢比孔河，向着罗马进发。

内战之箭已经离弦，正如恺撒后来所说的："骰子已经掷下了！"

此时没有人想到，恺撒渡过卢比孔河，意味着具有 480 多年历史的罗马共和国即将消亡。

渡过卢比孔河

战争势在必行，恺撒带着他的军团来到卢比孔河边时，太阳早就落到亚平宁山脉的那一边了。黑暗中将士们排好了队形，等待渡河的命令。八年来，他们跟随着恺撒经历了一场又一场的血战。在离开高卢这片土地的一刻，他们不知道这对罗马的历史意味着什么。

当将士们来到卢比孔河边时，太阳早就落山了。黑暗中，罗马士兵排好了行军队形，等待恺撒下达渡河的命令。8 年来，他们跟随着恺撒经历了无数次腥风血雨的战斗。在离开高卢之前，他们迟疑不前，他们不知道渡过眼前这条小河对罗马来说意味着什么。

恺撒开始时也有些犹豫不决。他心里很清楚，面前的这条小河，就是高卢和意大利的分界线，道路一直通向罗马。踏上那条路，就意味着触犯罗马人的法律，从而意味着内战的开始。对于内战会带来的后果，恺撒心知肚明。他对身边的人说："要回去还不晚，不过一旦渡过这条小河，一切就将要用武力解决了。……但是，如果我不渡河的话，对我来说这将是灾难的开始。如果我渡河的话，对所有的人都将是灾难的开始。"

恺撒面临着艰难的抉择，因为这一刻将决定他和整个罗马的命运。有生以来，恺撒经历过太多艰难险阻，但是他一次又一次地成功了。在不到 10 年的时间里，他使整个高卢归顺罗马——或者确切地说，归顺于他自己了。罗马人为恺撒的伟大战功而欢呼，但是恺撒的政敌们却为恺撒的势力壮大而担忧，试图剥夺恺撒的权力。面对挑战，恺撒何去何从，他不得不审慎地权衡。

在危急的关头，恺撒决定以个人的未来，同时也是以罗马共和国的未来作为赌注，放手一搏。尽管赌注太高，让很多知情的人不寒而栗，但是恺撒决不甘心坐以待毙。他希望有朝一日整个罗马处于自己的统治之下，已经想了很多年。为了实现理想，他宁可冒着世界大战的危险，宁可把罗马共和国的命运葬送。

恺撒率军渡过卢比孔河之前，向士兵们发表了演说。恺撒很懂得如何使

陈列于意大利那不勒斯考古学博物馆的恺撒雕像

士兵对未来的胜利成果抱着希望，以及如何唤起士兵们的热情。恺撒的演讲激发了士兵们的斗志和士气，他们高喊着：誓为统帅的名誉而战！

在恺撒的支持者眼中，恺撒拥有无限的权威。这不仅是因为恺撒代表的民主观念和君主观念为支持者们所接受，也是出于在政治上绝对忠于恺撒的"工具"人物的推动作用，更重要的是因为恺撒与部下们的关系非常牢固。多年跟随恺撒征战，军人们所遵循的原则一向是不问理由，绝对服从。

可以说恺撒的将士们个个骁勇善战，而且心甘情愿地服从。恺撒很懂得如何给将士们以鼓励，如何让他们感到知遇之恩，使他们甘愿效命至死。在历次战斗中，恺撒总是身先士卒。他知道，要求士兵勇敢，自己首先必须要勇于面对危险。虽然身为将军，但恺撒总是能像最优秀的战士一样，在战场上与对手拚杀。他对自己的要求远胜过对士兵。

普鲁塔克说：

那是一个伟大的烽火时代……恺撒用战争征服了所有高卢人……有睿智英勇之名的统帅凭其胆识赢得了巨大的声誉，恺撒像那些前辈一样以作战勇猛、将才卓越而闻名。菲比阿、西庇阿、梅特拉斯、苏拉、马略、卢库鲁斯兄弟和庞培，他们的威名都升入了天宇。与同时代及之前的这些将军相比，恺撒的谋略和武功的确超过了他们所有人。无论是从战场的艰难程度、征服疆域的面积、对手的数量和实力来讲，还是从当地的粗野蛮荒（恺撒使之驯服开化）、对降服者的礼让和仁慈、对战争中为自己效力者的奖励和慷慨来考虑……而且，他如此受士兵爱戴，以至于在他的率领下，他们无往不胜。

在所有将士的眼中，恺撒是神圣的，他们都极力保护恺撒和恺撒的权威。当恺撒下令渡过卢比孔河时，将士们知道他们既是为罗马而战，也是为恺撒而战。

在整个内战期间，恺撒的军团里没有人逃到庞培那边去，而庞培的士兵却有不少归顺了恺撒。

恺撒率领军团渡过卢比孔河，意味着恺撒与庞培彻底决裂，罗马共和国也面临着终结。

渡河过程中，恺撒的军队没有遭到任何抵抗。因为在决定率军进入意大利之前，恺撒就已经差人说服了意大利边境的城市。因此，恺撒的大军一出现，这些城市就打开了大门，通向罗马的道路轻易地开放在他眼前。

1月12日，恺撒进入意大利北部的阿里米努姆城。这是他从高卢进入意大利必经的第一个城市。听说恺撒亲自带领他的军队已经来到这里，城内居民顿时一片慌乱。守城的官兵都知道恺撒在高卢用兵如神，又深受百姓好评，还是罗马共和国的功臣。所以，他们根本不敢抵抗，只好打开城门，迎接恺撒进城。恺撒会见了从罗马来为他通风报信的保民官们，还见到了庞培委托带口信的使者。使者告知恺撒，庞培声称自己做事是从国家的利益出发，因此也希望恺撒放下个人恩怨。

恺撒笑笑说："既然如此，那我也请你们把我的愿望转达给庞培。告诉他我向来把罗马共和国的尊严放在首位。在我的心目中，罗马的尊严胜于我的生命。可是让我痛心的是，罗马人民给予我的恩惠，却遭到我的政敌们的无端践踏。他们剥夺了人民赋予我的权力，又追逼我离开行省，返回罗马。为了共和国的利益，我平心静气地忍受了这个极不公平的对待。为缓解罗马紧张的局势，我向元老院提出大家都放弃军队，可是却遭到拒绝。此时，庞培在意大利各地招募军队，这明显是在针对我。我提出让庞培回到西班牙行省，我们都各自解散自己的军队，让意大利境内放下武器，让罗马民众摆脱战争的恐惧，让元老院和罗马人民自由地选举，共同管理国家大事。为了这样的目的，我愿意与庞培和谈。"

收到恺撒传达的信息后，庞培做出的答复是：恺撒退出阿里米努姆城，返回高卢并解散军队。这样，庞培才会撤往西班牙。

这样的条件对恺撒显然是不公平的，因为庞培既没有明确去西班牙的日期，同时又没有承诺解散军队。看到庞培并没有和谈的诚意，恺撒命令心腹部下安东尼带着5个步兵大队从阿里米努姆开往阿雷久姆，他本人则带领两个步兵大队留守在阿里米努姆，就地招兵买马，扩充军队。

1月15日左右，恺撒率兵渡过卢比孔河并占领了意大利北部诸城的消息传到罗马，罗马城顿时陷入恐慌。恺撒百战百胜的神话在罗马市民中广泛流传，参加过恺撒军队的人也传颂着恺撒对战败者的仁慈。这一切使人们对恺撒抱有好感，执政官们纷纷出城逃跑。有谣言说恺撒已经是大军压境了。庞培也提前离开了罗马，赶往自己的军团所在的营地。

恺撒率军一路南下，所到城市大多对恺撒表示欢迎，也有个别城镇试图阻挡恺撒的进军，但都被恺撒打败了。这些战败城市的军队也被收编，从而扩充了恺撒军队的规模。

一天，恺撒的军队到达了科菲尼乌姆，驻守在那里的多米吉乌斯从城内派出5个步兵大队，妄图拆毁离城不远的桥，以阻止恺撒的通过。经过交战，多米吉乌斯很快就败退回到城内，恺撒则率领军队过了桥，在城外安营扎寨。

多米吉乌斯的几个步兵大队士气不足，情绪低落，无法抵挡恺撒的军队。他火速派人送信给庞培，请求支援。他认为，如果庞培增派援军，凭借这里的有利地形，一定可以把恺撒消灭在科菲尼乌姆，进而避免罗马城的战火。否则，这里的30多个步兵大队、大批元老院议员和罗马骑士都将面临危险。多米吉乌斯鼓励部下坚守城池，并在城墙上布置弓箭手。

2月17日，庞培接到多米吉乌斯的信件。他回信说，他不会这么仓促地与恺撒正面交战。为了保证战事能够顺利进展，他要求多米吉乌斯带领他的全部兵力赶往庞培的军队驻地。

2月19日，信使回到科菲尼乌姆，将庞培的信交给多米吉乌斯。看过信后，多米吉乌斯并未流露出失望和不满，而是向士兵们宣称庞培就快来支援了。他不想让士兵们放弃抵抗，但私下里却在与几个亲信秘密筹划出逃之事。

恺撒一直在为自己的营寨修建防御工事，并到附近市镇征集粮食，同时也在等待援军的到来。3天后，第8军团，从高卢招募的22个步兵大队和300名骑兵来到驻地。援军的到来使恺撒非常高兴，他继续率军修建防御工事，准备待时机成熟后再围攻这座城市。

意大利古城科菲尼乌姆遗址

城内，多米吉乌斯弃兵出逃的消息走漏了风声。官兵们对此十分愤怒，他们对多米吉乌斯已经不抱任何希望了。他们设计把多米吉乌斯引出来，并将其团团包围。然后派人去拜见恺撒，引恺撒的军队进城，并把多米吉乌斯交给恺撒处置。

恺撒听了使者的话，脸上没有丝毫表情。他在想，这是否会是多米吉乌斯的诡计？毕竟，两军在对阵时，是不能轻易相信对方的承诺的。何况，恺撒也不能让军队在夜间进城，因为士兵会趁着黑夜抢劫城内的财物。于是，恺撒只是奖励了使者，就把他打发了回去。随后，他亲自在工事上部署了兵力，实行不间断的巡夜和换防，命令士兵严防城内的守军冲出城来。

第二天早晨，恺撒就下令将科菲尼乌姆的官员、地方元老院的议员、军团指挥官和大批罗马骑兵带到他的面前。恺撒对他们进行了一番利诱和劝说后，未加任何伤害就把他们全部释放回城了。他们交给恺撒的 600 万巨款，恺撒也分文未收，让他们全数拿回去。恺撒这么做，是不想让人们认为他贪图钱财。他也没有为难多米吉乌斯的士兵，只是命令所有这些士兵向他宣誓效忠。

恺撒在科菲尼乌姆的做法受到了很多人的好评，甚至有人还给恺撒写了贺信，赞扬他在科菲尼乌姆的仁慈。恺撒在给他们的回信中写道：

"很高兴你们在信中表示对科菲尼乌姆的事情如何由衷地赞同，也很高兴听从你们的建议，更为欣慰的是我完全出于自愿做出这一决定，表现得尽可能克制，努力与庞培和解。这种方式能否赢得大家的善意，取得最后的成功，让我们拭目以待吧。因为没有一位指挥官能通过残忍摆脱憎恨或维持长久的胜利，只有苏拉是个例外，而我则无意效仿他。"

在科菲尼乌姆停留了 7 天后，恺撒继续向南，穿越了马鲁奇尼等几个边境城市，到达阿普里亚境内。

庞培得知了科菲尼乌姆发生的状况，随即赶往布林迪西，通令各地由新招兵员编制的所有军队都集中到布林迪西港。他还把奴隶和牧人们也武装起来，配给他们马匹，从中编制 300 名骑兵。恺撒此时也率兵赶往布林迪西，在行军途中遇到了庞培的零散兵力。他们中的部分人主动向恺撒投诚，使恺撒的军队不断壮大。

恺撒抵达布林迪西时麾下有 6 个军团。其中，有 3 个是经验丰富的老兵军团，其余的由征集的新兵编成，也有在途中补充的投降军队。

恺撒知道，庞培在布林迪西集中了 20 个步兵大队的精锐军队，而且城内防守严密。庞培重兵驻扎在布林迪西的目的是什么，恺撒有些疑惑不解。但是，从双方实力对比来看，现在他显然不能强攻。他现在要先了解庞培的打算，探明虚实，然后再制定下一步方案。他决定尽快与庞培取得联系，希望通过与庞培会面，暂时达成和解。于是，恺撒派使者去见庞培，送去他的书信。

对于恺撒率军闪电般地进入意大利，庞培已经开始坐卧不安。他明显地感觉到，恺撒的威胁已经越来越大了。过去，经过不懈的努力，庞培紧紧地控制了整个罗马元老院和上流社会。他利用自己强大的政治势力排挤和打压

今人复原的罗马军团重装步兵

恺撒，毁坏他的名誉。可是，恺撒不但没有屈服，反而通过在边远地区的赫赫战功，树立了更高的威望，从而在罗马共和国博得了多数人的拥护。现在庞培只有彻底打败恺撒，才能彻底摆脱这种威胁。

这时，庞培接到了特使送来的书信。恺撒在信中表示，自己与庞培都应该为国家利益着想，从人民的意愿考虑，不要兵戎相见，免得百姓遭受战乱之苦。双方应该在平等的条件下放下武器，达成一致，共同实现和平。他还邀请庞培于近日举行和谈，表示对和谈充满信心，并愿为和平做最大努力。他说，若庞培将军能接受和平的建议，不仅能令他敬佩，而且全罗马民众也会为庞培将军歌功颂德。

庞培认为，如果接受和谈，必然会削弱自己现在的权力和地位。现在自己还控制着元老院，手里掌握着强大的军队，而且仍然是罗马国家的合法代表者，完全有能力打败恺撒。于是，庞培决心要与恺撒决一死战，把恺撒彻底消灭掉。

双方在布林迪西形成对峙的局面。此时，恺撒仍然没有放弃和谈的希望，他再次派人去庞培那里转达和谈的想法。但是，诸如此类的努力却三番五次地落空。恺撒知道，庞培必将承担内战的全部责任，使用武力的时候到了。

敌人是罗马人

第十二章

这一次战争与以往不同，恺撒的对手不再是那些未开化的蛮族，而是与他极为相似的"自己人"。他没有兵力和装备上的优势，只能比智谋、拼士气，有时还需要赌一些运气。另外，鉴于双方都是罗马人，舆论战也必不可少。

恺撒决定在布林迪西城外修筑围城工事，对庞培进行封锁。他命令手下充分利用港口最狭窄的浅滩地段的优势，从海岸两边向中间修堤筑坝。当修筑工事向前推进较远时，由于水深处无法使土堤合拢，士兵们便在朝向堤坝尽头的地方，安置了两只30罗尺见方的木筏，用四只铁锚分别系住四角，避免因波浪起伏受到震荡。将这些安置完成后，他们又用同样大小的木筏依次连接上去，然后在这些木筏上覆盖泥土、铺设堤道，以便进行畅行无阻的冲击。在这项工程的正面和两侧，用篱笆和栏杆掩护起来，每隔3只木筏建造一座两层高的碉楼，从而抵御战舰的袭击与火攻。防御工事的修建进展很快，而且固若金汤，大有完全吞没布林迪西城之势。

看到恺撒的严密防御工事，庞培感到很惊讶。他从布林迪西港调出装有三层桨座的战舰，并配备了许多弩炮和投石机，试图捣毁恺撒修筑的防御工事。恺撒的士兵也奋勇还击，与庞培的战舰展开对射。

此时，庞培在罗马的兵力部署尚未完成。因此，他不想在布林迪西与恺撒僵持。为了拖延恺撒的袭击，防止恺撒的军队在他们撤离期间冲进城里，庞培命令士兵封锁城门，在城内的大街小巷都挖掘沟壕，插上尖尖的木桩，再用浮土掩埋，设成陷阱。同时，又用削尖的树桩插在地上，用以堵住城墙外面通向海港的出口，以阻挡恺撒的军队进城的通道。最后，他又在城墙和碉楼上布置了精锐的弓箭手和投石手。一切准备就绪之后，庞培命令士兵悄悄地驾船撤离布林迪西港。

恺撒从布林迪西人那里得知庞培撤离的消息，立即出发前去阻截。当绕道抵达布林迪西港时，恺撒拦截了庞培的两艘船，并俘获了船上的士兵。遗憾的是，他没能逮到庞培本人。庞培逃到了海外，寄希望于他的舰队和罗马在东方的各个属国和行省。

此时，如果恺撒手中有足够的战舰，他就会在庞培海外援军势力得以巩固之前打垮庞培。但是，恺撒暂时并没有足够的舰队。审时度势之后，他决定放弃追击庞培的计划，决定先占领意大利，巩固自己的势力，然后前往西班牙，肃清那里的庞培余部。完成了这些计划之后，恺撒动身返回罗马。

公元前49年3月30日，恺撒到达罗马城外。市民听说恺撒来了，纷纷拥到城门口，在一片欢呼声中将恺撒迎进城里。

4月1日，保民官安东尼和卡西乌斯在阿波罗神庙召集了元老院会议。会上恺撒慷慨陈词，历数政敌们的不义行为。他说："各位，我并非贪图名位，只是要求得到人民给予我的恩惠，享受到再任执政官一职的那个合法时间，但却遭到庞培等人的阻挠。我完全放弃了自己的地位和荣誉，以极大的耐心，主动请求双方同时解散军队，结果却遭到不公平、无理条件的拒绝。他们还蛮不讲理地剥夺了我的保民官权力。在这些人的刻薄行为面前，我本着从罗马国家利益出发的原则，渴求和谈，但是一而再，再而三地被拒绝。鉴于此，我请求元老院的议员们和我一起来治理这些国事。如果你们不愿意出面，我也不会给你们增加麻烦，只是尽我最大的努力，来处理好这些事情。现在，我们还应该继续派使者到庞培那里传达和谈的愿望。为了罗马，我愿意再次宽容大度地对待那些反对我的人。"

恺撒的讲话感动了元老院中的部分成员，他们赞成派遣使者。但是，由于多数人都有畏惧心理，没有找到合适的人选，此事便耽搁下来。恺撒意识到，目前他与庞培的争端在罗马不可能得到解决，深恐军事形势出现变化，便于4月7日从罗马动身，赶往外高卢。

4月19日，恺撒到达外高卢的马西利亚港。当时，马西利亚人已经得到庞培的命令，不得给恺撒提供支持和任何方便。庞培和恺撒都曾经给予马西利亚人恩惠，所以他们决定不能支持一方而反对另一方，也不接纳他们任何一方入城。

恺撒对马西利亚人极为不满。他安排了 3 个军团展开行动，在马西利亚城外修筑工事和堡垒，准备攻城。同时，罗马士兵还建造了 12 艘战舰，开到了马西利亚港附近。

面对恺撒的围攻，马西利亚人一筹莫展。这时，多米吉乌斯辗转来到马西利亚。马西利亚人像找到救星一样把多米吉乌斯接进城里，并把马西利亚舰队的指挥权授予他。多米吉乌斯很快集结了 17 艘战舰和大量小艇。在战舰上，多米吉乌斯安置了大量的弓箭手。准备完毕之后，他就满怀信心地率领着舰队向恺撒的舰队驶来。

虽然恺撒的战舰在数量上处于劣势，但是恺撒麾下官兵的战斗力远胜过马西利亚人。战斗打响之后，马西利亚人凭借舰艇的速度和舵手的敏捷善变，巧妙地躲过恺撒舰队的攻击，并利用宽阔的水面拉长战线，采用多种战术进攻恺撒的战舰。恺撒舰队及时调整作战的方式，利用带有抓钩的跳板扣住马西利亚人的战舰，进而强行登上去展开肉搏，最大限度地发挥出罗马士兵白刃战的优势。最后，恺撒的舰队击沉了马西利亚人的 9 艘战舰，其余的被迫逃回马西利亚港。

收到马西利亚海战的捷报时，恺撒正在伊莱尔达追击庞培。他组织士兵修建桥梁、设立哨卡、募集粮草，并时常与庞培的军队发生交战。

庞培的副将阿弗拉尼乌斯和佩特雷尤斯在伊莱尔达共有 5 个军团，此外还有近西班牙行省的重装步兵和远西班牙行省的轻装步兵组成的步兵大队，以及 5000 名骑兵。

恺撒在距离阿弗拉尼乌斯军队不远的小山脚下安营扎寨，并开始修建工事。为防止被阿弗拉尼乌斯军发现，恺撒禁止在工事中竖起较高的栅栏，以避免遭到敌军的突然袭击，妨碍工事的进展。他命令士兵挖掘 15 罗尺宽的堑壕，在正面抵御阿弗拉尼乌斯的军队，同时布置三列全副武装的士兵分头守卫。这样，在阿弗拉尼乌斯发觉营地设防以前，工事已全部完成。天渐黑时，恺撒把军队撤回堑壕内，并让他们时刻备战。

第二天，恺撒派部分兵力去修筑营地各边的防御工事，命令他们开掘同样大小的堑壕，同时命令其他士兵全副轻装、严阵以待。为阻挠恺撒的军队施工，阿弗拉尼乌斯率军到山脚下进行挑衅。有三列士兵守卫，又有堑壕掩护，恺撒坚信工事的修建并不会因此中断。果然，阿弗拉尼乌斯的军队没有主动进攻，进行了示威后便收兵回营。

在伊莱尔达城和临近的小山之间，也就是阿弗拉尼乌斯军队设营的地方，有一片平地。恺撒认为，如果能占领这个有利地形并修筑工事，就可以将阿弗拉尼乌斯军与城池以及运送给养的通道隔绝。于是，恺撒派兵前去占领那个地方。阿弗拉尼乌斯得到情报后，也派军队前去抢占。双方在此展开激战。阿弗拉尼乌斯士兵猛烈进攻，而且战术奇特。恺撒的军队防不胜防，陷入混乱，连连后退。恺撒赶紧率军前往增援，阿弗拉尼乌斯军终于招架不住。当恺撒的军队追击到一座小山脚下时，阿弗拉尼乌斯的军队突然转身从山上冲下来，双方又进行了激烈的拼杀。战斗时胜时负地进行，恺撒的军队依靠坚韧的勇气和毅力击败了阿弗拉尼乌斯的军队。

战斗刚刚结束，突然来了一场暴风雨，将附近的道路和桥梁冲毁。由于运输中断，给养运不进来，恺撒的军队陷入困境。阿弗拉尼乌斯军队的给养却很充足，有些交通要道还被他们封锁，桥梁无法修缮。在这种危险的形势下，恺撒命令士兵造船。船只造好后，恺撒连夜将1个军团运过河，并占据了有利地形，修建了防御工事。之后，两岸的军队很快联手架设了桥梁，解除了给养困难。

一天，恺撒的侦察兵回来报告说，阿弗拉尼乌斯的军队正在选中的地点隐蔽，等待补充大量的骑兵和援军，打算把战争拖到冬季。恺撒了解到这一情况后，带领士兵夜以继日地修筑河水分流工事，以使骑兵和步兵不受阻碍地渡河，打乱庞培的行动计划。同时，他派骑兵对阿弗拉尼乌斯的军队进行攻击。阿弗拉尼乌斯知道等待庞培派兵救援已经无望，又惧怕恺撒的军队的英勇，赶忙移营开拔，率领军队向伊贝鲁斯河方向推进。由于步兵还没有完全渡河，恺撒只好派骑兵先行追击。

紧接着，恺撒命令体弱的士兵和1个军团守卫营地，他则率领其他军团迅速渡河，追上了由阿弗拉尼乌斯和佩特雷尤斯率领的军队。庞培的军队没有想到恺撒的兵马这么神速地出现在他们面前，顿时惊慌失措，连忙在高地上摆好阵势。恺撒并不急于向庞培的军队开战，因为他的士兵从渡过河到一路追赶庞培的军队，体力消耗太大，无法应战。恺撒命令军队在田野上休整，每当庞培的军队向前推进，他才命令军队追赶一段路，然后再安营扎寨。

相持一段时间后，双方来到一条平坦的道路上，附近是崎岖的山路。恺撒看出，如果能够抢占那些关隘路口，就能成功地拦截住对方。为了保证士兵们发挥出有效的战斗力，恺撒决定黎明时分开始行动。为了绕开庞培军队的把守，恺撒率领军队先是朝着相反的方向——伊莱尔达方向——行进。起初，庞培的军队以为恺撒迫于给养的不足而不得以要退回伊莱尔达。但是，当发现恺撒正率领军从侧翼向那些关隘推进时，他们便出动全部人马，直奔伊贝鲁斯河。

这时恺撒的军队已经做好了充分的战斗准备。当看到庞培军队的1个步兵大队从斜路冲向山坡时，恺撒立刻命令骑兵展开猛烈的攻击。最终，庞培的步兵无法抵挡恺撒骑兵的进攻。恺撒充分利用骑兵的优势，将阿弗拉尼乌斯的轻装步兵大队团团围住，全部歼灭。

此时的战局对恺撒十分有利，将士们纷纷请求恺撒下令，全线出击，追杀剩余的敌人。出于仁慈，恺撒没有下令追杀这些士兵。他心中在思索着另一个问题：如果能够切断庞培军队的粮食来源，自己的部下又不需要有任何的死伤就能结束这里的战斗，那为什么还要做出势必损兵折将的尝试呢？无论哪一边，都是罗马人，他对那些遭到杀戮的同胞怀着深深的恻隐之心。于是，他对请战的将士们发表了一番演讲：

"勇士们，如果我们能够不经过拼杀，不用死亡就可以结束战斗，那我们为什么要用我们同胞的血作为代价呢？为什么一定要让这些跟随我经历千辛万苦的士兵去冒更大的风险呢？作为你们的统帅，我的使命和责任不仅是带领你们打仗，打胜仗，而且还有保护你们的生命。如果我们可以用计谋取胜，那就让我们远离沙场吧，我宁肯看到你们安然无恙而结束战斗，而不愿意看到你们任何一个年轻的生命血染沙场。

"勇士们，让我们祈求神的保佑吧，求神灵赐福给我们，让我们在没有伤亡的情况下达到目的。"

听了这番话，将士们都对恺撒更为敬佩。他们听从恺撒的安排，悄悄撤离了战场，以减轻庞培军队的恐惧。而后，恺撒封锁了去伊贝鲁斯河的各条道路。

恺撒没有采取赶尽杀绝的做法，使庞培的这些士兵心怀感激。他们私下与恺撒的军队里的同乡拉话，探问恺撒的信义。得知恺撒的仁慈和宽大后，他们都希望能够归顺恺撒，并请恺撒的士兵替他们求情，保全他们统帅的性命。他们派出一列百夫长到恺撒处进行和谈，恺撒看到他们求和的诚意，便接受了他们的易帜投诚。这样，恺撒的军队未受任何损伤就免除了双方的一场大难。

由于伊贝鲁斯河被封锁，阿弗拉尼乌斯的军队出现了饮水困难，他们决定先回伊莱尔达去，然后再做打算。他们刚出营寨，恺撒的骑兵便对他们发起了猛烈攻击，而恺撒自己则率领步兵紧随其后。阿弗拉尼乌斯的军队死伤很多。恺撒大军在后面紧紧追赶，他们没有时机找到合适的地方扎营，被迫在地形极为不利，又远离水源的地方驻扎下来。

恺撒命令军队立即修筑工事，把阿弗拉尼乌斯军包围起来，对他们进行封锁，迫使他们投降。阿弗拉尼乌斯为了阻挠工事进展，把军队带出营寨，布列战阵。恺撒也集结兵力布置好阵势。但是，恺撒的军队不想首先出击。双方一直对峙到傍晚，没有发生任何战事便各自返回营寨。

最后，阿弗拉尼乌斯看到一切供给都被封锁住了，粮食和饮水已经供应不上，只好主动向恺撒请求谈判。恺撒表示，只要阿弗拉尼乌斯军队离开行省，自行解散，就不会受到任何伤害。阿弗拉尼乌斯答应了恺撒的要求，解散了军队。

最终，恺撒以极小的代价彻底战胜了阿弗拉尼乌斯的军队，伊莱尔达战

1696 年，法国雕塑家塞巴斯提恩·斯洛德茨为凡尔赛花园完成的恺撒雕像，现陈列于法国巴黎罗浮宫

役以庞培的两名副将和 5 个军团的投降而告终。

8 月，恺撒开始进军远西班牙行省。庞培的副将瓦罗率领的两个军团驻守在那里。在恺撒到达远西班牙行省前，瓦罗就在行省各地征募兵员，补足了两个军团，增加了大约 30 个外援步兵大队，并征集了大批粮草，命令加德斯人制造了多艘战舰。他把大批财物运到加德斯城，又从自己的行省派去 6 个步兵大队到那里守卫，任命加洛尼乌斯主管加德斯城。

瓦罗还到处发表对恺撒措辞严厉的演说，散布对恺撒不利的谣言。他说恺撒打了几个败仗，大批士兵都投奔阿弗拉尼乌斯了，这是他通过可靠的信使探听到的。这些谣言在该省的罗马公民中造成了相当大的影响。在那些与恺撒关系密切的地区，瓦罗有意增加赋税，大量派驻军队，宣布要把那里的财产充公，逼迫那里的人们都要宣誓效忠庞培。后来，瓦罗听说形势有了变化，阿弗拉尼乌斯投降，整个行省都拥护了恺撒，这才不得不开始做战斗准备。瓦罗亲自率领两个军团开赴加德斯，把战舰和粮食都运到那里。他认为只要在那个岛上备齐战舰和粮食，就可以把战事长时间拖延下去。

恺撒知道，还有很多紧要的事情等待他回意大利去解决。他考虑到庞培在西班牙行省施加了很多恩惠，而且还拥有众多的亲信，因此决定暂时不离开西班牙。对于瓦罗的态度和卑劣做法，恺撒认为必须采取措施予以反击。

恺撒派了两个军团，随同保民官卡西乌斯一起去远西班牙行省，自己也亲自带领 600 名骑兵火速赶往那里。到达之前，恺撒发出通告，要求远西班牙行省各地的首领们在指定的时间到科尔杜瓦和他会面。得到恺撒的通告，行省各地区的民众开始积极响应，而对瓦罗所到之处设置重重障碍。他们在碉楼和城墙上设置了岗哨和巡逻人员，又让当地驻军的两个步兵大队守卫城池。该行省中最坚强的卡尔莫人，主动将瓦罗派来防守的三个步兵大队关在城门外。瓦罗意识到恺撒已经是民心所向，现在的局面对自己很不利。这时，他又收到加德斯人的信件，信上说，在得知恺撒的通告后，加德斯的首领们立即与驻守该城的罗马军团司令官共同商量，最后达成共识，准备把主管此城的加洛尼乌斯驱逐出城，为恺撒保全那座城市和岛屿。于是，他们把这个决定通知给加洛尼乌斯，让他主动撤离加德斯。否则，他们将采取措施。加洛尼乌斯对此惶恐不安，现在已经撤离了加德斯。

瓦罗的两个军团中有一个本地军团，在了解上述情况后，他们审时度势，决定就在瓦罗的营地开拔，不去骚扰任何人，向伊斯帕利斯撤退。当地的罗马公民对此行动交口称赞，并极力拥护。这些情况使瓦罗惶恐不安，他准备离开此地。但是，他随后从亲友处获悉，各条道路都已经被切断，连城门也遭封锁。看到自己已经无路可走，瓦罗只好派人转告恺撒，说他愿意交出军队和所有的财物。这样恺撒仍旧没有费一兵一卒，就接受了瓦罗和他的两个军团的投诚。

当到达科尔杜瓦时，恺撒召集了公民大会，会上他盛赞当地人为了维护行省的安定所做的努力，并对行省的未来充满希望。恺撒在科尔杜瓦逗留了两天，任命卡西乌斯掌管该行省，并拨给他四个军团。他本人则率领瓦罗和加德斯人建造的那些战舰，穿过行省的几个地区。差不多所有近西班牙行省的代表团都在等待着恺撒的到来，恺撒对他们大肆嘉奖，以拉拢人心。

8月下旬，恺撒从远西班牙行省赶回马西利亚。当时，马西利亚正遭受天灾。连绵不断的暴雨造成了当地严重的粮食歉收，洪水过后瘟疫肆虐，马西利亚人的生活陷入混乱。加之与恺撒的军队的两次海战损失惨重，对他们具有防护作用的碉楼和大部分城墙倒塌，使马西利亚人进一步失去了庇护。他们得知那些行省和军队已落入恺撒手中，不会再有援军前来挽救他们于水火。因此，在恺撒到达马西利亚后，他们便交出了武器，把停泊在船坞里的战舰驶出港口，以求得保护。

恺撒接受了马西利亚人的投降，留下两个军团接管马西利亚，把其余兵力派往意大利，自己于9月起程返回罗马。

不久，恺撒顺利当选公元前48年度的执政官。根据有关法律，他就任后应当在规定的时间里处理完罗马政务的一些琐碎事情，并举行拉丁节。在罗马历史上，拉丁节是个古老的传统节日，是为了纪念罗马人与拉丁人的联盟而每年举办一次的狂欢活动。在当选执政官后，恺撒按照惯例筹办了这一传统节日。之后，恺撒从罗马动身，带领 12 个军团和全部的骑兵前往布林迪西。

抵达布林迪西之后，恺撒就对士兵们说："勇士们，我们已经完成了一段艰险的征途。接下来，我们要轻装前进。因为船只有限，我们要考虑让更多的士兵登上船，所以请大家把行李和奴隶都留在意大利，我们要着眼于未来能够打胜仗。"士兵们高呼："听从统帅的命令！"

公元前 48 年 1 月 4 日，恺撒率领军团起航，并于第二天顺利抵达希腊。他担心别的港口都已被庞培占领，就把登陆地点选在克劳尼亚礁石和其他危险地区之间的帕莱斯特。由于船只有限，只运送了 15000 名步兵和 500 名骑兵，兵员不足使得恺撒没能够尽快结束战争，而是一直拖到了法萨罗战役。

此前，庞培利用一年的休战时间，大肆招募军队，征集粮草，修筑工事。他从亚细亚行省、叙利亚和埃及等地集结了一支规模庞大的舰队，为海军装备了战舰和运输船。庞培组建了 9 个军团，3000 名弓箭手和 600 名投石手组成的两个步兵大队，还有 7000 名骑兵。他向罗马各属国的国王及民众索要巨款，还迫使他控制的行省交付了一大笔钱。此外，为防止恺撒渡过亚得里亚海，他把舰队分布在各个海口，分头把守。

自从内战开战以来，恺撒一直都没有放弃和谈的机会。这次，恺撒委派曾两次被他俘虏的维布利乌斯·鲁夫斯给庞培捎去信件。恺撒写道：

尊敬的庞培将军，自你我开战以来，双方都遭受了严重的人员伤亡。眼看着年轻士兵们的鲜血流在了战场，我实在痛心疾首。为此，希望您不要固执己见，让我们双方都放下武器，不要把战争再继续下去，以避免更大的损失。

您失去了西西里、撒丁、西班牙三个行省，以及由意大利和西班牙的罗马公民组成的 130 个步兵大队。而我在阿非利加行省的军队也遭受了巨大的损伤，还有一些士兵在库里克塔岛上投降了。从双方各自遭受的损失来看，今后战争的胜负和命运很难预测。因此，双方都应该爱惜自己，爱惜士兵们

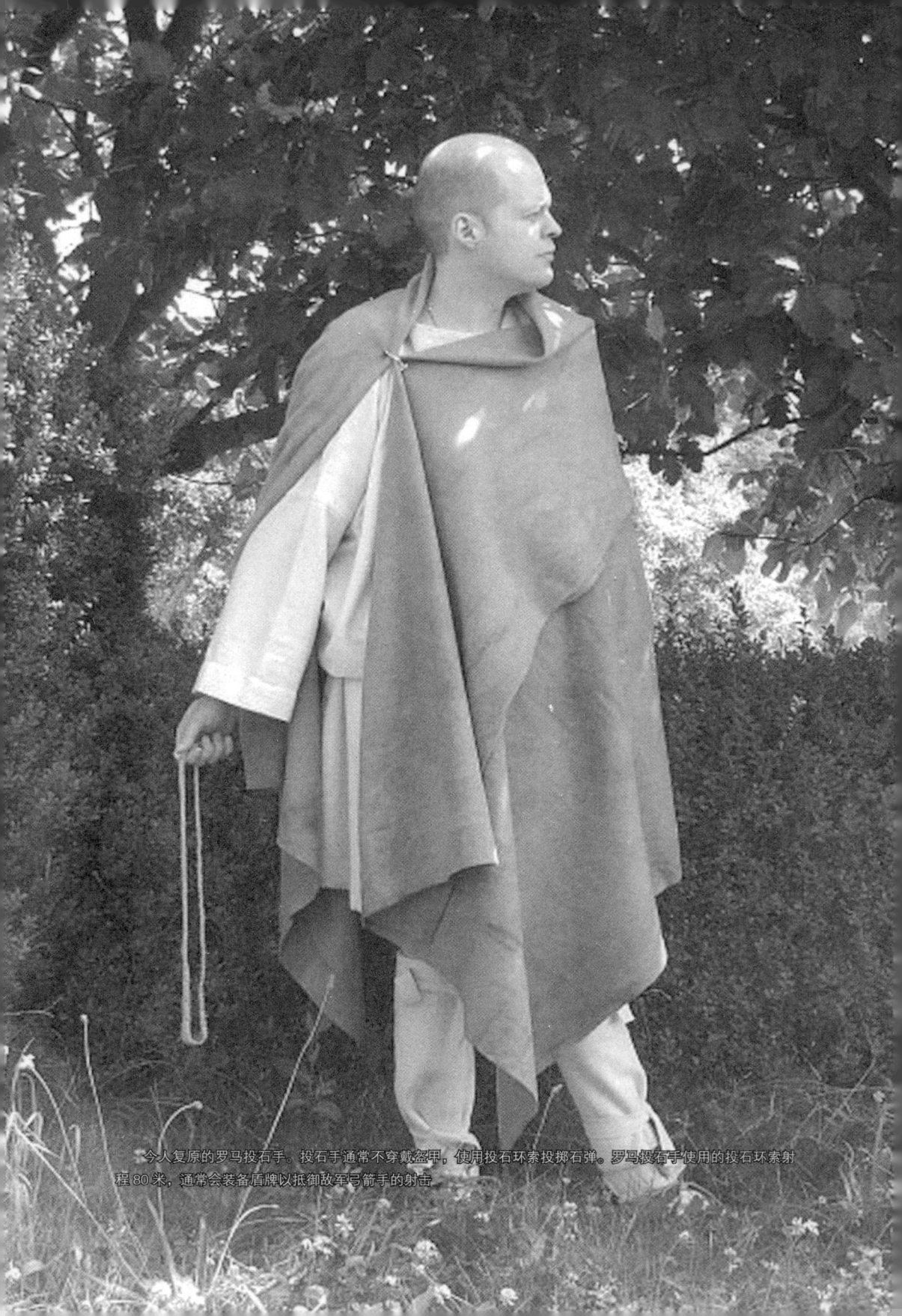

今人复原的罗马投石手。投石手通常不穿戴盔甲，使用投石环索投掷石弹。罗马投石手使用的投石环索射程 80 米，通常会装备盾牌以抵御敌军弓箭手的射击。

的生命，爱护国家。

现在我们双方都处于充满自信而又势力均等的时候，这也是我们讲和的一次绝好机会。如果命运稍稍偏向两个人之间的任何一方，占上风的人就不会接受和平的条件——相信自己会胜出的人，是不会满足于和别人平分秋色的。那样我们就会失去和平的机会。

既然以前我们双方对和平条件没有达成一致意见，现在就应该到罗马请求元老院和人民议定。此时，如果我们双方都能够在公民大会上宣誓，在三天之内解散各自的军队，一定会使国家和我们自己都感到满足。再则，如果双方都不再依靠军队和同盟军，那么双方对人民和元老院的裁决就会满足了。只要将军您能够赞同我的这些建议，我将解散自己驻扎在各地的全部陆军。

恺撒把这封信交给维布利乌斯·鲁夫斯，并告诉他一定要当面交给庞培。维布利乌斯接到信后，认为在双方开始讨论恺撒的意见之前，应该把恺撒突然到来的消息告诉庞培，这样可以让庞培提前采取对策。于是，维布利乌斯便昼夜兼程，以最快的速度赶到了庞培那里，把恺撒的信和恺撒已经率兵逼近的消息带给了庞培。

这时，庞培本人正在坎达维亚境内，他准备从马其顿赶赴阿波罗尼亚和都拉基乌姆冬季营地去。当接到维布利乌斯的消息后，他顿感心慌意乱，立即命令军队开始急行军，火速赶往阿波罗尼亚——他不想恺撒提前占领那些海滨城市。恺撒提出的那些和谈建议显然是被弃之不理了。

可是，恺撒在士兵们登陆的当天就下令向奥里库姆进发。当恺撒到达那里时，庞培的部下托夸图斯正奉命主管该城。托夸图斯让帕尔蒂尼人驻守在那里，企图靠关闭城门来守卫这座城池。托夸图斯命令希腊人拿起武器，登上城墙，做好防守准备。这些人得知要与恺撒为敌，都拒绝参加。还有些城里人听说恺撒到来，主动要求把恺撒接进城。托夸图斯看到请求各方面救援都没有希望，只好打开城门，把他自己和城池一起交给了恺撒。恺撒接受了投降，并把托夸图斯安然无恙地保护下来。

收复奥里库姆城之后，恺撒马不停蹄地向阿波罗尼亚进发。听说恺撒要到来的消息，奉庞培之命在那里指挥的斯塔贝里乌斯，就加快了工事的修筑。他又向阿波罗尼亚居民们索要人质，但是没有人接受他的要求。居民们都不肯交出人质，也不想关起城门来抗拒恺撒。

斯塔贝里乌斯发现阿波罗尼亚居民一致拥护恺撒，只好偷偷地逃离了阿波罗尼亚。城内军民们派使者来见恺撒，并把他接进城。随后，比利斯人、阿曼蒂亚人、其他邻近的地区以及整个伊庇鲁斯地区，都纷纷派使者来见恺撒，表示归降。

庞培在得知奥里库姆和阿波罗尼亚发生的这些情况后，开始担心都拉基乌姆也会发生类似情况，便日夜兼程，火速向那里赶去。这时，在庞培的军队中有消息传开，说恺撒的军队就要临近，士兵们都感到十分恐慌。庞培一直是夜以继日地匆忙赶路，中途未曾停顿过，不知道军队官兵中已经人心不稳，更不知道所有来自伊庇鲁斯及邻近地区的人差不多都开了小差——许多人在行军途中扔掉武器纷纷离开，与溃逃没什么两样。

当庞培停歇在都拉基乌姆附近并下令扎营后，鉴于当时军队还惊魂未定，副将之一的拉比埃努斯首先挺身而起，向庞培宣誓绝不离开他，无论处境多么艰难，都将跟庞培生死相随。其余的副将也开始向庞培宣誓。最后，所有的军团司令和百夫长们都纷纷向庞培宣誓，官兵士气稍有好转。

这时，恺撒发觉去都拉基乌姆的道路已经被庞培的军队抢占了，便决定让他的军队停止前进，在阿波罗尼亚境内的阿普苏斯河畔扎营，并命令驻军对支持他的那些地区的安全进行保护。他决定在那里等待与来自意大利的援军会合，然后在营帐内过冬。

此时，庞培也正在实施他的行动计划。在阿普苏斯河对岸扎营后，他把所有的军队和援军都调集到这里来。

两军就在阿普苏斯河畔形成对阵的局面。

恺撒命令部下卡勒努斯利用船只，将布林迪西的军队运送过来。为了阻截恺撒的援军，庞培派部将利博带领50艘战舰组成的舰队到布林迪西，并控制了恺撒的军队的必经之路。卡勒努斯出港不远就收到恺撒的来信，得知所有的港口都被庞培的军队占领，只好带领船只返航。这样一来，恺撒的援军就无法按计划到达了。

为了打击驻守在港口的庞培的军队，恺撒对驻在奥里库姆的比布卢斯舰队采取控制措施，使其不能登陆补充给养。比布卢斯陷入困境后，提出与恺撒会谈。这时，恺撒正带领一个军团驻在克基拉岛（今科孚岛）对面的布特罗图姆城，准备解决军队粮食供应紧缺的问题。当得知比布卢斯的和谈请求后，他立即亲自返回奥里库姆城加入会谈。恺撒向他们提出派使者去见庞培，并要求他们提供保护，让使者安全地见到庞培，以促成和谈。

现在双方的形势是，比布卢斯的舰队阻拦恺撒的船只运送援军，恺撒的军队阻止比布卢斯舰队登陆补充饮水和给养。恺撒认为，如果比布卢斯不愿意进行让步，仍然维持互相限制的状况，也照样可以讨论和谈之事。比布卢斯没有接受恺撒的要求，而是将整个事情推给庞培，他的意见只是要求双方现在休战。恺撒已经完全明白：比布卢斯与他谈话的目的，只是想暂时摆脱目前给养短缺的困境，并没有和谈的诚意，也不会给和平带来任何希望或条件。双方就这样结束了谈话，恺撒不得不考虑其他的作战计划了。

维布利乌斯想利用这一机会，讨论恺撒来信中提出的和平建议。可是，他刚开始讲话就被庞培制止了。庞培说：

"我需要人家以为我靠恺撒的恩赐才享有那种生命和公民权吗？估计战争结束后，把我召回我的出发点意大利时，就不可避免会有这种舆论的。"

恺撒得知这一情况后，并没有放弃希望。由于两军营地之间只隔着阿普苏斯河，士兵们可以经常彼此交谈。利用这个机会，恺撒命令他的副将瓦提尼乌斯向河对岸宣扬与和平相关的言论，声称将继续尝试派使者与庞培和谈，避免发生公民之间的互相残杀。庞培一直没有回应，和谈仍然没能实现。

眼看冬季就要过去了，恺撒见布林迪西援军迟迟无法运到，有些着急。

在恺撒看来，时间拖得越长，对方舰队防守的警惕性就越高。何况，庞培已多次写信要求部下必须阻挡恺撒的后援军队。在这种情况下，恺撒给在布林迪西的部下安东尼写信。恺撒命令，若遇到适合航行的天气不要错失良机，直接把舰队开往阿波罗尼亚附近的海港。因为那些地方距庞培舰队的警戒范围较远，便于停靠。接到命令后，为了及早帮恺撒摆脱困境，安东尼决定冒险出海。士兵也都表现得很英勇，他们彼此鼓励说：为了恺撒的安全，赴汤蹈火也不该退缩。趁海上刮起南风的时候，他们驾船越过了阿波罗尼亚。之后，在都拉基乌姆，他们遇上庞培部将科波尼乌斯统率的罗得斯舰队并遭到攻击。由于有风势相助，安东尼的舰队摆脱了危险，来到宁费乌姆港，并躲了进去。

恺撒的好运来临了。接连刮了两天的南风突然变成了西南风。风越来越大，变成了风暴。结果，安东尼舰队因为有海港的保护而逃过一劫，罗得斯舰队却在风浪中全部沉没。船上大量的划手和士兵，有的死去，有的被俘虏。恺撒将这些俘虏都遣返回家。

最后，安东尼带着所有的军队——3个老兵军团、1个新兵军团和800名骑兵登陆，并派信使向恺撒报告。恺撒和庞培得知后，都做出了反应。恺撒希望尽快与安东尼会合；庞培想在中途设伏，进行突然袭击。就在同一天，双方都从各自的营地派出军队离开阿普苏斯河。

庞培是在夜间悄悄离开的，而且走了一条捷径，不用渡河；恺撒则在第二天白天才出发，而且走了很远的路，准备涉水过河。当庞培发现已经接近安东尼驻地时，便选择一处有利地形令军队驻扎下来，同时要求士兵隐蔽起来。可是庞培的军队的到来还是被当地人发现，并立即报告给安东尼。安东尼一面派信使去见恺撒，一面布置军队坚守营地。恺撒接到消息后，第二天就率领军队赶到那里。庞培得知恺撒已经赶到，担心被两支军队包围，随即率领全部人马撤离此地，到达都拉基乌姆，并在那里选择合适地方扎营。

恺撒与安东尼的军队会合以后，便从奥里库姆调出了驻守那段海岸的一个军团，准备把附近的行省争取过来，然后再逐步向前推进。这时，帖萨里亚和埃托里亚的使者来向恺撒承诺说：如果他能派去驻军，这些外族就都会执行他的命令。恺撒随即派卢奇乌斯·卡西乌斯带领第 27 军团和 200 名骑兵开赴帖萨里亚，又派卡尔维修斯·萨比努斯带领 5 个步兵大队和少量骑兵开赴埃托里亚。由于这些地区都位于附近，恺撒让他们顺便去那里筹措军粮。他还命令多米吉乌斯·卡尔维努斯带领第 11 军团、第 12 军团和 500 名骑兵向马其顿行省进发。

卡尔维努斯到达马其顿后，在接受当地一些代表的拜会时，接到了西比奥（庞培现在的岳父）率军逼近的消息。在西比奥离卡尔维努斯 20 罗里时，他在马其顿与帖萨里亚的界河河畔留下军团的辎重，交由法沃尼乌斯带领 8 个步兵大队守卫，并下令在那里修建堡垒，然后急速转向帖萨里亚，逼向卡西乌斯那里。卡西乌斯获悉西比奥逼近，有些惶恐不安，急忙进入附近的群山之中开始向别处转移。西比奥正在追赶时，突然接到法沃尼乌斯的信，得知卡尔维努斯正带着几个军团向他那里逼近，如果不返回救援，那个防区就会丢失。西比奥只好放弃追击卡西乌斯，立即去营救法沃尼乌斯。这样，卡尔维努斯利用此计解除了卡西乌斯的危险，西比奥也没有失去他的防区。

几天后，西比奥在卡尔维努斯营地附近布置阵势，准备交战。卡尔维努斯发现地形对自己不利，没有出兵应战，西比奥见此情况便转移了营地。过了几天，西比奥采取了新的计策。夜里，他在卡尔维努斯军队放牧的地方设下埋伏。当卡尔维努斯的骑兵走近时，突然伏兵四起。但是，卡尔维努斯的军队准备充分，而且士兵英勇善战，这场袭击很快被抵挡住。西比奥军队损失约 80 人，其余纷纷逃走。

卡尔维努斯看到西比奥不想出战，便采取引诱的办法，表面上造成粮食短缺的假象，然后转移了营地。前进了 3 罗里后，他把军队和骑兵布置在一处隐蔽的地方。西比奥发现此情况后，把骑兵派去侦察卡尔维努斯的行踪。先头部队进入埋伏区时，发现有马嘶的声音，随即退却。但最后，还是有两个骑兵小队被卡尔维努斯擒获，其余骑兵全部逃跑。

恺撒经过重新部署，调走了那些海岸的驻军以后，派阿奇利乌斯·卡尼努斯副将带领 3 个步兵大队负责防守奥里库姆城池，并护卫从意大利带来的战舰。之后，他自己率领军队不断向庞培逼近。当获悉庞培人在阿斯帕拉久姆时，他就带领军队赶往那里，在途中攻破了庞培的军队驻守的帕尔蒂尼人的城池。随后，恺撒顺利到达了庞培的驻地，并在附近安营扎寨。

第二天，恺撒将全部人马拉出，摆开了阵势，准备与庞培决战。但是看到对方只顾在阵地坚守，并不应战。于是，恺撒收兵回营，重新考虑作战计划。一天之后，恺撒带领全部人马绕道走小路赶往都拉基乌姆，因为庞培的所有给养和战备物品都集中在那里。恺撒希望要么迫使庞培赶到都拉基乌姆，要么在那里切断庞培的退路。起初，庞培以为恺撒是因为粮食补给不足而不得已离开的。后来，庞培察觉到恺撒的企图，随即转移了营地，准备抄近路阻击恺撒。恺撒当即加速行军，终于赶在庞培之前到达了都拉基乌姆，并在此安营扎寨。

去都拉基乌姆的退路已经被切断，原来准备在那里坚守的计划也随之破灭。一计不成，庞培心中又生一计。他在岸边选择一处地势较高又适合船只行驶的地方修建营地，把部分战舰集合到那里，依靠那个有利地形掩护战舰不受风向的影响。接着，他又从亚细亚行省和他控制的各个地区运来粮食和给养，准备迎战恺撒。

恺撒发现庞培的防守很严密，如果现在开战，恐怕较短时间内难以取胜。所有的海岸都被庞培的军队控制着，从意大利运送给养已经没有希望；而受冬季环境的影响，从西西里、高卢和意大利调集来的舰队也行动缓慢。为此，恺撒派提利乌斯和卡努勒尤斯两名副将前往伊庇鲁斯筹措军粮。由于这个地区离现在的驻地较远，他只好选择一些地点设立临时仓房，并让附近的部落将征集的粮食运送到那里。他还下令把当时在利苏斯城、帕尔蒂尼部落以及各个堡垒所存的粮食收集起来。由于这一带是多山地区，不适合粮食生长，产粮的地方很少，就连人们日常要吃的粮食都往往需要从外地运进来。所以，恺撒征集的粮食更是有限，难以满足他的军队补给。

预见到恺撒的军队会出现粮食短缺的情况，庞培就派兵到帕尔蒂尼人的居住地，进行掠夺和搜刮，就连他们屋内的地窖都给挖开了，把抢夺的所有粮食都让骑兵运走。

恺撒得知这些情况后，不得不开始做新的打算。经过观察，他发现在庞培营地周围有许多高峻、崎岖的山，于是决定利用这种地势制订计策。他首先让军队占领了那些有利地形，并在那里修筑了堡垒。然后，他按各地不同的地势，将每个堡垒的防御工事都进行了延伸，并筑起栅栏对庞培进行围困。恺撒这样做的目的，一方面是想以较小的风险从四面八方给军队运来粮食和给养，以解决自己军粮不足的困难；另一方面是要阻止庞培的军队放牧，使他无法发挥骑兵数量多的优势；另外，当庞培遭受恺撒围困而不敢交锋的消息传到各地以后，会大大地降低他在外族人中的声望。

庞培并不愿意撤出海面和都拉基乌姆，因为他把各种武器都集中在那里了，而且还在用战舰给军队运送粮食。但是，现在处于这种双方对峙的局面，如果不出面与恺撒交战，庞培就无法阻止恺撒正在进行的围困工事。庞培认为，现在可行的办法只能是采取最紧急的战略部署，也就是派军队占领更多的小山，然后将驻军营地向四周扩大。这样可以控制较大范围的地区，尽可能地把恺撒的军队分割开来。按照这样的部署，庞培开始行动了。在恺撒修筑完24座堡垒以后，庞培的军队已经找到一片方园15罗里、播种了许多庄稼的场地，在那里进行放牧。

这时，庞培发现恺撒的军队依靠相互连接的围困工事，来防止他的人马从任何地点冲出去。于是，他也命令军队利用营地附近的地势修筑连绵的防御工事，以防止恺撒的军队从背后围攻他们。而且，庞培的军队在工事修建方面占有优势。因为他的士兵数量较多，而那片场地内部的施工范围又较小，给他们修筑工事带来很多方便。每当恺撒的军队占领某个地点，庞培就派出大批弓箭手和投石手发起进攻，给恺撒的军队造成大量伤亡。恺撒的军队中

今人复原的古罗马骑兵。在恺撒时代，罗马的骑兵属于步兵的附庸，仅用于执行侦察、袭扰、包抄、追击、警戒和侧翼掩护等任务，而不是进攻和防御的主力兵种

的部分士兵对敌军的弓箭和标枪产生了巨大的恐惧。他们纷纷用毡子、褥垫等各种东西包裹住身体。

恺撒和庞培都在想方设法地扩大自己的防区。恺撒想要逐渐缩小庞培控制的范围，庞培则想占领各更多的制高点。恺撒的第9军团首先占领了某个区域，在他们修筑防御工事的时候，庞培的军队急忙占领了不远处的一座小山。为了阻止他们修筑防御工事，庞培的弓箭手和投石手，向恺撒的军队投掷石块和标枪。恺撒的军队既要抵御对方的攻击，又要冒着危险抓紧时间修筑工事，工程进展极其艰难。最后，恺撒见自己人马不断出现伤亡，就下令退兵撤离该地。当恺撒的士兵向后撤退时，庞培的士兵以为他们是由于惧怕才放弃阵地的，因而步步逼近，企图阻止他们撤退。当时，庞培对他的部下曾经这样说过：恺撒的军队贸然推进到这个地方，如果在没有遭受严重损失的情况下撤了回去，他就是个毫不中用的统帅。

恺撒担心自己的人马撤退时受到伤害，下令将篱栅向前移动到那座小山的边缘竖立起来，以抵挡庞培的军队，同时又下令让士兵们隐蔽在篱栅内，尽快开出一条适当宽的战壕，并尽可能在后面各处地方设立障碍，使追兵遇险难行。恺撒又在合适的地点布置了投石手，借以掩护军团撤退。他是在这些事准备妥当后，才下令撤回军团的。

庞培的军队看到恺撒的军队连连后退，便更加肆无忌惮地步步逼近。他们推倒了挡在面前的篱栅，准备越过战壕。恺撒发现这个情况后，深恐他的军队把撤离当作溃退，从而遭受更大的损失。因此，在撤退的路上，他就让指挥该军团的安东尼鼓励部下不要慌乱，并下令吹响号角，命令军队向庞培的军队进行反攻。第9军团的士兵们听到恺撒的命令，立即开始反击，接连向对方掷出标枪，同时又从较低处快速冲上山坡，很快击退了匆忙赶来的庞培人马，迫使他们掉头逃跑。这时，那些被推倒的篱栅以及掘开的战壕，大大阻碍了庞培的军队的撤退。而恺撒方人马在没有受到损失的情况下逐渐撤离。最后，恺撒的军队杀死了大量庞培方面的士兵，而自己总共只损失了5人。之后，恺撒的军队又悄悄地占领了其他几座小山，并很快修筑了防御工事。

恺撒与庞培采取的战术是新奇的，也是不常见的。双方不但有大量的堡垒、宽广的战场、密集的防御工事和整套的围攻计划，而且还有其他方面的策略。因为任何一方，总试图围攻另一方。当他们认为自己的骑兵和步兵在数量上占优势时，便开始攻打敌军力量薄弱的位置，或者对战败或陷入慌乱的敌军进行围攻。采取这种围攻的战术，主要是为了给对方造成粮食短缺、补给困难。当时，庞培的军队正好各种物资都很富足，即使恺撒以劣势兵力包围了庞培的军队，也不会给他们的补给造成多大影响。因为每天都有大批运送给养的船只，纷纷从四面八方开来，为庞培的军队补充给养。无论风力多大，风向如何，他们都有顺利航行的机会。恺撒的军队把征集来的粮食用尽以后，就陷入了困境。幸好，恺撒的军队在去年曾在西班牙经受了同样的考验，有了吃苦耐劳、靠意志取胜的经验。当他们再次面临补给困难时，他们能够异常耐心地忍受着这些艰苦。后来，恺撒的士兵找到了可以食用的野菜，大大缓解了军队的缺粮状况。当恺撒的军队看到当地的庄稼开始成熟时，更加坚信很快就会熬过粮荒。而且，他们从逃亡者那里了解到，庞培军队的日子也不好过。他们每天都在忍受着修筑工事的劳苦，又要经受缺水的折磨。因为此地的河流都被恺撒的士兵改道了，庞培军队的水源已经被切断。为此，庞培的军队被迫寻找低洼地带去挖掘水井。这种劳动加重了士兵每天的工作量，而且水井很快就干枯了。

这期间，双方仍然交战不断。一天夜间，庞培的军队从火光中发现恺撒的一个步兵大队露宿在营垒旁边，便悄悄地向那里射箭，随即迅速撤回到自己的营地。恺撒部将获悉战况后，带领两个军团前来支援这个步兵大队。庞培的军队承受不住恺撒援军的进攻，前方的士兵被打垮后，后面的士兵随即逃跑，放弃了阵地。

有了这次教训后，恺撒的军队就再也不在露宿地点火了。

双方战斗越来越频繁，有一天竟发生了6次战斗，3次在都拉基乌姆，3次在营垒旁边。在这几次战斗中，庞培队伍约有2000人丧生，好多是应召的老兵和百夫长，还有6面军旗被缴获。而恺撒的军队损失不到20人。在恺撒军队的一座堡垒中，守卫的士兵全部受伤，另有一个步兵大队也伤亡惨重，所幸他们最终守住了那座堡垒。恺撒赞扬了他的部下和士兵，同时对这个步兵大队给予丰厚的奖赏。

为了加强防守，庞培的军队在夜间修筑了大量的防御工事。随后几天又修筑了一些堡垒，并封锁了各处营门，设置了一些障碍物，用以阻挡恺撒军队的进攻。恺撒急于开战，每天把军队拉到平地上，摆开阵势，向庞培营地逼近。然而，庞培只是为了维护自己的名声才把军队布置到营地的前面，他并没有决战的打算。

恺撒见庞培现在不愿意交战，便准备攻打阿哈伊亚（即亚加亚，下称阿哈伊亚）。他先派卡勒努斯到那里去，然后又让萨比努斯和卡西乌斯带领步兵大队同他合在一处。据守阿哈伊亚的庞培部下卢普斯得知恺撒的军队到来，立即开始修筑防御工事，以便阻止恺撒的军队进入阿哈伊亚。在这期间，恺撒听说庞培的岳父西比奥进入了马其顿，他认为可以请西比奥从中调解，促使庞培同意和谈。于是，恺撒将他与西比奥共同的朋友克洛迪乌斯派到西比奥那里，并带去信件。恺撒在信中说：

> 我本人为谋求和谈做了各种尝试，但至今毫无成效，想来这应该归咎于那些承担传达信息任务的人。因为他们害怕向庞培转达我的和谈愿望不合时宜，唯恐自己受到牵连。而西比奥您却有这样的权威，您不仅可以自由表明您所赞同的事，还能在很大程度上强制并引导那位误入歧途者。如果您促成了和谈之事，人们一定会把意大利的安宁、行省的和平以及维护国家最高权力的功劳都归于您。

克洛迪乌斯把信件转交给西比奥，同时转达了恺撒的意见，但是没有达到恺撒预想的结果——在最初几天里西比奥看来很愿意听他讲，但在后来的日子里，就渐渐失去兴趣了。克洛迪乌斯只好徒劳无功地回到了恺撒身边。

恺撒看到这次争取的和谈又没实现，便开始了新的作战计划，修建了大量工事，并筑起了堡垒，打算把庞培的骑兵控制在都拉基乌姆。庞培得知自己的骑兵无法发挥作用，便重新用战舰把他们接回到自己的营垒。然而，喂马的饲料供应不足，马匹消瘦无力。庞培认为有必要做一次突围了。

在恺撒的骑兵中有一对兄弟，一个叫劳基卢斯，一个叫厄古斯，都骁勇非凡，一直受到恺撒的赏识和重用。但是，他们粗野傲慢，虚报骑兵人数，侵吞军饷，引起大家的不满和控诉。恺撒只是私下里对他们进行了责备，并未做出处理。然而，他们担心以后受到处罚，便离开恺撒投靠了庞培，还把恺撒军队中的详细情况都报告给了庞培。

庞培见到两兄弟后，十分欣喜。以往士兵们都是从庞培这边跑到恺撒那边去，很少有相反的情况。而且，这兄弟两人确实很了解恺撒的军队情况。

陈列于梵蒂冈博物馆的恺撒塑像

比如，防御工事还有什么地方没有完成，哪个军团在作战经验上有着什么样的欠缺等。根据这些重要情报，庞培开始有针对性地部署突围计划。他命令士兵用柳条编制头盔的防护罩，并收集修筑土垒用的材料。一切准备停当后，他把大批轻装步兵、弓箭手和土垒材料趁天黑安置在战舰上。他又从大本营和防区调出 60 个步兵大队，于午夜把他们带往距离恺撒大本营最远的营垒。在那个地方有一条 15 罗尺宽的壕沟和一道 10 罗尺高的栅栏。距离这片场地 600 罗尺，另有一道朝反方向的栅栏，筑起了较矮的营垒。这两道栅栏，是恺撒担心自己军队会被庞培舰队包围而竖立起来的，万一遭到两面夹攻，便可用它们来抵抗。

可是，周围 17 罗里的营垒工程太大.尽管恺撒的军队士兵每天不停地劳动，但进展还是很慢。因此，朝着海面并连接这两座营垒的横栅栏一直没有完工。庞培得知恺撒的第 9 军团的两个步兵大队露宿海边后，便决定在黎明时逼近这里。同时，他命令战舰上的士兵向外栅栏投掷标枪，并用泥土把壕沟填满。接着，庞培的士兵们架起了云梯，推出了弩炮，给恺撒的军队内层营垒的守卫人员造成了严重威胁。另外，还有大批弓箭手从两侧包围上来。

由于营垒防御不严密，给对方造成了可乘之机，恺撒的军队遭到了四面围攻，难以抵抗下去。这时，庞培人马又在尚未完工的两道栅栏之间登陆了，并从背后向恺撒的步兵大队发动进攻，把他们逐出了这两座营垒，恺撒的军队伤亡惨重。

得知这次袭击后，恺撒的财务官马尔克利努斯立即从营地派去步兵前往增援。但是,这些援军也没有抵挡住庞培军队的进攻。看到庞培的人马逼近营地，而己方人马在逃跑，这些援军也一片恐惧，不知所措，结果遭到了大肆屠杀。庞培的军队离第 9 军团的营寨越来越近。固守阵地的安东尼得知情况后，率领 12 个步兵大队从高地冲下来，总算挡住了庞培军队，坚定了己方的信心。

恺撒通过堡垒上的烟火信号得知了此事，于是从据点中抽调了几个步兵大队赶到这里。恺撒知道了自己军队所受的损失，也注意到庞培越过了自己的营垒。庞培的军队沿海岸修筑营地，既能实现自由放牧，又不减少船只靠岸的入口。

看到围困庞培的计划无法进行，恺撒意识到应该改变战略部署。于是，他下令靠近庞培的军队驻地修筑营地。当这营地建立完成后，恺撒的侦察兵发现敌军把若干步兵大队——看上去相当于一个军团的兵力，带到一片树林后面的老营地去了。前几天，恺撒的第 9 军团阻击了庞培的军队，用工事包围他们后，就在那里安营扎寨了。该营地连着一片树林，距离大海不过 300 步。后来，恺撒改变了计划，把营地转移到了稍远些的地方。

几天后，庞培占领了同一座营地。由于他在那里拥有一个军团的兵力，便放弃了内栅栏，扩建了较大的营垒。他把营地延伸到离河畔约 400 步的地主，以便士兵安全饮水。可是不知什么原因，他又改变了计策，撤离了那个地方，好多天营地一直空着。现在，庞培的这个军团正向距离旧营地大约 500 步的新营地推进。恺撒希望能击溃这个军团，弥补那天的损失。于是，他在驻地留下两个步兵大队，假装正在修筑工事。他本人率领 33 个步兵大队和第 9 军团，分两路向庞培的军队和较小的营地进发，在庞培发觉前已经到达。营地的防御工事虽然高大，但恺撒从自己所在的左翼迅速攻了上去，把庞培的军队赶出了栅栏。双方在营门前交战片刻，不分胜负。最终，恺撒的军队凭着勇气闯进了对方的营地和堡垒，杀死了负隅顽抗的敌军，取得了胜利。由于不熟悉路径，在寻找营门时，恺撒的右翼步兵大队追踪到了那座从营地延伸到河畔的营垒。当他们发现它就是那座空闲营垒时，便将其推倒，在无人防卫的情况下越了过去，整个骑兵大队也跟着冲了进去。

这期间，庞培得到消息，率领从工事中抽调的 5 个军团去营救己方人马。双方骑兵互相逼近，已占领对方营地的恺撒的军队看到庞培援军到来后与原来的军团一起摆开阵势，展开反攻，感到情况对自己不利。而恺撒的骑兵团是越过土垒上来的，担心地形影响自己撤退，便开始抢先逃跑。右翼军和左翼军的士兵们，看到骑兵开始逃跑，而庞培的军队一再逼近，也害怕地方狭小被截断退路，因此也十分惊恐，纷纷撤离。

庞培看到这些情况，感到十分意外，因为他的人马逃出营地后，好长时间不敢靠近营垒，而他的骑兵在追击中也受到阻挡。这一切使他有些担心，害怕中了埋伏，因此裹足不前。同时，庞培的军队那道从营地延伸到河畔的营垒也阻碍了自己骑兵的追击。这些都使恺撒的军队最终得以逃脱。

当天发生的两次战斗中，恺撒损失了960名士兵，32位军团司令官和百夫长。这些损失大部分都是在逃离时，己方官兵相互挤压踩踏造成的。庞培的军队自以为得胜了，由此信心倍增、头脑发昏。实际上，庞培军队的胜利，是因为恺撒的军队人数少，地势不利。而且恺撒的士兵惧怕营垒内外两面受敌，彼此互相不能救应，己方由于混乱而产生的损失远大于庞培军队造成的损失。

接下来，恺撒在都拉基乌姆城外试图包围庞培，但是一连几次的行动都受挫失利。最后，恺撒改变战略，撤出了所有的驻军，放弃了围攻。

转移前，恺撒集合所有的军队，向士兵们发表了演讲：

"勇士们，一段时间以来，我们虽然屡屡受挫，但是请大家不要对已经发生的事情感到难过，也不要被目前的事态吓坏，更不要以一次轻微的失利而抹杀我们以往多次的胜利。我们应该庆幸，并没有遭受什么损伤就拿下了意大利，平定了西班牙两个行省，把撒丁岛、西西里岛，还有马其顿行省那些盛产粮食的地区控制在了我们手里。大家一定还记得，在港口和海岸都布满了敌军时，我们是多么幸运地在敌舰中间安然渡过了河。如果不是万事亨通，就得靠我们自己的努力来挽救命运。我们所遭受的损失，应该归咎于每一个人。在我们已经夺取了敌军的营地，赶走并挫败了抗击中的敌军之有利形势下，由于你们当中有些人的惊慌失措和失误，扰乱了已经获得的、展现在眼前的胜利。你们理应各尽其力，奋勇弥补所受的损失。"

恺撒向士兵们陈述了战略转移的理由，并开始安排拔营前的所有事务。他派一个军团负责护卫，在黄昏时把一切辎重从营地先运到阿波罗尼亚。两个军团在营地守卫，其余军团在四更时分从多道营门出发。为了不让敌军发

陈列于德国明斯特大学考古博物馆的庞培头像

觉自己的行动，在军队出发后隔一段时间，恺撒才下发拔营号令，随即便追赶军队，很快远离了营地。这是恺撒在一连几个月围困庞培无果，反而损兵折将之后，实施新计策、寻找新战机的起点。

庞培获悉恺撒转移离去，便跟踪出击，希望趁着恺撒军队惊慌失措和士气低落的机会一举消灭他们，所以一路紧追不放。他先派出骑兵准备拖住恺撒的后军，但是由于恺撒的军队轻装行进，他们没能追上。当恺撒的军队来到杰努苏斯河畔时，庞培的骑兵终于追了上来，并与恺撒的骑兵展开了交战。恺撒派出轻装的前列精兵配合骑兵，与庞培的骑兵进行了殊死的拼杀。由于之前的失利，恺撒的士兵普遍感到有辱军团荣誉。所以他们将这次交战当成雪耻的机会，个个英勇非常，一举击退了庞培的骑兵，毫发未损地返回行军的队伍中。

恺撒带领军队顺利地渡过了杰努苏斯河，在阿斯帕拉久姆对面的老营地驻扎下来。这时，庞培也赶到了此地。庞培的士兵一到营地，安顿好武器，便陆续离开营帐，有些人到附近的营地找回他们放下的辎重和行李，还有一些士兵走出很远去采集草料。恺撒经过观察，得知庞培的军队分散而一时无法集中，便下令军队立即出发，继续前进，把庞培的军队甩在十几里地以外。

在接下来的几天里，恺撒总是让军队在黄昏时先把辎重运走，然后再率部出发。这样，尽管跋山涉水、路途曲折，军队却一点儿也没有遭受损失。恺撒的军队前进的速度越来越快，庞培无力追赶，只好放弃。

离开都拉基乌姆城后的第四天，恺撒的军队到了阿波罗尼亚。恺撒认为庞培有可能到西比奥那里。此时，西比奥正在与卡尔维努斯对阵，如果庞培抢先到达西比奥那里，就会使卡尔维努斯措手不及。因此，恺撒先派信使告知卡尔维努斯，然后留下了4个步兵大队守卫阿波罗尼亚，1个步兵大队守卫利苏斯，3个步兵大队守卫奥里库姆，又安顿了伤员。随即，他自己带领军队穿越伊庇鲁斯和阿萨马尼亚，一路不停地向卡尔维努斯那里赶去。庞培不完全清楚恺撒的行动，只是认为自己应该尽快赶往西比奥处，好集中全部兵力攻打卡尔维努斯。由于这些原因，他们双方都在力求快速行动，既为了救援自己的人马，又为了不失时机地攻击对方。可是，去阿波罗尼亚已使恺撒偏离了最近的路线，而庞培的军队则轻装前进，穿越坎达维亚进入了马其顿。

这时，与西比奥对垒好几天的卡尔维努斯，因为粮食补给不足而提前撤离了。撤离的路线险些导致其与庞培狭路相逢，而恺撒并不知道此事。后来，卡尔维努斯在途中听说恺撒和庞培都在向同一地点进发。他马上改变路线，在帖萨里亚边境的埃吉尼乌姆城附近与前来的恺撒会合。两支大军会合后，恺撒再从埃吉尼乌姆赶往贡菲。该城市民听信庞培谣言，关闭城门，接着派信使到西比奥和庞培那里去，请求他们派兵前来援助。居民们说：如果庞培能够尽快派来援军，他们就有信心守住该城，但是他们无法抵御长时间的围攻。得知恺撒的军队离开都拉基乌姆以后，西比奥带领几个军团赶往拉里萨。当时，庞培的军队还没有赶到帖萨里亚。

恺撒命令军队在贡菲城外安营扎寨，并修筑了防御工事，又下令制造突击用的云梯等工具。准备停当之后，他对士兵说：

"现在，我们为了缓解各种物资短缺的状况，而要去占领一座富饶丰足的城池，同时以此城为例，威震其他的地区，并要在对方援兵赶来之前迅速完成任务，这会起多么大的作用。"

趁士兵士气高涨之际，在到达贡菲的当天，恺撒就组织军队开始攻打那座深沟高垒的城池，并于天黑前攻下了贡菲城。他又立即从该城转移，在攻破该城的消息还没有传出之前，就进入了迈特罗波利斯。迈特罗波利斯人也因为谣言的煽动，关闭城门，在城墙上布置了大量武装人员。后来，他们从恺撒安排在城墙前示众的俘虏那里获悉了贡菲城的不幸后，便打开了城门。恺撒没有伤及城内的居民。其他地区的居民都看出了恺撒对主动投降者的仁慈。因此，除了由西比奥重兵把守的拉里萨外，帖萨里亚境内的各城邦无不投降了恺撒。稍稍休息后，恺撒又前往法萨罗，等待庞培的到来。这时，恺撒已经把战略部署全部集中在这里了。

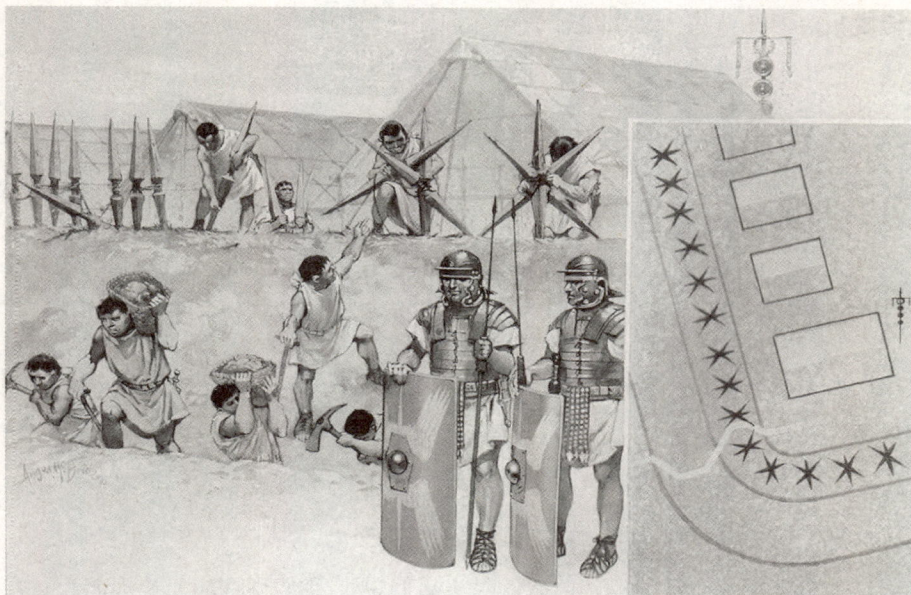

罗马军队正在扎营：部分士兵正在挖掘壕沟，部分士兵正在安置拒马，部分全副武装的士兵正在站岗。在罗马军队的营寨中，通常有 20% 的士兵处于警戒状态，有 50% 的士兵处于时刻面向敌军方向的状态。每 8 名士兵共用一座小帐篷，每个百夫长自己享有一座大帐篷

几天以后，庞培来到帖萨里亚境内，他向军队全体官兵讲话，感谢自己的部下，又勉励西比奥的那些士兵，告诉他们在即将获胜时要期望分享那战利品和奖赏。

接着，庞培把各个军团撤回到一处营地去，与西比奥一起自吹自擂，并命令士兵给西比奥搭建副统帅的营帐。两路大军联合以后，庞培的兵力得到了增强，士兵们原来的信念更加坚定起来，渴望胜利的心愿也在增长。

经过一段时间的准备，恺撒的军队的粮食补给已经充足，加之恺撒的鼓舞，军心已经稳定。于是,恺撒准备试探庞培的意图或打算。他从营地拉出了军队，摆开了阵势。起先，军队布置在自己的阵地上，离庞培的营地稍远。在随后几天里，他就把战线推进到了庞培的军队驻守的那些小山附近。这些行动极大地增强了恺撒军队的信心。但是，恺撒的骑兵较少，相对处于劣势。于是，

恺撒从前列的精兵中选出年轻的士兵，让他们挑选轻便的武器，配合骑兵作战。他认为，过去他曾经用这种战术战胜了庞培的骑兵。现在，只要进一步进行训练和总结经验，士兵们就不会因为敌众我寡而恐惧。即使在开阔地形上，也能够抵御庞培的骑兵。

庞培的军队驻扎在一座小山上，经常在山脚下摆开阵势，看来他也在观察恺撒所处的地形环境，思考着战局是否对自己有利。

事实上，目前恺撒在地形上处于劣势，而庞培占据着战略位置的优势，却迟迟不主动出击。恺撒想不出办法诱使庞培出战，经过权衡，他决定转移营地，一来补充粮食，二来寻找战机。此外，通过每天行进，还可以使庞培的军队疲惫不堪。这些事确定下来后，恺撒下达了出发号令。可是就在出发前，恺撒注意到庞培的军队的部署有了一点儿变化，刚好给己方一个可乘之机。这时大军已集合在营门口，恺撒就对士兵们说："我们现在应当推迟起程。我们一直都在考虑如何开始战斗，现在机会来了，请大家准备好作战吧！"讲完话之后，他下令军队出击。

决战法萨罗

　　直到决战前夕，恺撒的优势也并不明显。庞培采用的战术是后发制人，他在等待恺撒军团在冲锋当中露出破绽。但是，庞培忽略了士气的作用。当恺撒军团的战斗热情被激发出来后，那种一往无前的决心是不可动摇的，随之爆发出的力量也是惊人的。

公元前 48 年 8 月初，著名的法萨罗战役就这样拉开了序幕。

此时，庞培也已痛下决心，准备与恺撒进行决战。在一次会议上，庞培立下誓言，要全面击溃恺撒的军队。他说：

"我明白，我许诺的这件事几乎难以置信，但请领会我这样计议的道理，以便意志更加坚定地去作战。我劝说过我们的骑兵，他们也已向我保证这样去做，即在两军逼近时，要从那暴露的侧面进攻恺撒的右翼军，并从后面包围他们的战线。在我们向敌军投掷标枪之前，击溃那些已慌乱的军队。这样我们将在自己的军团不担风险、并且几乎不受创伤的情况下结束战争。而成就此事并不困难，因为我们的骑兵力量如此强大。"

庞培讲完这段话后，鼓励大家坚定信念，并带头宣誓，誓与恺撒决战到底。

曾经是恺撒的副将的拉比埃努斯，接着庞培的话对恺撒军队的现状做了说明，他说：

"庞培，不要以为这是那支征服过高卢和日耳曼的军队。我参加过高卢征服战中的历次战斗，对我所不了解的事情我是不会贸然向你报告的。其实，那支军队只有很小部分幸存下来，大部分都阵亡了。经历过那么多次战斗后出现这种情况是必然的。意大利境内的秋季瘟疫又害死了好多人，许多人离队回家了，许多人留在大陆上了。你们没听说由托病留在布林迪西的那些人组成的步兵大队吗？你们看到的这批军队，是这几年来从内高卢征集后改编的，他们大多来自帕杜斯河（即波河）以北的地方。然而，其中的精兵都在两次的都拉基乌姆战斗中丧生了。"

拉比埃努斯的话很大程度上打消了士兵对恺撒军队的恐惧心理，增强了

今人复原的古罗马军队重装步兵龟甲阵。当敌军有大量弓箭手、投石手等投射兵种时，罗马军队的重装步兵就会结成龟甲阵，用巨大的盾牌保护自己。这种阵形主要用于防御和攻城，而不适于格斗

他们的信心。

此时，恺撒已经率领军队靠近了庞培的营地。他仔细观察了庞培军队的阵地，发现庞培大约有 45000 兵士，分别布置在左、中、右三侧。左侧有两个军团，庞培就坐阵在这里，中央是西比奥带领的叙利亚军团，右侧是奇利乞亚的军团和西班牙步兵大队。其余军队都被安插在阵地中央和两翼之间，并已补足了 110 个步兵大队。庞培把全部的骑兵、所有的弓箭手和投石手都配置在左翼，右侧临近一条小河可以作为屏障。

针对庞培的阵式，恺撒对自己的军团也做出了相应的部署，把第 10 军团布置在右翼，第 9 军团虽然在都拉基乌姆战役中损失较重，但仍在左翼，同时增添了第 8 军团，以至于两个军团几乎合而为一了。他命令这两个军团互相接援。接着，他把 80 个步兵大队布置在战线上，这样全军总共有 22000 人上阵。7 个步兵大队被留下防守营地。恺撒委派安东尼指挥左翼，普布利乌斯·苏

拉指挥右翼，卡尔维努斯指挥中央，自己在庞培对面的阵地上亲自坐镇。根据庞培的军队的布局，他担心右翼被对方骑兵包围，便迅速从第三条战线的军团中各抽调了一个步兵大队，从而布下了第四条战线，用来抵抗庞培的骑兵。

发出战斗的号令之前，恺撒再次申明了自己对待这次战争的态度，强调自己已经多次尽力争取和平，派遣使者寻求和谈的可能。他本人是非常不愿意看到士兵们流血的，更不希望他和庞培的队伍两败俱伤。但是，在如今的形势下，他的确是被逼无奈，不得不动用武力。士兵们被恺撒的一番话所激励，纷纷请战。

有一位名叫克拉斯提努斯的老兵，曾经跟随恺撒参加过多次战斗，英勇无比。他听到号令，就大声地喊道："弟兄们，让我们履行诺言，效忠于我们的统帅吧。我们一定要赢得这场战斗，用我们的获胜恢复统帅的尊严，也恢复我们的自由。兄弟们，跟我来！"克拉斯提努斯一边喊一边第一个从右侧冲出去，其他的士兵都跟着他冲向前。

庞培采用了后发制人的战术。他让士兵们先守在营地里不动，等待恺撒的士兵逼近阵地。这样，恺撒的士兵在冲锋当中势必乱了阵形，战线分散。再加上冲锋对他们体力的消耗，一定会给己方以可乘之机。但是，庞培忽略了士气这一决定胜负的重要因素。当恺撒的士兵的战斗热情被激发出来后，那种一往无前、拼杀到底的决心是不可动摇的，他们瞬间爆发出的力量也是势不可挡的。所以，庞培的军队一开始就在士气上输给了恺撒的军队。

恺撒的士兵拿着标枪向前冲。当他们来到两军之间的一块开阔地中央时，发现庞培的军队并没有出来迎战的打算。于是，他们暂时放慢了冲锋的速度，为下一次直捣敌军营地而蓄力。

恺撒注视着战局的变化，及时做出了调整。他命令士兵在短暂的停歇后再次快速冲杀，一起投掷出标枪，拔出短剑，冲到庞培的军队阵前。庞培的军队先是奉命按兵不动，待躲过恺撒军队投掷的标枪后，一声令下，士兵迅速跃出工事迎战，并投掷标枪还击，抵挡住了恺撒的军队的进攻。庞培命令骑兵出击，众多弓箭手也随之出击，击退了恺撒的骑兵。这期间庞培的军队始终保持完整的阵形，攻击也愈加猛烈，从暴露的侧翼开始包围恺撒的军队。

恺撒注意到这一情况后，立即向准备好的第四条战线发出了战斗的号令。这些人在震天的呐喊声中冲上来，首先向庞培的骑兵发起反攻。庞培的骑兵被这突如其来的进攻冲乱了阵形，也应对不及，无力抵抗如此猛烈的攻击，不得不撤出阵地，快速逃到附近的一座小山上。这些骑兵被赶走以后，丢下了弓箭手和投石手，他们因孤立无援而全部被歼灭。恺撒的军队的步兵大队采取同样的突击行动一路猛攻，冲向庞培的军队的左翼，将当时还在战线抵抗的庞培步兵包围起来，从背后发起攻击。庞培的军队突然遭到打击，顿时手忙脚乱，损失惨重。恺撒见庞培的军队陷入被动，便命令第三条战线的士兵冲上前去，与在背后进攻的军团形成前后夹击，进一步造成庞培军队的混乱。庞培的军队因招架不住而调头逃跑。

从第四条战线的步兵大队击退庞培骑兵开始，恺撒就掌握了战场的主动权。接下来，恺撒的军队又击破了庞培军队战线的左翼。当看到自己的骑兵无力拼杀，最信赖的军队已惊慌失措时，庞培失去了信心。于是，他立即离开战线，策马奔回营地，对守在统帅营帐门前的那些百夫长说：

"你们要防守好营地，即使出现更严峻的形势，也要用心保卫它。我去巡视其他的营门，坚定营地驻军的信心。"

庞培说完之后，自己却进入营帐，消极地等待着战事的结局。

庞培的军队溃退逃进营地后，恺撒认为不能让他们有喘息之机，便指挥军队乘胜追击，一直攻打到庞培的营地前。恺撒的军队向驻守在营地上的庞培士兵投掷密集的标枪，使庞培的军队伤亡惨重。该处的步兵大队一开始还在奋力地保卫营地，最后经受不住恺撒军队的攻击，许多人扔掉了武器和军旗，放弃了阵地，逃到营寨附近的山上去了。

在恺撒的军队攻进营地的栅栏时，庞培见大势已去，他的军队已经无力挽回战局，就跨上马，从营地的后面朝着拉里萨方向狂奔。途中他遇到了一些正在逃跑的部下，便与他们一起日夜不停地奔逃。最后，他带领 30 名骑兵，来到海边，登上了一艘运粮船。

恺撒在占领了庞培的营地以后，准备包围附近那座山。庞培余部对所在阵地失去信心没有坚守，便离弃了那座山向拉里萨撤退。对此，恺撒决定分兵而进，他命令部分军团留驻庞培的营地，部分军团返回自己的营地，然后亲自率领 4 个军团抄近路前去追击逃兵。庞培士兵发觉后，就在一座山上停留下来。这山脚下有一条河。恺撒告诉士兵们不要错过战机，要抓紧时间修筑工事将那条河隔断。恺撒方的士兵们不顾连续作战的疲劳，很快筑起了一道工事，切断了庞培士兵的水源。于是，被围困在山上的士兵派代表向恺撒乞降。第二天，恺撒接受了他们的投降。他命令那些士兵放下武器。那些士兵跪在地上哭求饶命，恺撒让他们都站起来，安慰他们说，他不会伤害他们的性命。随后吩咐自己身边的人要关照好这些人。然后，他命令部分军团轮换休息，自己率领人马前去追赶庞培。

在这次战斗中，恺撒损失了不到 200 名士兵，但失去了大约 30 名百夫长，而庞培的军队大约有 15000 人丧生，24000 多人投降，还有许多人当了逃兵。

同时，双方的舰队还在布林迪西进行了海战。恺撒舰队的部分战舰被庞培舰队摧毁。在形势对恺撒舰队不利时，双方都听到了恺撒与庞培决战获胜的消息。结果，庞培舰队的士气大跌。恺撒舰队深受鼓舞，英勇反击，击退了庞培舰队，取得了海战的胜利。

恺撒认为，一定要尽快追到庞培，不给他喘息和重整旗鼓的机会，这样才能尽快结束这场内战。于是他找寻着庞培的踪迹，紧追不放，每天都以最快的速度向前推进，还命令一个军团抄近路紧跟后面。庞培到达安菲波利斯后，开始征召新兵，筹集财物。当得知恺撒到来时，他又立即离开那里，一路经过米蒂利尼、奇利乞亚，一直逃到塞浦路斯。可是，当地的居民并不接纳他，禁止他入港进城。听说恺撒紧跟其后即将到达此地，庞培就放弃了前往叙利亚的念头，并携带大量钱款，逃到了佩卢西翁。当时，埃及的小托勒密国王

陈列于德国慕尼黑王宫历史博物馆的庞培雕像

就在那里，正在与姐姐克娄巴特拉争夺王位，于是，庞培派遣使者前去拜见托勒密国王，请求托勒密国王看在他曾经给过老国王帮助的分上，在亚历山大接纳他，尽力保护他躲过这场灾难。

此时，恺撒一路追杀庞培到了小亚细亚，一时还不知道庞培逃向了哪里。于是，他就在小亚细亚暂住下来，处理了几件刻不容缓的事务。当时，小亚细亚的长官安皮乌斯正图谋从以弗所夺走神庙中的银钱。恺撒的到来，吓走了安皮乌斯，挽救了狄安娜神庙的这笔钱。从此，人们就传说着：每次神庙中出现神迹，总是在恺撒打胜仗的时刻。对于恺撒的运气，人们总愿意相信是神的护佑，恺撒本人对此也深信不疑。据说，就在恺撒在小亚细亚逗留期间，人们在供奉着恺撒雕像的特拉勒斯胜利神庙里，看到有一棵棕榈从地面石板的夹缝中生长出来了。在当时当地，棕榈是胜利的象征，这是否又一次证明恺撒是受到神灵青睐的人呢？

在小亚细亚耽搁了几天，恺撒得到消息，有人在塞浦路斯看到了庞培。恺撒知道庞培与埃及王室关系密切，庞培在老托勒密国王死后不久，就被罗马元老院指定为小托勒密国王的保护人，此时庞培在危难之际，赶往埃及寻求保护也是情理之中的。由此，恺撒认为他一定是逃往埃及寻求庇护了。于是，恺撒带领 2 个军团、800 名骑兵和 35 艘战舰，赶往埃及的亚历山大城。这些军队加起来只有 3200 人，但恺撒坚信自己的战绩与声望，认为自己在声势上占有优势。

埃及人的礼物

　　恺撒追到了埃及，却得到庞培的死讯。他一下成了罗马的霸主，喜悦、惋惜和一时空虚的情绪占据着他的身心。正当此时，埃及为他带来另一件礼物，一件令他更加意乱神迷、终身难忘的礼物——那是一个身份尊贵的美丽女人。

此时，庞培正焦急等待着埃及国王托勒密十三世的援助。庞培曾支持托勒密十三世与其姐姐克娄巴特拉争夺王位，所以他认为托勒密十三世一定能够给予他帮助，让他渡过这个危机关头。

庞培先向托勒密十三世派去了使者，自己带领船队在后面等候。公元前48 年 9 月 28 日，庞培看到从亚历山大港的方向驶来一艘船。当船渐渐驶近时，船上的人向他发出友好的信息，并邀请他上船。庞培十分高兴，认为托勒密十三世果然要来帮助他了。他转身拥抱了妻子科尔涅利亚，带着几名侍从上了船。

当船渐渐地驶向岸边时，庞培看到了国王托勒密十三世，他以为自己看到了生的希望。可是他万万没有想到，就在他迈向岸边的那一刻，他的背后遭到了杀手重重的一剑。接着，有更多的剑刺穿了他的背部，鲜血喷涌而出。普鲁塔克在《庞培传》中这样描写庞培遭遇杀害时的情景：

"庞培忍耐着，用双手掀起长袍遮住了脸，什么也没说，什么也没做，只是虚弱地发出一声呻吟。"

最后，庞培的头颈被砍断，尸体被扔进了大海。

科尔涅利亚亲眼目睹了丈夫惨遭杀害的一幕，顿时就昏死过去。侍从急忙带着科尔涅利亚向外海逃去。

原来，当庞培的使者向托勒密十三世求救时，国王年纪还小，真正掌握埃及政权的是那些摄政的亲信，他们得知庞培来埃及寻求庇护的消息后，非常恐惧，害怕庞培与他们的反对党联手控制亚历山大乃至整个埃及。因此，他们决定除掉庞培。原因是，既然庞培败给恺撒的形势已经非常明朗，那为

埃及考姆布翁神庙上的古埃及国王托勒密十三世（中）浮雕，他的左右两边分别是古埃及神话中的安护神荷鲁斯和月神透特

何不杀了庞培，以向恺撒邀功？反过来说，一旦给了庞培庇护，势必引火烧身。恺撒和庞培将在埃及的国土上厮杀，又会招来恺撒日后的报复。所以，托勒密王朝遂假意接受庞培的求援，派杀手乘一艘快船去海上迎接逃命的庞培。接着，这些人便将毫无准备的庞培杀害了。

公元前 48 年 10 月初，一路追杀庞培的恺撒船队驶过了法罗斯岛，来到亚历山大城。

如果说罗马代表着共和制朴素的美，那么亚历山大则象征着国王的辉煌成就。当时，亚历山大城有着连接东西方贸易的港口，每天来自世界各地的货物在此装卸；著名的亚历山大图书馆拥有 70 万卷藏书。在西塞罗眼中，罗马以外的任何地方都是"可怜的乡下"，但对亚历山大却是赞不绝口，承认自己"梦想去亚历山大，梦想很久了"。

慑于恺撒的威严，也是为了讨好恺撒，当恺撒的 35 艘战舰载着他的 3200 名士兵在亚历山大港登陆时，托勒密王朝的士兵蜂拥而来，呼喊着为恺撒的军队引路。托勒密王朝还派人将庞培的头颅献给了恺撒。

恺撒虽是为了追杀庞培而来，但他并没有接受这个可怕的礼物，而是转过脸去，不禁落泪。他庆幸除掉了庞培，但还是为庞培感到惋惜，而且堂堂罗马大将军死在埃及人的手里，也是罗马的耻辱。更何况庞培以前曾是恺撒的盟友，只是为了权力之争才成了仇敌。就庞培个人来说，他曾为罗马征战，立下汗马功劳，如今竟然遭到忘恩负义的托勒密王朝的阴谋陷害，身首异处，确实令人怜悯。所以，恺撒把庞培的头颅配上元帅的印绶，以古代英雄的葬礼仪式把庞培厚葬在了亚历山大城。还在墓旁立了一座圆柱形的大理石墓碑，以慰庞培在天之灵。对于跟随庞培逃到埃及的士兵，恺撒将他们全部赦免。对于愿意归顺他的人，恺撒表示一律欢迎。

既然庞培已经死了，恺撒也要不虚此行——他觊觎埃及的土地和财富已经很久了。他要以调停人的身份介入埃及的内政，为罗马获取利益。

当时的埃及正陷入错综复杂的王权之争。托勒密一世是马其顿人，亚历山大大帝的部将，他的后裔一直掌管着埃及的政权。当王位传到托勒密十二世的女儿克娄巴特拉和儿子托勒密十三世手中时，姐弟俩按照父王的遗愿共同执政。可是不久，他们就因权力纠纷而起了冲突，一些别有用心的有影响力的军师，为了各自的利益分别支持姐弟中的一方。姐弟俩在支持者的怂恿下展开了武力夺权之战。

恺撒抵达埃及时，克娄巴特拉在战争中失利，被迫流亡在外。但是，她

1820 年的蚀刻版画：古罗马修辞学家狄奥多西将庞培的头颅展示给恺撒。尽管庞培是自己的敌人，但恺撒仍然不愿看到这悲惨的一幕

不甘心被弟弟驱赶出去，一直躲在军帐中思考着如何应对局势。

克娄巴特拉女王被后人称为埃及艳后，在书中有很多关于她的传奇故事。人们把她写得貌美出众，惊艳绝伦。其实，对于克娄巴特拉的真实相貌，人们知道的并不多。史学家多是从出土的古埃及硬币上的侧面像和一个半身塑像上做出推断的。从这些线索看，克娄巴特拉并非人们想象和传诵的那样美貌。她的鼻子突出，有一双摄人魂魄的大眼睛，一张十分美丽的嘴，仪态雍容，气质高贵，王者风范十足。

有几位历史学家描写过克娄巴特拉的"醉人的美貌"，其中希腊史学家普鲁塔克的描写可以说是最准确的了，因为据说普鲁塔克的祖父听一个与托勒密王朝宫廷厨师很熟悉的医生描述过克娄巴特拉女王。普鲁塔克在《安东尼传》中是这样描写克娄巴特拉的：

"至于她的美貌，据人们说，本身倒也不是那么出众，并非无人可比，也不是谁见了都会惊为天人。可是，她的话语里自有一种令人无法抵御的魅力。无论她出现在何处，说话总是那么娓娓动听。她有一种风度，不知怎么总能驾驭与人交往的全过程。这些加在一起，便有一种难以描摹的魅力。她的声音亦极为甜美，她的舌头就像一件装有许多根弦的乐器，她能流利地换说她选择的任何一种语言。只有少数几种蛮族语言，她才需要通过翻译交谈。大多数蛮族语言，她都可以不用帮助，自己直接回答。诸如托罗格洛戴特人、希伯来人、阿拉伯人、叙利亚人、米堤亚人和帕提亚人。除此以外，据说她还懂得许多别的民族的语言，虽然在她之前的埃及国王连埃及话都不愿费心去学，他们之中有些人连马其顿语也忘了。"

普鲁塔克说克娄巴特拉有"令人不可抗拒的魅力"，"如竖琴般的声音"。虽然她并不十分漂亮，但却举止优雅，个性活泼，身姿婀娜，聪颖过人。她对历史、文学和哲学十分熟悉，能讲一口流利的希腊语、埃及语和叙利亚语。她是个能干的统治者和行政官，治理埃及有自己独特的办法。这样一位出色的女人，令很多男人为她折服。

虽然恺撒是个纵横沙场、战绩辉煌的将军，但是见到了克娄巴特拉，他也没能逃脱这位风度娴雅的女人的诱惑。

开始时，恺撒责令两军对峙的姐弟俩各自退守自己的营地，听候他的调遣，同时宣称自己曾经通过公民大会的法令和元老院的决议，还曾和去世的托勒密十二世签订过条约，因此有资格以宗主国国家元首的身份干预埃及王位之争。接下来，他派人分别给姐弟俩传话，让托勒密十三世和克娄巴特拉各自解散军队，不要再刀兵相向，并来军营中见他。

克娄巴特拉听说恺撒要干预埃及王位之争，顿感喜出望外。她认为这是个千载难逢的机会。如果她能得到恺撒的支持，就可以夺取王位。

克娄巴特拉早就听说过恺撒的威名，她满脑子想象着这位从未谋面的大将军的形象。在克娄巴特拉看来，这位大将军似乎有能力统领全世界，埃及也不在话下。克娄巴特拉审时度势，认定只有恺撒能够帮助她战胜弟弟托勒

陈列于德国柏林旧博物馆的埃及艳后克娄巴特拉雕像

密十三世，从而登上王位。

克娄巴特拉小时候听父亲讲起过恺撒的故事，长大后也听到过恺撒的传闻，仔细分析了恺撒的秉性和喜好。她深知，只有先了解恺撒这个谜一样的人，才能让他为自己所用。她费尽心机地筹划面见恺撒的事宜。

事实上，无论克娄巴特拉怎样整理着自己的信息，都无法把恺撒定格在一个性格前后一致、自身没有矛盾的人身上。克娄巴特拉因此得出结论：恺撒是个让人捉摸不透的人。但不管怎样，以她的年轻和妖媚，加上甜言蜜语，获得恺撒的欢心和青睐，让恺撒着迷，应该不是难事。

为了见恺撒，克娄巴特拉决定亲自进入他所居住的亚历山大皇宫。但是，她至今还远在叙利亚，连埃及都不能进入，如何才能突破重重卫兵的防守，面见恺撒？又如何能在恺撒做出裁定之前为自己辩护，表明目前的局势对她十分不公？为此，克娄巴特拉绞尽了脑汁。最后，她以超人的胆识和智慧，做出了一个惊人的决定。

一天夜晚，克娄巴特拉在几个贴身奴仆的护送下，乘船离开叙利亚，秘密地潜入了亚历山大城。为了躲避弟弟党羽对她的谋害，她先是坐一艘小船进城，然后令一位侍从把她卷到一张要送给恺撒的埃及地毯里，扛入皇宫。

此时，恺撒正懒懒地躺在皇宫里。经过了与庞培的鏖战，他感到有些身心疲惫。他感觉自己确实需要尽情释放一下一直以来紧张的心情了。但是，他的心里却始终放不下一个问题——他一直在问自己：既然庞培已经死了，他为什么还不起程返回罗马？他留在埃及的目的，除了攫取财富，还有什么别的吗？盛夏的气流牵制了他的船队，驶出亚历山大港的船只会遇到猛烈的逆风。然而，更重要的是他认为埃及王室成员的纷争，关系着罗马和他作为执政官的利益。他愿意通过调解促使托勒密十三世和克娄巴特拉握手言和。

恺撒更深一步想下去：托勒密十三世及其手下的谋臣常常以异样的目光看着他，眼神中既有恐惧，又有狡诈。恺撒虽然为自己也为罗马赢得了无数的功绩，但对于埃及，他却是不敢贸然行动的。他知道，他现有的兵力是无法抵挡埃及的两万大军的。如果托勒密十三世与克娄巴特拉真的联手，那形势就会更糟。

这时，有人报告说，克娄巴特拉派人送来一份礼物。房门开了，只见一个侍从走了进来，肩上扛着一卷东西。恺撒坐起来，问身边的卫兵："这是什么？"卫兵说："这是女王克娄巴特拉送给您的礼物，是一张价值连城的地毯。"

恺撒马上命令来人把地毯展开。随着地毯的缓缓展开，恺撒饶有兴致地欣赏着埃及人的精美手艺。这时，华丽的地毯中毫无预兆地钻出了一个美丽的女人。

恺撒瞪大了眼睛看着突然出现的这个女人，总感觉在哪里见过她。他迅速地在记忆里搜索着生命中相识、相遇的女人。猛地，他回过神来，想起自己曾在画像上见过她，她正是逃亡的埃及女王克娄巴特拉！想到这里，恺撒急忙上前把克娄巴特拉从地毯上扶起来，在他的手触到克娄巴特拉的手那一刻，好像有一股电流传遍了全身。他情不自禁地将那双柔软细腻的手放在自己宽大、厚实的手掌里，轻轻地抚摸着。他全然忘记了自己在侍从和卫兵面前的威严，旁若无人地把克娄巴特拉拉到自己的身边，小心地询问她是如何想到了这样的见面礼。面对名声大噪的罗马大将军，克娄巴特拉倒是十分沉稳镇定，轻轻地用她那犹如竖琴一般的声音，讲述她是如何历尽了千难万险来见恺撒的。

克娄巴特拉含情脉脉地对恺撒说："尊贵的将军，克娄巴特拉前来拜见您。为了见到您这位举世闻名的罗马大将军，我想尽了一切办法，冒死躲过了托勒密十三世的追杀。您现在所看到的这一切，正说明了我是何等的虔诚。"

恺撒几乎没有听进去克娄巴特拉在讲什么，只是她动听的声音就已经让他无法自制了。他把克娄巴特拉拉得更近了，深情地望着她。此刻，他已经完全为克娄巴特拉所倾倒，甚至忽略了身边的其他人，更没有意识到正是他的哨兵的大意，才使得克娄巴特拉的侍从能够混进宫来。恺撒的注意力和心思已经完全在眼前这个气度非凡的女人身上了。克娄巴特拉冲着恺撒甜美地笑着，唇形

1866年，法国画家让－里奥·杰洛姆的画作：克荽巴特拉藏在地毯中觐见恺撒

饱满丰腴，眼睛里透出摄人魂魄的神情，薄薄的丝衣下面隆起丰满的乳房。这一刻，恺撒已经完全被面前的这份礼物征服了，一时分不清身在何处。

见到恺撒的瞬间，克娄巴特拉也几乎忘掉了自己此行的目的，更全然忘记了此时身处与弟弟托勒密十三世对峙的严峻时刻。眼前这个威武高大的男人就是恺撒，他目光炯炯有神，脸庞坚毅，一双乌黑的眼睛中透出专横，身上散发出一种要征服一切的傲气与霸气。对着这样的恺撒，克娄巴特拉并没有丝毫的畏惧，相反心中却涌起一种亲切感。见到这个男人的第一眼，她就把事先预想的那些话忘掉了大半。虽然有几分羞怯，但她还是大胆地注视着恺撒，勇敢地迎着恺撒的目光。

恺撒和克娄巴特拉一起坐了下来。这位沙场上统率千军万马、所向披靡的将军，已经完全被克娄巴特拉征服了。54 岁的恺撒与年轻貌美的克娄巴特拉相见后，几乎是一见钟情。

托勒密十三世得知姐姐在恺撒的宫里住下了，非常气愤。亚历山大城不久就传出谣言，说恺撒要接收埃及。亚历山大城的居民骚动起来，人们并不欢迎侵略者。恺撒预感到，暂时的平静过后，会出现埃及人暴动的局面。

克娄巴特拉进宫后的第二天，恺撒派人把托勒密十三世也请进了皇宫。

面对恺撒的傲视一切和姐姐克娄巴特拉的得意神情，托勒密十三世怒火万丈。他虽然只有 14 岁，但是克娄巴特拉在恺撒的宫里过夜意味着什么，他也全明白。姐姐有了恺撒的保护，自己在王位之争中必然处于劣势。

对于托勒密十三世在恺撒面前的遭遇，支持托勒密十三世的埃及人十分愤怒，纷纷表达了对恺撒的强烈不满。恺撒见状，立刻做出要安抚埃及人的姿态，在亚历山大城的广场上召开集会，向全体民众发表演说。

恺撒是个优秀的演说家，他的演讲才能总是在关键时刻发挥巨大作用。面对躁动不安的埃及人，恺撒用一种事不关己的语气和腔调，宣称罗马与埃及的友好关系。

恺撒说："我亲爱的亚历山大城的市民们，今天，我在这里向各位发表讲话，表明我在目前王位之争的关键时刻所持的态度，是因为罗马曾经与托勒密十二世签订过条约。罗马有权过问并干预埃及的王权事务，目的也是为了还全体民众一个和平的环境，让民众拥有富庶的生活。老国王在世时，曾拟订了两份遗嘱，一份放在了埃及的王宫里，另一份则被送往了罗马的元老院。在这里，我向大家宣读托勒密十二世国王的遗诏，他要把权力传给他的孩子们，希望他的孩子们共同掌握王权，管理埃及。这样，皇宫里就不会出现新的纷争。除此之外，我还要把塞浦路斯归还给埃及，以此证明我们罗马人对待埃及人的始终如一的友好态度。"

恺撒的话多少起到了作用，让一些埃及人开始对形势有了信心。他们企盼着托勒密十三世和克娄巴特拉的王位之争能够因为老国王的遗嘱而化解。

但是，皇宫内的托勒密十三世的支持者们却反而认定克娄巴特拉会把权力交给一个罗马情人。他们因此得出结论：要想摆脱罗马的束缚，就首先要把恺撒赶出埃及。

恺撒的态度，令克娄巴特拉也十分不舒服。恺撒丝毫没有征求她的意见，似乎就要完全以罗马人的身份，决定埃及乃至她克娄巴特拉的命运。这种霸道和优越感是从何而来？是来自气势恢宏的罗马军团？还是他自身的威望和实力？

不管怎样，克娄巴特拉是不会就此顺从的。她思考着如何让恺撒按照她的意愿行事，让她在王位之争中借助来自恺撒的一臂之力。

聪明的克娄巴特拉知道如何利用女人的优势，征服恺撒，使恺撒屈服于她的魅力。这种屈服是一个男人在自己心仪的女人面前的心甘情愿，是女人驾驭男人的杀手锏。连恺撒这种男人中的佼佼者也难于幸免。

在接下来的几个星期里，恺撒渐渐地被克娄巴特拉引领着采取了一些帮助她夺取王位的行动。这些行动惹恼了托勒密十三世的亲信。就在恺撒继续忙于"处理"埃及王室纷争时，托勒密十三世的军队，由国王总管阿基拉斯率领，向亚历山大开来。

陈列于法国巴黎罗浮宫的埃及法老托勒密十二世雕像。因为擅长吹笛子，托勒密十二世获名"吹笛者"。埃及人民曾推翻他的统治，拥立他的女儿贝勒尼基四世为王。在庞培的帮助下，托勒密十二世夺回王位，并残酷地处死了自己的女儿

　　托勒密的军队向驻守在亚历山大港的罗马军队发起进攻。当时，恺撒虽然派兵把守着亚历山大部分的城区，但是托勒密十三世军队掌握着更大的势力范围——几乎整个亚历山大。他们曾经试图进攻恺撒的官邸。恺撒沿着街道部署了步兵大队，挡住了埃及军队的进攻。但是，托勒密十三世军队占领了城市的外围，切断了恺撒与外界的联系，使得恺撒连一封信都送不出去。在援军到来之前，恺撒只能被迫以仅有的人力坚守皇宫，与5倍于己方兵力的托勒密十三世军队作战。为了以防万一，他想方设法把托勒密十三世扣押在自己手里。这样，让人们看起来，以为这场战争不是由国王而是由一小撮坏人私自发动起来的。

亚历山大之战

第十五章

　　恺撒的征服者气质同样令埃及人恐慌，更何况他确实乐于为女王而战。于是，在亚历山大城里，一场本地人对外国人的战役爆发了。埃及人之所以如此大胆，是因为恺撒携带的军队很少，准备也不充分。然而，难以置信的事情就在他们眼前发生了：恺撒，将要以少胜多！

　　恺撒一面迎战，一面下令从罗得斯和叙利亚、西里西亚召集舰队，到克里特岛去征集弓箭手，到纳巴泰伊国王马尔库斯那边去募集骑兵。武器和粮草还远远不能满足作战需求，要想取胜，目前还无法做到。在援军到来之前，恺撒不希望与埃及军队发生大规模的正面冲突。他命令士兵修建、扩建、加固工事，只要是控制在自己手中的地方，就通过修建工事保证与埃及军队的抗衡。

　　当时，恺撒在亚历山大城中的军队分成两部分。其中一队面临一片沼泽地，这在一定程度上保证了水的供给。托勒密十三世的亲信们看到恺撒在城里积极修建工事备战，也没有等待观望。其实，他们已经利用本土作战的优势，派使者和征兵官员到埃及的所有领土和可能帮助埃及的地方去征兵，将大量武器和士兵调到亚历山大城，同时还将城里有战斗能力的人都武装起来作为援军。在所到之处，他们积极地做反对恺撒的鼓动和宣传，说罗马人想侵吞埃及，侵占埃及人的财富，把埃及变为像高卢一样的罗马行省。他们说："大家都看到了。几年前，奥卢斯·伽比尼乌斯就曾带着军队来过埃及，而后庞培在逃亡中也跑到这里来。现在，恺撒又带着军队来了。他明明是追杀庞培而来的，但是我们已经帮助他把庞培杀了，他却仍然留在埃及，留在亚历山大城，显然居心叵测。如果我们不及早把恺撒赶出埃及，那么埃及王国就要落在罗马人的手里了。现在，正是季风时节，恺撒无法出海，一时又得不到海外的支援。这正是我们消灭恺撒的绝好时机。"

　　听到这样的煽动，亚历山大城的居民对恺撒产生了仇恨。为了尽早把恺撒赶出亚历山大城，他们积极行动起来，建起了许多制造武器的作坊，昼夜不停地赶制大量的武器。他们在亚历山大设防，不管是偏僻的地区还是繁华

托勒密十三世，克娄巴特拉的弟弟和第一任丈夫

的地带，只要是还掌握在埃及人手里的地方，他们就都修建工事，加固城墙，对恺撒构成多方面的威胁。

这时，在埃及王室内部，还发生了一起为争夺权力而进行的谋杀。

见哥哥托勒密十三世被恺撒挟持在皇宫内，而姐姐克娄巴特拉也流亡在外，托勒密国王的小女儿阿尔西诺便觉得这是个夺取最高统治权的最佳时机。于是，在亲信太监伽尼墨德斯的帮助下，她用计谋杀害了统领军队的阿基拉斯，自己独掌了全部大权，把军队交给伽尼墨德斯统领。

伽尼墨德斯一上任，就想出了对付恺撒的办法——切断恺撒的军队的水源。

原来，亚历山大城里几乎到处都有地下水渠，纵横交错的水渠最后都流向尼罗河，饮用水就是水渠的水经过一段时间的沉积，变得清澈后供应给亚历山大居民的。伽尼墨德斯决定在埃及人控制的地区把恺撒的军队的水源切断。这样，恺撒就无法坚持驻守亚历山大，势必离开皇宫，被迫与埃及军队作战。

恺撒的援军还未到，人多势众的埃及军队一定能够打败恺撒。

伽尼墨德斯的计划得到赞同后，他的士兵们便积极行动起来，采取各种方法把海水引向恺撒的军队占领的地方。

一天，恺撒的士兵突然发现饮用的水是咸的，好像是海水，急忙向恺撒报告。恺撒用手指蘸了些水放到嘴里，果然又苦又咸，马上就想到是亚历山大人对他们的水源动了手脚。士兵们顿时慌了起来，甚至抱怨恺撒没有尽早采取行动进攻埃及军队。没了水源，他们一时不知道该怎么办。

恺撒思索了一会儿，开始安慰惊慌的士兵们，劝说他们不必慌张。既然亚历山大城的地下到处都有水渠，那么只要挖掘，就一定能够找到饮用水。在埃及人还没有形成大规模的攻势之前，恺撒的军队还有时间挖井找水。恺撒说：

"将士们，不要慌，我们自己挖掘水井一定能够找到水。地理知识告诉我，凡是靠海的地方都会有天然水源。从今天起，我们把修筑工事的事情暂时放在一边，集中人力和时间挖井找水。在我们找到水之前，我们可以利用靠近海岸的位置，出海到附近的小岛上取水。这些地方埃及人没有舰队把守。所以，水的问题我们一定能够解决。这个时候，需要的是大家的耐心和勇气，而不是急躁甚至就此服输。只要大家齐心协力，昼夜不停地挖井，相信我们很快就能找到水。任何就此放弃甚至逃跑的想法都有辱我恺撒军队的名声。你们心里千万不可再存有这种念头，必须想尽一切办法取得胜利。"

恺撒的一番话让士兵们心里安定了很多，情绪也不那么急躁不安了。在百夫长们的带领下，每个士兵都精神饱满地投入劳动，一夜之间就发现了大量淡水。这样，伽尼墨德斯精心筹划的计谋，很快就被恺撒挫败了。

埃及人见切断水源的做法没有奏效，气急败坏地想与恺撒开战。这天，埃及军队的侦察兵报告说，恺撒的军队每天都出海到附件的岛屿上取水。于是，他们就派战舰远远地观察动静。

这时在恺撒的营寨里，有来自多个地方的守军向恺撒报告说，他们的水源也断了，急需支援。由于挖的井一时无法供应整个军队的用水，恺撒决定

公元前的亚历山大城复原图

亲自带船出海取水。

恺撒带着战舰来到一个叫作克索宁苏斯的地方，令士兵下船上岸取水。因为营寨里的守军必须时时驻守在工事里，以防埃及人的进攻，所以恺撒只带了很少的士兵随行。当他们上岸时，恰好被监视他们的埃及人发现。埃及骑兵马上截获了恺撒派去取水的士兵。他们从士兵口中得知，恺撒就在船上，而且船上没有军队。埃及人以为神赐予他们消灭恺撒的机会来了。于是，他们立刻组织了战舰，准备战斗。

恺撒及时发现了埃及人的行动。当时，恺撒带的兵力很少。加之天色已晚、地形不熟，恺撒不想与对方交战，可是要掉头返回已经来不及了。在一切条件都非常不利的情况下，恺撒也不想临阵逃命，给埃及人留下笑柄。于是，他一面积极迎战，一面向陆地靠近。

运气就是这样一次次地眷顾恺撒，每当恺撒处在危急关头，总是似有神助。恺撒看到，不远处有一艘罗得斯人的战舰。这艘战舰急速航行，在恺撒之前就先行与埃及战舰展开了战斗。罗得斯人以勇敢和高超的航海技术著称。为了取得恺撒信任的机会，他们果敢地承担了对抗埃及舰队的重任，以解恺撒的燃眉之急。

恺撒指挥战舰向罗得斯人靠拢以支援他们，但还没有靠近，战舰就被埃及人击沉了，恺撒不得不向安全的地带游泳逃命。长长的罩袍在水中阻碍了恺撒的前行，他只好用牙齿咬住罩袍的一角，奋力向前划水。因为身上带着重要的文件，在水中，恺撒左手拿着几卷东西，高高举起，以免弄湿这些文件。最后，他不得不脱掉罩袍，游向一条赶来营救他的小船，从港口逃回了皇宫。

战后，埃及人捞起恺撒的罩袍，把它挂在战船上，展示与恺撒作战的胜利，以此讥讽恺撒。

尽管如此，这一仗还是让埃及人感到战胜恺撒并不容易。不管是他们的计谋还是战斗的勇气都不足以胜过恺撒。要是等到恺撒的援军到来，里应外合，埃及必将成为恺撒的囊中之物。埃及军队的当务之急是加强战舰的战斗能力，

现藏于伦敦科学博物馆的描绘有古埃及时期的远洋船的浅浮雕

提高航海技术。因为恺撒的战舰战斗力有限，而埃及人只要能够控制海上，恺撒的援军就无法到达。那时，恺撒就只能束手就擒了。

总结了经验和教训后，埃及军队不再那么相信防御工事的作用了，而是把胜利的法宝押在战舰和水手们的技术上。他们砍伐了大量的树木开始建造新战舰，修缮旧船，准备在短期之内组建一支强大的舰队，让埃及战舰布满尼罗河的所有出口。

没有多久，埃及军队就成功地建造了22艘四列桨舰，5艘五列桨舰，以及大量小型船只。在一个晴朗的天气里，他们让新建的船只在港口里试航了一番，以检验每艘船的质量。

恺撒这边，有9艘罗得斯的战舰、8艘从罗马带来的战舰、5艘西里西亚来的战舰和7艘小亚细亚来的战舰。在战舰的数量上，埃及军队并不占优势。但是，在恺撒的战舰中，只有10艘是五列桨舰和四列桨舰，其他的战舰都没有埃及军队的战舰更大，而且大部分都是敞开的。恺撒已经领教了埃及海军的实力。但他相信自己部下的英勇，对自己的命运总是充满信心。他向士兵们发表了演讲，下达了做好战斗准备的指令。

"我亲爱的罗马将士们，我们追杀庞培一路来到埃及的亚历山大。见到庞培已死，本想即刻返回罗马，但因为季风的影响，我们无法出海逆风行驶回到罗马，只好暂时留在亚历山大。眼下正值埃及王室权力之争，根据罗马元老院与埃及托勒密十二世的约定，我们有权力和义务帮助协调埃及的王室纷争，但不想与埃及人发生冲突。可是，埃及人却以极度的不友好乃至战争接待了我们。迫于无奈，我们只好应战，为罗马人的荣誉和名声而战。

"我们虽然暂时处于不利的形势，但罗马军队一贯富有勇气和毅力，一定要与埃及军队顽强地战斗到底，坚持到援军的到来，取得胜利。"

恺撒极富感染力的演讲使士兵群情激昂，信心十足，他们高呼着："为罗马的荣誉而战，为恺撒的荣誉而战！"

恺撒做完动员部署后，率领舰队出发了。他要以智慧和勇气与埃及军队展开一场殊死的较量。恺撒的舰队绕过法罗斯岛，朝着埃及舰队开过去。观察了对方的阵形和阵列后，恺撒下令把罗得斯的战舰安置在右翼，罗马的战舰安置在左翼，中间留下一段空隙，以便战舰在进攻时能够分散开来。这一切布置完毕后，恺撒又下令把其余战舰作为后援布列好，并规定了后援兵力的顺序和位置，以便随时调动。

埃及军队把战舰分为两列，在前面安置了 22 艘战舰，其余战舰放在第二列作为后援。除此之外，还摆出大批装载着火矛和火种的小船。埃及军队认为，凭借其舰队的强大，足以把恺撒的军队吓倒。

在双方的舰队之间，有一些浅滩，只有一条很狭窄的水道可以通过。这些浅滩一直延伸到阿非利加行省。面对这样的环境，在相当一段时间里，两军只是互相观望，谁也不肯主动出击。双方都希望对方先穿过那条水道——因为先进入的一方，很难把舰队展开，或者一旦失利就无法退出去。

指挥罗得斯舰队的是欧弗拉诺尔，他性情豪放、果敢，意志坚定，在历次战斗中表现出的英雄气概毫不输于罗马官兵。他不仅具有统帅的胆略，而且还掌握着精湛的指挥才能，尤其擅长指挥舰队海上作战。罗得斯人都十分拥护他，服从他的指挥。

看到恺撒迟疑不前，与埃及人形成僵局，欧弗拉诺尔就对恺撒说："将军，在我看来，您一定是担心舰队在浅滩上无法展开，就被迫投入战斗，从而陷

古埃及托勒密王朝时期的埃及战舰

入被动。把事情交给我吧，我们将顶住敌军的进攻，一直到其他战舰跟上来为止，不会辜负您的期望。否则，让这些家伙在我们面前一直耀武扬威下去，真使我们感到莫大的耻辱，极大的愤怒。"

听了欧弗拉诺尔的话，恺撒立刻决定派他率领舰队首先穿过水道，主动发起进攻。只要欧弗拉诺尔能够顶住埃及人的攻击，为恺撒率领的舰队摆开阵势争取时间，恺撒就有希望打败埃及舰队。

恺撒称赞欧弗拉诺尔的雄才和胆略，并告诉欧弗拉诺尔，他对此战充满信心。说完，恺撒就发出了战斗的号令。欧弗拉诺尔率领的 4 艘罗得斯战舰立刻出发，试图穿过浅滩。等候在那里的埃及舰队看到恺撒首先行动了，就想趁其他罗马战舰还没有来得及跟进之前，将欧弗拉诺尔的 4 艘战舰消灭掉。

欧弗拉诺尔率领罗得斯战舰奋力抵抗。他们并不是一味横冲直撞，而是运用技巧和智慧，把战舰一线散开，并避免将船舷暴露给敌人。他们的战术十分精妙，面对众多的对手并不慌张，总是能灵活迅速地调整战舰的方向，让自己的战舰正面对敌。

欧弗拉诺尔的奋战，为恺撒赢得了时间。恺撒率领其余的战舰跟了上去，摆开阵势，对埃及舰队发起进攻，埃及舰队很快败下阵来。但是，由于海面狭窄，谁都无法把舰队完全展开。在战舰密集的地方，舰队便失去了灵活性。面对这样的形势，双方只好放弃驾驶技术，展开搏斗。此时，官兵的勇气成为制胜的决定性因素。

在亚历山大展开的这场海战，成为全体市民关注的焦点。他们爬上城市中的可供瞭望的高处屋顶观看战斗，并在心中用祈祷和许愿恳求不朽之神保佑埃及军队获胜。因为他们都清楚，只要埃及舰队获胜，他们就等于赢得了这场战争。但是，可悲的是，他们把成败寄望于那些少数参加战斗的人，更多的人只是观望。所以，一旦参战的士兵稍稍动摇，亚历山大的市民们就失去了信心。

恺撒已经把这场战斗的结局以及双方的前途都看得非常清楚。对于恺撒的军队来说，一旦被击退或失败，就无路可逃；就算得胜了，也仍然是前途茫茫，无从预料。但是，对于本地的埃及人来说就完全不同了。如果他们得胜，就能改变全局；就算他们失利了，也可以再找机会交战。为此，在作战期间恺撒一再向他的部下反复说明这些道理——所有人的安全和命运都寄托在这场战斗上，一定要齐心协力奋勇杀敌。

在战斗中，每个罗马士兵都表现出一往无前的精神，在恺撒的指挥和带领下奋力拼杀。面对罗马士兵的勇猛，埃及军队连连败退，连增援的队伍也畏首畏尾，不敢前来助战。尽管埃及舰队的战舰更大，但并没有发挥多大作用。他们的士兵，虽说也是从众多人中挑选出来的身强力壮者，但在恺撒的罗马军队面前不堪一击。在这场战役中，恺撒的军队击沉了埃及舰队的 2 艘战舰并俘获了 3 艘战舰。罗马军队则没有损失任何战舰。埃及舰队残部看到己方已经无力抵抗，都纷纷逃向附近的城市，借助防波堤和建筑物的掩护，逃过了罗马舰队的追击。

恺撒看到埃及人躲进了防御地带，一时间无法进攻，只好暂时停止战斗。这时恺撒想：如果在以后的战斗中埃及军队总是依靠环境掩护自己，罗马军队又该如何乘胜追击？因此，恺撒认为应该尽快占领那个岛屿以及伸到岛上去的那条防波堤。这样，埃及军队就再也没有地形为依靠。目前，罗马军队在城里的防御工事已经大部分完成，向埃及军队把守的岛和城里发动进攻的

各种身份的埃及人

条件基本具备。经过全面的考虑和谋划，恺撒决定集合 10 个大队的兵力，同时再选派一些轻装步兵，以及从高卢骑兵中挑选出来的精兵，分别乘坐小船和划艇向埃及人控制的地区进发。

战斗开始时，埃及守军尚能积极应对，他们在屋顶和海岸顽强地抵抗。由于地势险峻，恺撒的军队对地形不熟悉。海面上还有埃及的 5 艘战舰把守，恺撒的军队不敢贸然靠近和突破。这时，恺撒命令手下人尽快去侦察，试探海滩的深浅。摸清情况后，恺撒的军队再次对守在岸边的埃及军队发起猛烈攻击，很快冲破了埃及军队的防守，占领了海岸的有利地形。埃及守军抵挡不住，便丢弃了港口，把船都靠拢到岸边。随后，他们全部逃走，慌忙地奔向有建筑物掩护的防御地点。

从远处看去，那些建筑物和亚历山大城内的建筑相比，除大小上有些差别之外，其他并没有多大不同。能够代替城墙的是高高耸起并互相连接的塔楼。要想攻破这一防线，必须有云梯之类的东西。虽然恺撒的军队事先并无准备，但是他们丝毫没有退缩。相比之下，埃及军队看到己方失利，有人开始溃逃，不少人被杀，全都吓慌了手脚，最后连30罗尺高的建筑物都不敢据守下去，纷纷逃向城里。罗马军队乘胜追击，杀死了大量埃及士兵，并俘虏了6000多人。

这场战役胜利后，恺撒把获得的战利品都分给了士兵，并命令把房屋都拆掉。同时，在靠法罗斯岛较近的那座桥边，罗马士兵建造防御工事。这座桥是法罗斯岛的居民逃走时放弃的。另外，还有一座比较狭窄而且靠近城市的桥。这两座桥都在埃及人的控制之下。能否将这两座桥攻占下来，是阻止埃及舰队的突围和闯出去劫掠等行动的关键。经过分析研究，恺撒进行了新的部署。

第二天，恺撒带领他的军队按计划发起进攻。他们从战舰上发射弩炮，击退了在该地防守的埃及军队，把他们赶进城里。由于地形狭窄，恺撒只派3个大队的兵力登陆，其余的士兵就驻守在船上。同时，他命令在桥头堡建造防御工事，把桥下能够出入船只的孔道用石块堵住，以防埃及舰队从此处驶出。可是，在前一项工程还没有完成时，埃及军队就冲出了城外，在一块比较平坦的地方，面对罗马军队的桥头堡列下阵来。同时，他们还把火船都布置到防波堤边。就这样，战斗开始了。

恺撒一面告诫和鼓励他的士兵，让他们不要慌乱，一面部署和指挥全军迎战。这时，军中忽然有大批桨手和船夫离开战舰，冲向那条防波堤，他们要和恺撒一起参加战斗。虽然他们并没有统一的组织和完整的计划，但他们射出的大量矢石发挥了很大的作用，曾经击退了埃及士兵驾驶的小船。后来，埃及军队发现正面攻击很被动，便采取了避开正面作战的方法，随即派少数人冒险从他们的侧翼登陆。这些桨手和船夫突然发现埃及军队冲到了他们的侧面，顿时开始慌乱，并立刻停止了攻击，仓皇失措地向船上退去。埃及军队看到这些人慌忙撤退，就更加起劲地追击。这时，在战舰上的罗马士兵深恐埃及军队占据战舰，急忙抽去跳板，把船撑离陆地。埃及军队越战越猛，占据了主动。

在桥上和防波堤上，有3个大队的罗马士兵。当时，他正冒着埃及军队

　　古埃及的托勒密王朝是由马其顿帝国统治者亚历山大大帝的将领托勒密一世开创的。因此，不免带有浓重的希腊化风格，甚至军队亦是如此。托勒密王朝的埃及军队多由雇佣兵和辅助部队构成，包括希腊、意大利和色雷斯的重装步兵和轻装步兵，罗得斯的投石手，以及克里特岛和努米堤亚亚的弓箭手。图中为古埃及托勒密王朝罗马化的重装步兵（左一，右一），克里特岛步兵（左二）和皮西迪亚轻装步兵（右二）

　　的箭雨、标枪和石块修筑防御工事。当听到背后的呐喊声，看到战友们在溃退时，他们深恐自己被包围。岸边的船只一旦离开，所有的退路就会被切断。因此，他们不顾长官的命令，放弃了已经动工的工事，急急忙忙向船上奔去。有些人跑到岸边赶上了最近的船只，大家一拥而上，拼命往船上爬，但由于人多超重，船只无法承受，便沉没了。还有一些罗马士兵虽然在奋力抵抗，但已经失去了信心，只能边战边退，最后筋疲力尽，被埃及人所杀。另一些罗马士兵比较幸运，他们跑到岸边抛锚待命的空船上，安全离去。还有少数人看到离岸边不远还有船只，于是纷纷下水，游泳爬到船上，逃离了险境。

　　突如其来的状况使恺撒措手不及，他知道败局已定，只好退到自己的船上。

一时间跟随他硬冲到船上来的人很多，使得船只无法离开岸边。在这紧急关头，恺撒只好跳出船去，游到停泊在附近的另一艘船上。在那边，他派小船过来救助那些惊慌失措的士兵。而他最先登上的那艘船则由于士兵太多，沉没了。

在这场战役中，恺撒损失了 400 人，水手和桨手损失得更多。埃及军队用防御工事和弩炮加强了防御，被罗马士兵堵塞的桥孔完全被打开，埃及战舰又可以在此处畅通无阻地出入了。

这次战斗的失利，对恺撒的军队的士气造成了一定的影响。但是，在荣誉心的激励下，整支军队不但没有灰心丧气，反而愈挫愈勇。在每天的交战中，只要遇上埃及军队冲出来，恺撒的军队就利用这个机会与对方展开战斗。罗马士兵对上次的失利感到羞耻，因此他们在新的战斗中士气更足，热情更高。恺撒一面鼓励他的部下，一面不让他们去进行危险的硬拼，以免造成大的伤亡。由于罗马士兵迫切希望一雪前耻，在这些交战中，恺撒总能获得很大的成功。

海上和陆上的出口都被埃及军队封死，而援军还未到。恺撒若想突出重围，必定付出惨重代价。但是，恺撒毕竟是久经沙场的将军。在形势十分危急的时刻，他命令士兵焚烧停泊在海面上的埃及船只。顷刻间，港口一片火海，火势趁风蔓延，引燃了粮船，一直烧至岸边的仓库。最后，大火燃烧到了亚历山大图书馆。这座当时世界上最大的图书馆和其中 40 万卷藏书就这样在熊熊烈火中化为灰烬。

公元前 47 年 3 月，罗马援军抵达亚历山大，击退了围困皇宫的埃及军队。恺撒趁势与援军里应外合，将埃及军队包围起来。

埃及不仅没能以多胜少，将恺撒赶出埃及。相反，恺撒率领的罗马军队越战越勇。每次的胜利都使罗马军队坚强起来，而失败更使罗马军队得到激励。因此，埃及人派使者求见恺撒，请求恺撒放了国王托勒密十三世。他们表示希望国王回到自己的臣民那边去，因为他们全体人民对老国王的小女儿、对摄行王政的人以及对伽尼墨德斯的极端残暴的统治，都非常厌倦。他们会绝对听从国王的旨意，一切都按照国王的要求去做。如果国王命令与恺撒结盟，他们一定不会迟疑，立刻放下武器。

恺撒的很多将士都认为，这都是埃及人的缓兵之计，其中必定有诈。

恺撒也知道这是埃及人的诡计，但他还是认为最好能宽大为怀，答应他们的请求。

在征服高卢和罗马其他行省的战争中，恺撒始终坚持把仁慈作为罗马人的杰出品性。他总是愿意给对手以和谈的机会，提出和平条件，在遭到拒绝后才出兵征讨。在任何战争中，恺撒都要取胜，但是他希望最好能不经过战斗，不让部下付出伤亡就能结束战斗。他不愿意看到部下失去生命，对那些不辞劳苦跟随他出生入死的士兵怀着疼爱之心。在恺撒看来，一个统帅更应该用计谋取胜，而不是用剑取胜。

恺撒仔细分析了对方的要求和自己所处的形势。他相信，事情的真相只能有两种：一种是埃及人真心请求释放国王，这样做的结果是他们对国王的忠心不变；另外一种是他们索取国王，为的是好在对罗马的战争中有一个领袖。以恺撒目前的处境，虽说援军已到，包围已经解除，但是接下来的埃及问题却不那么容易处理，因为埃及并不是罗马的行省，要想在埃及树立罗马的威信和恺撒本人的威望，必须借助当地人的力量。如果不释放托勒密十三世，就这样与埃及人对抗下去，也只不过是在与一群乌合之众作战；如果放了托勒密十三世，就算他再回过头来与恺撒开战，那恺撒就是与埃及国王交战，也会更光彩、更名正言顺些。

恺撒来到托勒密十三世面前，告诉他准备放了他。看着这样一个刚刚长大成人的孩子，想到他即将面对血腥的战乱和残破不堪的国家，恺撒突然十分怜悯他。其实，在恺撒的内心，他从没有想要以杀戮平息在这块美丽的土地上的骚乱。但是，罗马和恺撒是不可侵犯的，他要为罗马和自己的荣誉而战。为此，他希望托勒密十三世秉承他父王的遗愿，尽快结束战乱，和姐姐克娄巴特拉一起安抚臣民，共同治理这个有着光辉灿烂历史的国家，保证对罗马的忠诚。

虽然托勒密十三世还只是个孩子，但是多年在皇宫里的生活和所接受的

在尼罗河上休息的古埃及托勒密王朝加太拉雇佣兵，船头坐着的士兵装备青铜头盔、锁子甲、椭圆形盾牌、长矛和剑

教育，以及耳濡目染，使得他已经知道如何在敌人面前变得狡诈。他认为恺撒是冲埃及的国家政权和财富而来的。想到这儿，他转过身去，掩面哭泣，恳求恺撒把他留在皇宫里，说他已经无颜面对在自己的手里搞得支离破碎的国家，更不愿意再与姐姐对抗。恺撒说，如果托勒密十三世真的这样想，那他非常高兴。说完，就打发人护送托勒密十三世回到埃及人那边去了。

但是，托勒密十三世一回去，就着手向恺撒发起进攻。他要把心中所有的仇恨都通过战争发泄出来，洗刷过去的耻辱。恺撒的许多副将、友人、百夫长和士兵也都暗地里嘲笑恺撒，认为他太仁慈了，竟上了这个孩子的当。他们不知道，恺撒这样做并非出于慈心，而是出于深谋远虑的策略。恺撒已经成竹在胸，他这样做是有意让托勒密十三世辜负他，而让埃及人都知道，恺撒是在仁至义尽的前提下，不得已才对托勒密十三世开战的。

但是，托勒密十三世的年幼无知和优柔寡断，使得他无法正确地指挥埃及军队与勇敢、智慧的恺撒抗衡。托勒密十三世的回来并没有挽救埃及人的命运，相反还给了恺撒冠冕堂皇的开战理由。

这时，恺撒增派的大批援军从叙利亚和西里西亚赶来了。埃及人得知了这个消息，立刻派出许多快捷的战舰停泊在卡诺普斯港口外，出其不意地截击了罗马援军的运输队。恺撒得知此事后，马上命令舰队做好准备，待命出击。

这次与埃及人的海上遭遇战，最终使恺撒失去了他既信任又欣赏的欧弗拉诺尔。恺撒十分悲痛，他要尽快把埃及军队消灭干净，以减少罗马军队的损失。

除了海上，陆路增援恺撒的军队也在逼近亚历山大。那是佩伽蒙国王弥特里达特召集起来的军队。弥特里达特是勇敢出众的人，他家世极其显赫，具有丰富的战争经验，是恺撒的忠诚的朋友。在罗马与埃及的战争刚打响时，弥特里达特就被派到叙利亚和西里西亚去征召援军。凭借当地国家的帮助，他迅速召集起一支规模庞大的军队，准备了粮草，以支援恺撒。现在，他正带着这支队伍从陆路到达埃及和叙利亚交界处的佩卢西翁。

佩卢西翁是个小镇，但它的地理位置十分重要，因而驻有强大的埃及军队。因为法罗斯岛和佩卢西翁是保障整个埃及安全的重要门户，法罗斯岛扼守海上的通道，佩卢西翁扼守陆上的要道。如果这两个地方失守，亚历山大就会难逃厄运。弥特里达特带领军队突然将佩卢西翁包围住，埃及人顿时慌了。他们只能凭借人数众多的守军展开顽强的阻击。弥特里达特的士兵都是刚刚募集的生力军，战斗力极强。他们持续不断地发起进攻，当天就攻克了佩卢西翁。取得这次胜利之后，弥特里达特片刻不停地从佩卢西翁赶向亚历山大，支援恺撒。一路上他利用胜利者的声威，向经过的地区宣传恺撒的英名，使之和恺撒结成友好关系。

在距离亚历山大不远的地方，弥特里达特经过一片埃及人称为"代尔大"的三角洲地区。尼罗河的河道在这里分为两路，中间隔开一段距离，而且它们相距越来越远。到达河流入海口时，两条河流已经相距很远了。托勒密十三世担心弥特里达特与恺撒会合，形成内外夹击，那样对他就更为不利了。当得知弥特里达特到达三角洲地区后，他就派大批军队前往阻击。托勒密十三世的想法是，要么消灭弥特里达特的军队，要么拖住他的行程，阻止他与恺撒的会合。

托勒密十三世的第一批军队在"代尔大"三角洲渡过了尼罗河，急忙与弥特里达特的军队展开战斗，为的是抢在后面的罗马援军跟上来之前取得胜利。弥特里达特极谨慎地仿照恺撒的战术，下令营寨筑起防御工事，抵御军队的进攻。后来，当看到埃及军队全无戒心、目空一切的样子，他就立即改变主意，从各处突围出击，击溃了埃及军队。如果不是埃及军队残部倚仗自己对地形的熟悉而隐蔽了起来，或者退上他们过河的船，他们可能全部被歼灭掉。当托勒密十三世的军队稍稍从惊恐中恢复了一些的时候，后面的援军也跟了上来，他们便再次集结起来进攻弥特里达特。

弥特里达特与托勒密十三世的军队作战，并派人送信给恺撒。恺撒闻讯，立即召集军队出发援助弥特里达特。为了避开尼罗河上的埃及舰队，恺撒选择了属于阿非利加的那片海域，绕了远道。

托勒密十三世率领军队在地势险要的地方扎下营寨。这块地，一面朝向尼罗河，那里有埃及舰队把守；一面是高地，崇山峻岭连绵；另一面是开阔的沼泽地。三个方向都有天然屏障掩护，易守难攻。

当恺撒从托勒密十三世的营寨附近经过时，托勒密十三世就派出全部骑兵和部分轻装步兵到河边，阻止恺撒渡河。在托勒密十三世营寨和恺撒的行军路线之间，隔有一条注入尼罗河的小河，两岸风光秀美，离埃及国王的营寨约7罗里。双方在河流的两岸发生了远距离对射，战斗不分胜负。战斗僵持了很久，仍然不见分晓。恺撒的士兵感到手脚被束缚，十分急躁和压抑。恺撒决定改变策略，尽量避免与埃及军队交手，以寻求更好的战机。

为了缓解士兵的焦躁情绪，恺撒又向士兵发表了演说，告诫他们要有耐心。恺撒命令士兵砍伐大树，在河道狭窄的地方把树伸到河的对岸，然后在树上

古埃及托勒密王朝罗马化的重装步兵，他们或使用长矛，或使用欧洲风格的短剑；图右的士兵保留了马其顿风格的小型圆盾

面铺泥土。这样，罗马士兵就顺利地跑过了河。罗马军队的神速使埃及军队措手不及。很快，罗马军队就展开进攻，一举拿下了河边大部分的埃及军队。

逃回营寨的埃及士兵立刻向托勒密十三世报告。他们把恺撒的军队说得神乎其神，不可战胜。这一说法在埃及军队中迅速传播开来，引起了巨大的恐慌。他们担心与恺撒遭遇正面的战斗，就再次加固了防御工事，倚仗有利的地理位置，以逸待劳等待恺撒的到来。

恺撒乘胜追击，带领军队来到托勒密十三世的营寨前。他注意到埃及军队的营寨既有坚固的工事可供防御，又处于很好的地理位置，而且还有大量士兵聚集在壁垒上。恺撒知道此时并不是攻打营寨的最佳时机。一路奔波而来的罗马士兵已经疲劳，如果即刻发动攻击，势必损失惨重。而早有准备的埃及军队严阵以待，只等待他们的国王下令。所以，恺撒命令部队在距离埃及军队不远的地方安营扎寨，观察敌人的动向。

经过了两天的休整，恺撒的士兵恢复了体力。恺撒计划先攻打离营寨不远的一座小村落，这村里有埃及军队的一座堡垒。为了能够守住这个村子，埃及军队还特意用防御工事将这个小村与自己的营寨连了起来。恺撒认为：如果取胜，可以造成埃及军队的恐慌，使他们的士气受挫，这样就可以一举攻克埃及军队的营寨；如果失利，至少也可以探明埃及军队移动的速度和潜力。

为了速战速决和减少伤亡，恺撒派出了数量占绝对优势的兵力，对小村落展开了猛烈的攻击。看到埃及士兵从堡垒里逃出来时，恺撒的军队就一路追击，一直追到埃及军队的营寨。埃及军队还没明白怎么回事，小村就已落在罗马军队的手里了。逃出去的埃及士兵纷纷奔向托勒密十三世的营寨。接着，恺撒的神话再次在营寨里传播，而且越传越"神"。最后，人们干脆相信恺撒就是神，他率领的军队就是天兵，再坚固的防御工事都会在他们脚下瓦解。

经过了几次交战，托勒密十三世的士兵已对恺撒的神话确信不疑，他们终日惶惶不安地把守着营寨。

恺撒发现那座营寨可以从两面进行攻打，一面可以毫无阻碍地接近，另一面是夹在营寨与尼罗河之间一片不大的空地。埃及最大、最精锐的军队即守卫在最容易接近的一边。

在了解这些情况之后，恺撒对托勒密十三世的营寨发起了猛烈的进攻。战斗从两侧同时打响。恺撒亲自指挥军团从尼罗河那边的空地对埃及军队发起进攻，另一侧交给副帅指挥。在那片开阔地上，恺撒的军队受到从两面来的矢石攻击，一面是从正前方的营寨中射过来的，另一面是从背后的河面上射来的——那边有许多载有投石手和弓箭手的船只。在暴雨般的矢石下，罗马军队的进攻一度受阻。恺撒看到，他的士兵已经在尽力战斗，只是因为地形不利，始终难以取胜。不得已，他命令停止进攻，迅速撤回营寨，以减少军队的伤亡。另一侧的进攻也停了下来。

回到营寨，恺撒找来副帅，仔细分析己方与托勒密军队的优势，寻找出奇制胜的计策。恺撒走出营帐，向远处的营寨望去。他发现，托勒密的营寨虽然三面都有天然的屏障做保护，很难攻取，但是对面的高地似乎并没有严密的守卫。不知是什么原因，埃及军队竟然忽略了这个很具有战略意义的地理位置。是因为它本身地势险峻不用防守，还是因为那些守卫者都赶去参加战斗了？抑或是埃及人故意设下陷阱，罗马军队一旦有所行动，便会遭遇埋伏和圈套？恺撒确信，如果能够占领那个高地，就会对托勒密十三世的营寨形成直接威胁。更重要的是那个高地距离托勒密十三世的营寨很近，一旦攻占高地，埃及士兵就会向营寨退去。如果能够乘胜追击，有很大的把握可以一举歼灭埃及军队，取得亚历山大之战的最终胜利。

恺撒把自己的想法向副帅们做了说明，大家一致认为，夺取高地是取胜的关键一步。为了保险起见，恺撒派人先去侦察高地近处的布防情况。

侦察兵回来报告说，高地的防守确实松散，只有很少的埃及士兵把守。他们相信依仗这特殊有利的地理位置，罗马军队很难攻取营寨，高地的防守也就不那么重要。白天，那里防守的埃及士兵尚且有人睡觉，晚上就更松懈了。

得知这些情况后，恺撒决定立刻行动。

黎明，高地上的埃及士兵还在睡梦中，但营帐外边的视野已经很清晰，对进攻非常有利。为了减少士兵的损失，恺撒派出经验丰富的卡彻勒努斯率领几个步兵大队从两侧悄悄绕到靠近高地的位置。埃及守军仍在睡觉，罗马军队的行动没有丝毫暴露。卡彻勒努斯一声令下，罗马士兵立即从两侧向高地发起攻击。

守在高地的埃及士兵被杀声惊醒，还没有做好战斗准备，就遭到了猛烈进攻。罗马军队顺利登上了高地，埃及守军乱成一团，毫无还手之力，只能纷纷向托勒密十三世的营寨逃命。他们的惊慌更激起了罗马士兵的旺盛斗志。恺撒的军队差不多同时攻进了所有的营寨，首先攻下的就是那处高地的营寨。罗马军队从那边冲下来，杀死了许多埃及士兵。为了脱险，其余的埃及士兵成批成批地从壁垒上跳向尼罗河。前面的埃及士兵重重地跌进了工事的壕沟

古埃及托勒密王朝希腊—马其顿化的骑兵（左一，右一），中间的人是埃及骑兵的马夫，要负责为骑兵携带长矛和盾牌等武器

里，摔死在里面，却为后面的人形成了一条方便的逃生之路。埃及军队纷纷试图爬上埃及的船只，但人太多了，结果连人带船一起沉没了。

在卡彻勒努斯的带领下，罗马士兵迅速冲向托勒密十三世的大本营。为了尽快结束战斗，恺撒亲自率领士兵直奔托勒密十三世的营寨，一路杀声震天。埃及军队不敌罗马军队的猛攻，被杀得人仰马翻。托勒密十三世带着残兵败将渡海仓皇逃命。

恺撒看到托勒密十三世的军队已经失去战斗力，就命令部下放托勒密十三世一条生路。谁知，天上渐渐地布满了乌云，云层越积越厚。恺撒的军队刚刚清理完战场，就出现了暴风雨。暴雨打翻了船，托勒密十三世淹死在尼罗河里。过后，人们从埃及皇室的全套金盔金甲中间辨认出了他的尸体。

至此，恺撒取得了在埃及的全部战果：权力和女人。

亚历山大之战的胜利为恺撒的军队增添了无比的荣誉。恺撒率领罗马军队再次气势恢宏地进驻亚历山大城。这次进城与上次不同，上次是为追杀庞培而来，遭到了埃及人的排斥。这次恺撒是作为胜利者、征服者来到亚历山大的。他率领着罗马军队，故意从曾有埃及军队把守的城门进入该城，以显示胜利者的姿态。

恺撒认为，埃及人听到这次战斗的消息，就不会再有反抗的念头。同时，他要让埃及人对他顶礼膜拜，纳贡朝奉。事实也正如他期望的那样，当恺撒的军队来到亚历山大城门前时，百姓主动打开城门，俯首迎接他们的到来。全城的居民都扔掉了武器，放弃了防御工事，迎接征服者的驾临，表示听命于恺撒，把亚历山大献给恺撒。恺撒接受了他们的投降，还安慰了他们。恺撒承诺说，既然他们放下了武器，走出了防御工事，罗马军队就一定不会杀他们，他将把他们当作自己的臣民一样看待。

当恺撒穿过亚历山大人的防御工事时，他把赦免亚历山大居民的指示传达给了那些仍然守在工事里的人。那些人顺从地接受了恺撒的条件。在迎接胜利者的欢呼声中，恺撒一路来到亚历山大广场上，来到他掌控的地方。面对穿着朝圣服装、向他顶礼膜拜、祈求他宽恕的埃及人，恺撒坦然地接受了他认为是受之无愧的贡品。

打败了托勒密十三世后，恺撒考虑着该如何统治埃及。在他的心里有两种方案：一是将埃及降为罗马的行省，由罗马直接统治；二是在埃及扶植一个听从罗马——换句话说，就是听从恺撒——指挥的政权，这样既可以安抚埃及民众，又能保证罗马对埃及的统治权。从目前的形势来看，罗马在埃及的兵力有限，虽然他已经打败了托勒密十三世。但是，托勒密十三世的支持者和反抗罗马人的力量并没有被彻底摧毁，恺撒仍无法对埃及进行有效的统治。因此，恺撒决定，仍旧把老托勒密遗嘱上指定的那些人安排到王位上去。两个男孩中的长子，即国王托勒密十三世，已经死去，恺撒就按照遗嘱把王位授给了幼子和两个女儿中的长女克娄巴特拉——那个一直忠于恺撒的女人。

恺撒心里很清楚，把克娄巴特拉扶上埃及的王位，对罗马十分有利。通过克娄巴特拉，可以达到控制埃及的目的。至于老托勒密的次女阿尔西诺，就是指使伽尼墨德斯用她的名义粗暴地统治埃及的那个女人，恺撒决定让她离开这个国家。免得在局势还没得到巩固之前，这些好乱成性的人又挑起新的事端。此外，恺撒把老兵组成的第 6 军团随身带走，其余兵力都留了下来，以帮助握有王权的人尽快建立强有力的统治。他们一直忠实地保持着与恺撒的友谊，一时难以得到臣民的爱戴，何况他们刚登上王位，还没有足够的威信。同时，恺撒认为，如果国王和女王保持对他的忠诚，这些军队就可以成为他们的安全保障。反之，如果他们忘恩负义，这些军队还可以就地管制或处决他们。这对于罗马的尊严、对于公众的利益，都是有益处的。

克娄巴特拉终于如愿以偿，加冕登基，毋庸置疑地真正成为埃及女王。她深知，这个王位是恺撒帮她夺来的，她应当一生一世都跟随这个男人，忠实于这个让她梦想成真的王者。

情迷尼罗河

　　恺撒以另一种方式占领了埃及，那就是让女王怀上了他的孩子。他还没有过儿子，因此希望这是一个男孩。这对男女一起等待儿子出生，尽管他们甚至还不是夫妻。女王希望能把恺撒留在身边，因此为恺撒安排了一次盛大的尼罗河之旅。

　　与克娄巴特拉相识、相知、相爱，可以说是恺撒人生中感情上最惬意的时期。

　　恺撒的生命中并不缺少女性。他 17 岁与科尔涅利亚结婚，把她作为唯一的爱人。为了她，恺撒违抗苏拉的意旨，坚决拒绝了与科尔涅利亚离婚的要求，招致大祸。如果不是罗马城的贞女们全体出动为恺撒说情，恺撒恐怕难逃一死。

　　科尔涅利亚死后恺撒娶了庞培娅，再后来是塞尔维利亚，其间他享尽了女人带来的快乐和满足。但是她们当中还没有哪一个像克娄巴特拉这样，集中了所有女人身上的优点。克娄巴特拉在恺撒面前扮演了多个角色。当恺撒处理军政事务时，克娄巴特拉承担了恺撒副手、谋臣和参谋的职务。面对时局的变化，她能够迅速地做出反应和决定，临危不乱，处变不惊。在料理宫内的事务时，她又化身为管家，精明机敏，不知疲倦，有条不紊地管理着奴隶们的工作。在与恺撒单独相处时，她又是温柔体贴的女人，总能准确地揣摩出恺撒的愿望和喜好，亲手为恺撒营造出惬意的休息环境，令恺撒得以暂时忘却战事的烦恼，而尽情享受生活的快乐。

　　在埃及亚历山大城的日子，恺撒与克娄巴特拉感受到了精神和肉体上的极大满足。他预想自己就要成为第二个亚历山大大帝了，而克娄巴特拉既是与他相匹配的女人，又是志同道合的伙伴。

　　冬天过去了，恺撒与克娄巴特拉住在埃及的皇宫里已有多时。身边有克娄巴特拉这样一个可人陪伴着，恺撒暂时远离了权力之争，而充分享受着作为胜利者所能够享受到的一切。然而，恺撒毕竟不是满足于现状的目光短浅之人。成为罗马最高统治者的愿望始终是他的理想，他决不会因眼前的利益而放弃这一远大目标。他身在埃及，却始终没有间断地关注着罗马的政局，

陈列于意大利里米尼的恺撒青铜雕像

筹划着自己的未来，为能够成为罗马的独裁者而精心运作着。

庞培死后，庞培的支持者纷纷逃离了罗马。元老院也因不能独自裁定国事而荒废多时。罗马政权一时极度不明朗，人们不知道接下来会发生什么，也不知道会是谁掌管政权，为罗马是否能够继续保留共和制而心存疑虑。

人们已经认定恺撒就是罗马事实上的统治者了，但他将如何以个人的意志使用权力还是个谜。持观望心理的不仅仅是罗马人，不列颠群岛和地中海沿岸地区的所有城市都在等待着——等待恺撒的指令，等待他们未来的命运。

有一天，一艘船从罗马驶来，停靠在亚历山大港。船上的人登岸后急忙奔赴皇宫，拜见恺撒。他们是罗马派来的信使，专程来向恺撒汇报罗马的时局动向。

恺撒坐在皇宫里，静静地、不动声色地听着信使的汇报。他得知目前的罗马政局处于混乱之中，急需有威望和有权力的领袖人物出面平衡各方关系，以使罗马政局平稳，巩固罗马在高卢、地中海等地区行省的统治。罗马民众已经开始在各地树立恺撒的塑像了，他们对恺撒的期盼已经开始令元老院感到自危。

可是恺撒并不急于返回罗马。虽说他已经看到梦想中的美景在面前展开，罗马的政权就将掌控在他一个人手里。但是，他内心还有一个更强烈的期盼：他在等待小恺撒的出生。

克娄巴特拉怀上了恺撒的孩子，而恺撒希望这个孩子是男孩。

在等待儿子出生的日子里，克娄巴特拉为了能够把恺撒留在身边，为恺撒安排了一次盛大的尼罗河之旅。

古希腊著名历史学家希罗多德说："没有尼罗河就没有埃及。"可见，尼罗河就是埃及的化身。

为了这次航行，克娄巴特拉首先请人建造了一艘豪华的游船，给游船取名为"塔拉美尤斯"。这艘船犹如一座水上的宫殿：富丽堂皇的睡房，悬挂着取材于《伊利昂纪》的名画，为的是让恺撒从英雄史诗中获得激励，以建立更辉煌的功业；诺大的宴会厅按照埃及式风格设计，并依照古老的尼罗河两岸的原作建造了大型的雕塑，以显示女王克娄巴特拉和恺撒的审美情趣；船的甲板被布置得奢华亮丽，随行的不仅有奴仆，还有克娄巴特拉特意为恺撒安排的埃及最好的演员，为的是让恺撒能够在旅行中享受到充分的乐趣；船上还有个小花园，在天气好时，恺撒和女王可以走出船舱来到那里，欣赏尼罗河两岸的旖旎风光。

对于能够与恺撒一同游览尼罗河，克娄巴特拉感到由衷的兴奋和满足。她想出各种办法，安排丰富的内容，向恺撒一一展示，并把埃及的学者和巡视官请上船，沿途向恺撒讲解埃及的历史和所见所闻。克娄巴特拉心里清楚，恺撒是很难放下对罗马的挂念而全身心投入到旅行当中的。为了让恺撒乐不思蜀，克娄巴特拉总得时时变换花样，别出心裁地让恺撒开心。

他们的尼罗河之旅是从亚历山大城出发的，首先到了吉萨的金字塔。在金字塔脚下，恺撒再次感受到自己与亚历山大大帝的距离是如此接近。此时的恺撒，内心再次涌动起勃勃向上的激情。虽然他暂时无须指挥军团出征，但他的游船后面仍然跟随着 400 艘战舰和几千名士兵。作为罗马的最高统帅，恺撒是一刻也不能与罗马军队分离的。

船队溯流而上。紧接着，恺撒先后领略了孟斐斯、供有木乃伊的塞加拉墓地、卢克索神庙和卡纳克神庙的辉煌和庄严，最后达到了菲莱岛——供奉伊西斯女神的地方。神庙的磅礴气势和建造工艺令恺撒惊讶不已。他对眼前的一切固然有赞叹，但更多的是占有欲。他开始在心里筹划，如何能够成为这个国家的主宰，像亚历山大大帝一样，统领这个富庶而美丽的国家。因此，恺撒不仅仅是在观赏风光，更多的是了解埃及，并以观察家的敏锐眼光审视他所见到的一切。当发现了河道管理的漏洞时，恺撒立刻把管理河运的人叫到面前训斥一番。多年的征战让他养成了一个习惯，所到之处，为征服人心，必先修缮设施。甚至在与不列颠人的对抗中，恺撒还修建了许多的桥梁和堤坝，以求当地人对罗马的心悦诚服。

在与克娄巴特拉畅游尼罗河的途中，恺撒的思绪一刻也没有停止过。他望着流淌的尼罗河水，任凭往事一件件浮现在脑海里，出现在眼前：他想到了从前与庞培和克拉苏的联盟，似乎亲眼看到了克拉苏战死、埃及人把庞培的首级献给他的一幕幕。如今，三巨头联盟只剩下恺撒一个人了，他理所应当是罗马的独裁者了。

在埃及，恺撒时时有种身在异乡为异客的感觉，虽然有美丽的克娄巴特拉常伴左右，但仍摆脱不了对罗马的思念。

克娄巴特拉看出了恺撒的惆怅情绪，总是思索着如何让恺撒开心。她仔细地打扮着自己，当恺撒凝神而一言不发时，她便小心翼翼地侧躺在恺撒身边，一只手托着头，深情地望着恺撒。

克娄巴特拉很懂得如何讨男人欢心，更知道怎样才能让恺撒长时间地留在自己身边。她知道像恺撒这样十分骄傲的男人，对自己的功绩非常自豪，他需要身边的人对他抱有敬佩之情，对他崇拜而信服。虽然克娄巴特拉也傲气十足，但在恺撒面前，她变得顺从和体贴。因为她清楚，恺撒是她坐稳埃及女王宝座的坚强后盾，也是她施展政治抱负的得力帮手。

这天，恺撒又心事重重地一言不发，甚至连头也不动一下，对两岸的景色无动于衷。克娄巴特拉见状，轻轻地走到恺撒身旁，拉起恺撒的手，像个小女孩一样撒娇，恳求恺撒给她讲故事。

恺撒给克娄巴特拉讲过他出征高卢的战事，讲他如何平定了高卢境内多个部族的叛乱，为罗马也为自己赢得了巨大的财富和声威。今天，他想起了与庞培之间的战事。那场战争中，恺撒曾在都拉基乌姆战役中惨败。那时，恺撒被庞培切断了粮草供给，更无法补充兵力，全凭顽强的意志力殊死拼杀。恺撒一刻也没有远离前沿阵地。回想起来，恺撒的军队仿佛得到了神助，竟然熬过了都拉基乌姆战役，并在法萨罗战役中扭转局势，大胜庞培。

说起庞培，恺撒并没有痛恨之情，更多的则是惋惜。这倒不仅仅因为庞培是恺撒的女婿，而更是因为从前庞培与恺撒的盟友关系。

恺撒还告诉克娄巴特拉，他每向罗马的权力中枢迈近一步，都十分艰难，

陈列于不列颠博物馆的埃及艳后克娄巴特拉雕像

总是受到元老院和贵族派的抵制。但他每都能如愿，这只能说明让他成就一番伟大的事业是神的旨意。当然恺撒也向克娄巴特拉讲述了自己运筹帷幄的过程和某些细节。克娄巴特拉专注地听着，恺撒的勇气、智慧和胆略让这个年轻的女王越发对他抱有崇敬之情。每到这时，恺撒的一脸凝重就会慢慢化开。他会轻轻地拍拍克娄巴特拉的脸蛋，像父亲一样对她笑笑。克娄巴特拉知道，恺撒的心情又好起来了。

恺撒能够留在埃及，主要还是在等待儿子的出世。他要儿子一出生，就能得到父亲的拥抱。对未出世的儿子的爱，让恺撒暂时把罗马放在一边。他认为，今天所获得的这一切，不仅要用来满足自己的愿望，还要为儿子的未来铺路。今天恺撒登上罗马权力的顶峰，日后他的儿子只到十几岁就可以登上王位，继而称霸世界。每当想到这些，恺撒都会充满爱怜地看着克娄巴特拉日渐隆起的腹部。

夜色渐浓，恺撒站在船头，继续他的遐想。晚风将他的长袍吹起，夜色中的埃及更显古老神秘。这些年来，恺撒长期置身罗马之外，对自己曾经征服的土地怀着深深的眷恋。但是对埃及，他的感情更加复杂。他既想把这片拥有古老文明的土地置于自己的掌控之下，又知道直接统治埃及并非易事。所以，儿子就是他的希望，是延续他称霸世界梦想的希望。他会为了儿子而把罗马的统治权扩展到东方，扩展到亚历山大大帝曾经建功立业的地方。

当恺撒与克娄巴特拉结束了尼罗河之旅，返回到亚历山大城两周后，克娄巴特拉在皇宫里产下了一个男婴。她给孩子取名恺撒，亚历山大城的人们都叫他恺撒里昂。在史料记载中，他的全名是托勒密俄斯·恺撒，足以见证他身上托勒密和恺撒家族的血统融合。据说，小恺撒的长相和身材都很像恺撒。

为了让埃及人相信小恺撒是神赐予的孩子，克娄巴特拉让人在阿蒙神庙的墙壁上记录下了诸神迎接小恺撒出生的喜庆场面，把小恺撒的诞生说成是神祇阿蒙施恩于女王，而使女王获得与恺撒——维纳斯神的后裔——结合孕育出小恺撒的神话。

埃及丹达腊神庙遗址，埃及艳后克娄巴特拉（左）与她和恺撒的儿子恺撒里昂（右）的浮雕

不管埃及人是否相信这些神话，克娄巴特拉和恺撒都对小恺撒的出世感到满足，他们把各自的梦想寄托在了儿子身上。恺撒要的是称霸世界，借助小恺撒扩张他在东方的势力；而克娄巴特拉也想进一步扩大势力，她认为有了小恺撒，她就能掌握住恺撒，有朝一日染指罗马的权力。

正当恺撒在埃及享受儿子诞生的喜悦之时，罗马送来急报，让恺撒速速赶回。

其实，恺撒这些天来一直有些心神不宁，预感到会发生什么事情。即使没有罗马的急报，恺撒也计划要回去了，他担心夜长梦多，局势会出现不可预料的变化。毕竟，他还没有正式成为罗马的最高统治者。

原来在恺撒与克娄巴特拉在尼罗河上游山玩水之时，阿非利加出事了。在西比奥的带领下，从法萨罗战役中逃出去的庞培的军队的显贵们逃到了科西嘉，与散布在意大利各地的庞培残余势力相互勾结。他们与小加图联合在一起，乘船驶往阿非利加，得到了努米堤亚亚国王朱巴的支持。他们组建了一支庞大的军队，准备杀回罗马，夺回庞培在罗马的财富和地位。

阿非利加告急，恺撒立刻从克娄巴特拉的温柔乡中挣脱出来，重新回到他作为罗马统帅的现实当中。

恺撒起程回罗马那天，克娄巴特拉远远地望着出港的船队。她的心被恺撒带走了，她恍惚之中似乎也跟着恺撒去了罗马。当船队渐渐驶出亚历山大港，恺撒的身影也渐渐模糊了，克娄巴特拉才回过神来，她注意到恺撒也一直注视着她。两人在一起的时间虽然短暂，但心却是相通的，克娄巴特拉明白恺撒在向她传递一个信息：为了她，为了小恺撒，他要拥有全世界。

后院起火

恺撒不在罗马的时候，任命马克·安东尼替他处理政务。安东尼玩忽职守，罗马陷入一片混乱。更糟糕的是，庞培的余部逃到海外，与恺撒的老敌人小加图联合起来，更得到努米堤亚亚国王朱巴的支持。这些人集结在阿非利加，组建了一支强大的军队，准备杀回罗马！

其实，恺撒在埃及时，罗马城已经传来消息：他被委任为军事独裁官。这是继苏拉之后，罗马再次为了应对混乱的局势而产生独裁官。按照惯例，独裁官上任之后，就应该立刻为自己选拔一位骑兵长官，作为独裁官的助手，以便处理一切事务。所以当得知自己被宣布为独裁官后，恺撒便任命马克·安东尼为骑兵长官，授权他处理罗马政务。为了绝对控制罗马的政局，恺撒利用独裁官的职权，把罗马高级官吏的选举一直推迟到他返回罗马的时候。这样一来，安东尼在恺撒返回罗马之前就成了罗马实际上的独裁者，没有任何高级长官与他处于并列的地位。作为出众的军事统帅，安东尼深受士兵们的喜爱，但作为政治统治者，他的品行却远不如恺撒。普鲁塔克写道："跟在马克·安东尼身后，神气活现地捧着金杯、有如节日游行队伍的人们，在他们走过的路上搭起的帐篷，河边或森林边上举行的豪奢的饮宴，驾着车子的狮子，还有那允许下流女人和女竖琴手住进的正经人家——这一切都使得罗马人侧目而视。"安东尼生活上的奢靡、混乱，让罗马人对他的评价降低，他失去了通过战绩获得的威信和声誉；由于他执政能力低下，各个部门之间的事务处理不当，行政工作一塌糊涂，引发了危险的动乱。保民官之间相互倾轧，军队的纪律也失去了管束力，指挥官各怀野心，都在为自己争权夺利。

尽管这一切是多么需要恺撒尽快回来处理，但恺撒却宁愿先彻底解决东方的那些更不宜拖延的紧要事务。恺撒认为，当务之急是在他离开时，让他所经过的那些行省和地区的长官能够按照法律规定履行职责，以免内部发生动乱，给外来的侵略者带来可乘之机。因此，他为自己优先安排的行程是叙利亚、西里西亚和小亚细亚。

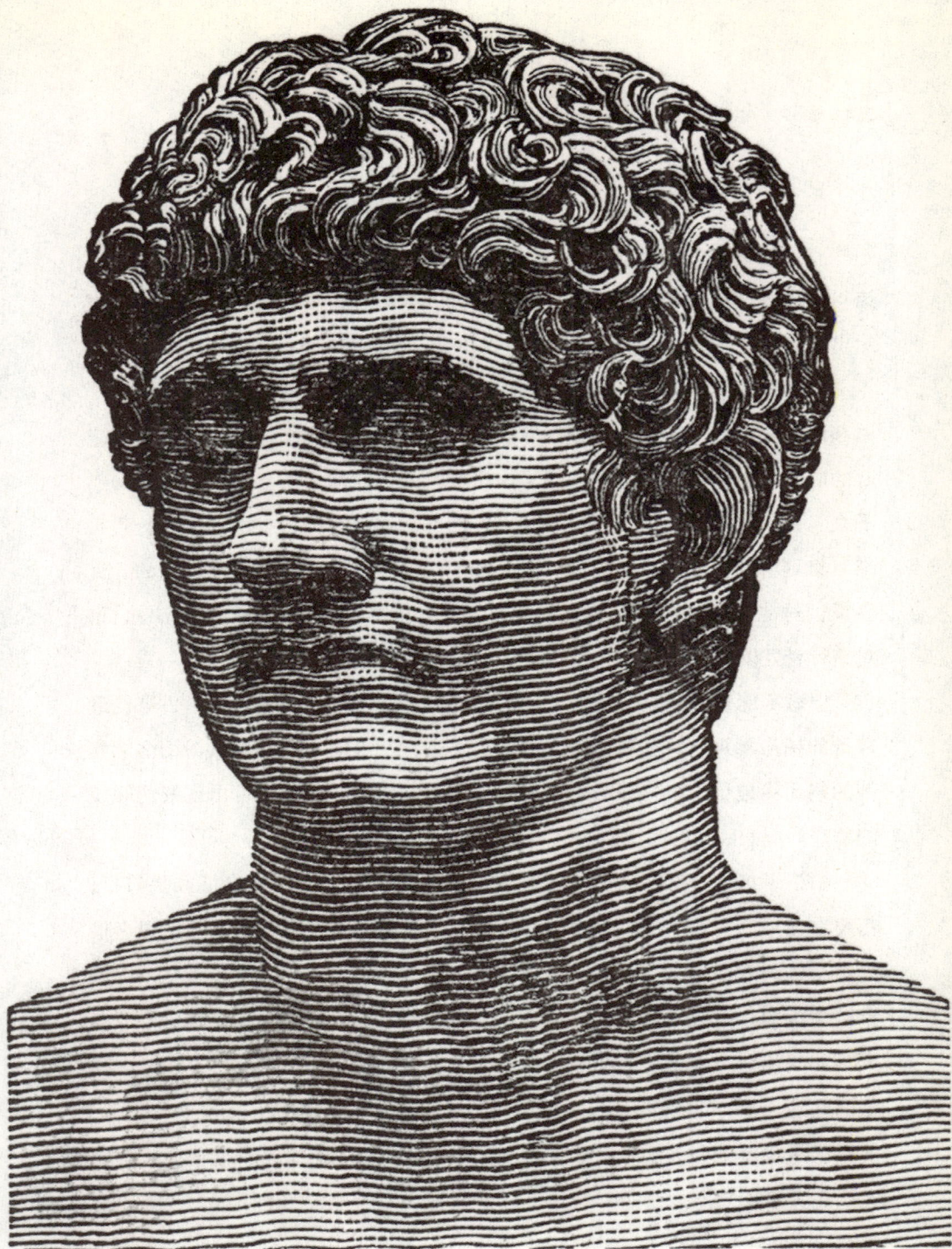

马克·安东尼，恺撒麾下最主要的将领，曾担任恺撒的骑兵统帅。此人能征善战，且具有辩论天赋，但管理内政的能力极差。恺撒死于刺杀之后，他与恺撒的养子屋大维之间爆发了战争，最终兵败，逃至埃及，与埃及艳后克娄巴特拉一起自杀身亡

恺撒首先来到了叙利亚，这里目前还没有战争的干扰。于是，他处理了一些有争议的事务，依据罗马的法律做出裁决，把奖赏和特权分配给那些应该得到的人。恺撒得到邻省首领们的欢迎，他们都纷纷赶到这里，对恺撒表示忠诚，愿意按照恺撒的要求保护行省免受外来部族的入侵。

叙利亚的事务处理得相当顺利，恺撒急于到下一个地方去，就把几个军团和叙利亚的管理权交给了他的朋友兼亲戚塞克斯图斯·恺撒，自己乘着来时的舰队，向西里西亚进发。到了西里西亚的著名城市塔普索斯，恺撒安顿下来，并很快就找到处理这里一切事务的办法：命人把行省里的所有行政官都召集到塔普索斯来，以恺撒的名义和罗马的威严宣布他们必须执行的几件事情，对他们的功绩给予奖赏，并重申罗马法律的规定，让他们坚决执行，对违背者处以重罚。

恺撒不愿意多耽搁，他的下一站是科马那，那里有西里西亚最古老、最神圣的柏洛娜神庙。这座神庙自古备受尊崇，这里的人们一致认为柏洛娜女神的祭司在地位、权力和影响上仅次于国王。所以，这里常常出现祭司职位的争夺。恺撒到达科马那后，马上带人来到柏洛娜神庙。

柏洛娜神庙气势恢宏，屹立在一座山上。当地的人每逢出征或是节日，都要在庙里举行盛大的拜神仪式，祈求神的保佑。在祭神仪式上，祭司会借此向全体民众发出动员，并为民众祈福。原本这个祭司的职位一直是由王族世袭传承的，恺撒就依据这一传统，把职位判定给一个极为高贵的比提尼亚人吕科墨德斯。吕科墨德斯出身于卡帕多基亚的王族，他得到这个职位，根据的就是毫无疑问的继承权。但是，他的家族日渐衰落，无人能够承担此重任，所以继承权落到旁人手里。恺撒再次把祭司的职位判给了吕科墨德斯家族的人，主要是不想惹来纷争和麻烦。依据罗马法律所规定的继承权，没有人能够对这一裁决提出异议。

除了祭司的人选问题，恺撒还平息了一对兄弟对祖传权力的争夺。阿里奥巴扎涅斯和他的兄弟阿里亚拉特斯两人，都对罗马共和国做出了巨大贡献。

能力越大，责任也就越大。担任独裁官之后，整个国家到处都有需要恺撒处理的政务

为了避免两人的继承权之争造成内乱，从而威胁到阿里奥巴扎涅斯，恺撒把小亚美尼亚的一部分让给阿里亚拉特斯，还把阿里奥巴扎涅斯交给他作为受其管辖的藩属。

恺撒进入到小亚细亚。在所有经过的这些行省中，他都对当地的纠纷做出了裁决，为这些领主、国王和国家划分了各自的权利和管辖范围。佩伽蒙的弥特里达特出身贵族，在亚历山大之战中表现神勇，为恺撒的军队提供了有力的支持。弥特里达特从小便受到了适合一个君主的教育和训练。亚细亚的国王看到他出身高贵，资质又好，在他年纪很小的时候就带他离开佩伽蒙，留在自己的营里许多年。因此，恺撒指定弥特里达特担任过去原在法尔那克斯控制下的博斯普鲁斯的国王。恺撒的用意很明显，就是把弥特里达特像个楔子一样安插在行省、罗马人民和蛮族、敌对国家的君主之间，以保障这个地区的和平。恺撒深知此地不宜久留，因为罗马的局势越来越危急，随时可能会发生事端。在一切事情安排妥当之后，恺撒便马不停蹄地赶回意大利。

激战阿非利加

比起这些准备充足的敌人，恺撒的力量显得单薄，而且远离罗马势必使他部队的补给面临困难。在这次战役中他仍然需要挖掘自己军团的潜能，以及对敌人加深了解。随着战局的推进，恺撒发现他仍具有士气上的优势，敌军则因为成分复杂，难以统一。

一回到罗马，恺撒立即召集他所有的军队，经过了一番短暂的整顿，于公元前 47 年 12 月出征阿非利加。

恺撒的军队连续几日行军不歇，终于在 12 月 17 日到达了利昌拜乌姆。恺撒下了船，安排士兵们安营扎寨，让士兵们休息一下，以等待后续部队的到来。此时恺撒的身边只有一个新兵军团，骑兵也只有 600 名。在兵力上，恺撒并没有优势。

恺撒把营寨扎在了岸边。按照恺撒的命令，划手们都留在船上，以便随时再次起程。恺撒刚刚安顿下来便接到禀告，说有 4 个努米堤亚亚军团和大批轻骑兵，西比奥手下的 10 个军团、120 头战象，以及几支舰队一起浩浩荡荡地朝着这边奔来。这在当时无疑是极其惊人的阵容。但是，恺撒毕竟是恺撒，作为全军统帅他并没有被敌人的数量吓住。可喜的是，罗马战舰的数量每天都在增加，运输船也在纷纷赶来，与此同时来的还有 4 个新兵军团，由老兵组成的第 5 军团和 2000 名骑兵。

12 月 25 日，恺撒率领 6 个军团和 2000 名骑兵从利吉姆渡过海峡，进攻西比奥驻扎在阿德鲁密敦的精锐部队。但是，成功登陆的只有 3000 名步兵和 150 名骑兵，其余的战舰都被风浪吹散，冲到北方去了。

关于这次登陆，罗马历史学家苏埃托尼乌斯记述说："恺撒从船上登陆之后就一跤跌倒在地上，而这在罗马人看来是不祥的预兆。但是，恺撒却利用这件偶然小事——他用双臂拥抱着他跌倒的那片土地叫道，'你已经在我的怀抱里了，阿非利加！'"

当恺撒到达阿德鲁密敦的时候，西比奥本人不在那里，他正在与朱巴国

陈列于法国巴黎罗浮宫的努米堤亚亚国王朱巴一世雕像

王会晤。恺撒以为可以趁势将西比奥的军队击溃，不料阿德鲁密敦防御坚固。还没有等恺撒宿营列阵，西比奥的军队就在夜间突袭了恺撒的军营，打乱了恺撒的部署。恺撒带领的多是刚招募的、未经严格训练的新兵，没有形成有效的战斗力，结果在突袭之下受到重创。然而，就在他们有能力取得全胜之时，西比奥的军队却不知为何退出了战场，给了恺撒喘息的机会。

第二次，西比奥亲自带领了 8 个军团和 2 万名骑兵赶来；朱巴国王也参加了战斗，带领 3 万步兵和 2 万骑兵；在总共 90 头战象的掩护之下，两支大军浩浩荡荡直奔恺撒营寨。恺撒的士兵顿时有些慌张，毕竟与西比奥军的第一次交锋他们输掉了，领教过西比奥军队的威力。这次要对抗更多西比奥的军队，他们多少有些信心不足。

然而，恺撒的勇气和胆略总是能够在关键时刻鼓舞将士。他让将士们相信，恺撒总是有神相助，必将取胜。

果然，在第二次交锋一开始就传来消息，一个毛里塔尼亚王公普卡斯攻打了朱巴国王国家的首都。朱巴闻讯便率领军队前往支援。这样，西比奥可用的兵力就仅剩下他自己的军队了。

恺撒迅速做出调整，从两翼突破了西比奥的包围，割裂了西比奥军队之间的联系。

恺撒要在西比奥军队还未能再次联合起来之前结束战斗。他加紧催促罗马方面从西西里尽快派援军，并说否则阿非利加行省就要丢掉了。然而，即使这样，援军还是未能如恺撒所要求的那样及时赶到阿非利加。这期间，恺撒与西比奥之间只进行了几次小规模的交战。恺撒无心恋战，决定拔营。就在恺撒的军队刚刚出发时，朱巴国王率领骑兵突袭了恺撒的后卫军。恺撒命令士兵停下来，掉转矛头给努米堤亚亚骑兵来了个迎头痛击。恺撒的骑兵数量少，却顽强地抵挡了努米堤亚亚骑兵的进攻。令人难以置信的是，恺撒以不到 30 名骑兵，击退了 2000 多名敌军，把他们赶回到城里。

看到朱巴难以组织有效的反击，恺撒便下令撤兵。谁知，朱巴很快就又率领骑兵从城里冲出来进行反扑。恺撒见状，立刻指挥骑兵掉转方向，给努米堤亚亚骑兵来了个回马枪，当即把他们驱逐回了城内。这样的突袭和反击来来回回进行了几次，朱巴看到无法胜过恺撒，才放弃了进攻，待在城里不出来了。恺撒确定朱巴不会再来袭击，于是带领军队撤走了。令恺撒感到高兴的是，行军途中，始终有使者从一些城镇和要塞赶来，表示愿意为恺撒的军队提供粮食，听从恺撒的调遣。

恺撒继续向南行进，当来到勒普提斯城时，遇到了一个特别的使团。使团向恺撒保证，城内居民完全听从恺撒的安排，希望恺撒给他们提供保护，以免遭受士兵的侵扰。恺撒答应了使团的请求，下令军队在离城不远的地方设置营地，向士兵们发出严禁进城侵扰居民、掠夺居民财物的命令。

几天过去了，恺撒所期盼的罗马援军和舰队仍然没有踪影。恺撒担心西比奥和朱巴再次联手出动，所以在勒普提斯城附近没有停留多久便又折向北，向着鲁斯皮那的方向推进，并在沿岸选择了一块合适的地带设置营地。恺撒不想离海太远，因为他在等待着他的那些被风浪冲到北方的战舰。为了寻找那些战舰，恺撒曾亲自乘船出海，但却无功而返。

公元前 46 年 1 月，恺撒终于等到了那些战舰，还得到了罗马派来的 2 个军团和 800 名骑兵的补充，粮草也准备充足。于是，恺撒带领军队再次回到勒普提斯城前，扎下营寨。军队刚刚安置停当，就与拉比埃努斯的军队发生了冲突。当时，恺撒正带领 30 个步兵大队、400 名骑兵和 150 名弓箭手为军队搬运粮食。当恺撒离开营寨 3 罗里时，侦察兵报告说，发现敌情。话音未落，只见远处已卷起滚滚征尘，敌军骑兵和轻装步兵正朝着这边飞奔而来。恺撒的骑兵和弓箭手立即做好了战斗准备。

双方展开了激烈的战斗。拉比埃努斯的骑兵向恺撒的两翼扩张，把丘陵也都包围进去。他们利用数量优势一度把恺撒的士兵围困起来，使恺撒的士兵不得不紧紧挨在一起，收缩成密集的方阵。而拉比埃努斯的骑兵中间穿插着努米堤亚亚轻装步兵和弓箭手，阵列紧密，使得恺撒的士兵误以为对手都是步兵。恺撒对阵形进行调整，尽可能把军阵布设为一列单行，把弓箭手安放在阵列前方，骑兵布设在左右两翼。他要求两翼的骑兵绝对不能让拉比埃努斯的骑兵完成包围。

恺撒命令自己的士兵把阵列排得越长越好，而且命令相邻的两个步兵大队向着不同的方向接战。这样，就把拉比埃努斯军分割成为两半。罗马骑兵把两翼的敌军隔开之后，再用步兵从内线发动攻击。罗马步兵不断投掷出标枪，不仅突破了拉比埃努斯军的包围，而且还将他们驱散开来。恺撒担心遭到埋伏，就停止了追赶，准备回营地。

此时，由马尔库斯·佩特列优斯率领的军队突然出现。恺撒被迫迎战，战斗再次打响。这次，1600 名努米堤亚亚骑兵和相当数量的步兵向恺撒的后卫队发起了猛烈的攻击。恺撒命令后卫队变成前队，迎战努米堤亚亚军队。夜幕降临时，恺撒的军队一鼓作气将努米堤亚亚军队赶到了最远的山岭以外，随后迅速撤回了营寨。

这场战斗使得恺撒声威大震。很多敌军前来投奔恺撒，从投降和被俘的敌军士兵那里，恺撒得知了拉比埃努斯的作战计划：拉比埃努斯想用新战术，把恺撒数量处于劣势的新兵军团吓住，然后包围歼灭。拉比埃努斯在会议上就曾经说，他要想办法给恺撒的对手提供千千万万的同盟军。即使恺撒的部下胜利了，光是消灭这些人也会使他们精疲力竭，这就将使他们转胜为败。拉比埃努斯的判断绝不是盲目的，他的这种自信有三点原因：首先，他听说，罗马的老兵军团拒不执行命令，不肯到阿非利加来助战；其次，他在阿非利加领兵已经 3 年，对自己的军队非常熟悉。最关键的一点，他的同盟军规模庞大，不但有大量努米堤亚亚骑兵和轻装步兵，还有庞培生前从布特罗图姆随身带着渡海过来的日耳曼骑兵和高卢骑兵，以及后来在阿非利加从混血族、释放的俘虏和奴隶中征召来的骑兵和步兵。朱巴国王又送来了 120 头战象和大量骑兵。拉比埃努斯现在拥有 1600 名日耳曼骑兵和高卢骑兵，8000 名努米堤亚亚骑兵，佩特列优斯的 1600 骑兵 6400 名步兵和轻装步兵，再加上大

努米堤亚亚骑兵，由柏柏尔人组成的轻骑兵。他们骑乘北非矮马，不用笼头和马鞍，装备一面皮质盾牌、一支长矛和几支标枪，擅长执行侦察、骚扰、伏击、追击和长途奔袭任务

量弓箭手、投石手和骑射手。如上面所描述的，1月4日，即恺撒到达阿非利加后的第5天，在一片极为平坦、一望无际的平原上，佩特列优斯率领军队与恺撒展开激战。战斗一直持续到日落。在这场战斗中，佩特列优斯身负重伤，退出战场。

虽说这次战斗并未分出真正的胜负，但恺撒还是领教到了对方的实力。因此，恺撒命人更加仔细地给自己的营寨筑好防御工事，加强守备。他以勒普提斯城为起点修筑了一道壁垒，一直通到海边，另外又以自己的营寨为起点修筑了另一条到海边的壁垒，以便保护给养军队和援军。恺撒又把武器从船上搬运到营寨里，并把所有的弓箭手、部分高卢人和罗得斯人从船上召到营里来加以武装。恺撒学习了对手的战术——把轻装步兵安插到骑兵里去。

西比奥正在把他那支有 8 个军团和 3000 名骑兵的军队带过来，与拉比埃努斯和佩特列优斯会师。西比奥绝对是个良谋满腹的将领，为了扩充战斗力，他设法开了许多铁作坊，大量生产箭和矛，熔铸铅球、准备木桩。由于阿非利加木材匮乏，西比奥便派使者送信到西西里去，命令西西里的士兵为他收集木栅和做撞锤用的木材。同时，考虑到阿非利加的农民都是向罗马纳贡的，恺撒早已将粮食收走，因此他命人想尽一切办法从外地调来粮食。

恺撒毕竟是在远离罗马的阿非利加作战，即便之前已经搜集了很多粮食，但给养依然是个问题。他不得不与商人商量，希望他们能从外地收集一些谷物，运到自己的驻地来。同时，他每天要亲自到工事上巡视一番。因为敌军的规模实在太大，所以他得用加倍的人担任值岗工作。最麻烦的是，在恺撒的那些运输船队里，经常会有运输船迷航。它们四处漂泊，认不清路，又不知道恺撒的营寨在哪里。在茫茫的大海上，它们时常受到敌军战舰的袭击，被纵火烧掉或俘获的情况时有发生。恺撒知道后，就在岛屿和港口周围都布置下舰队，以保护运输船队。

与此同时，负责守卫乌提卡的小加图每天都在征兵。他甚至释放年富力强的战俘和奴隶，不断把他们送到西比奥军营里去，供他调遣。

一天，恺撒得到消息：在提斯德拉镇有个罗马商人和农民们一起积储了30 万斗小麦，并建议恺撒迅速派兵保卫提斯德拉镇。恺撒当场表达了谢意，并表示会尽快派去军队。就在恺撒准备派兵之时，又有好消息传来，原来此刻普布利乌斯·西提乌斯已带兵攻入努米堤亚亚境内，占领了一座要塞，而这个要塞正是努米堤亚亚国王朱巴储备粮食等战略物资的地方。

此时，恺撒得到了第二批船队的增援。士兵从船上卸下物资后，他立刻带着军舰驶向利吕拜乌姆。1 月 25 日，恺撒将所有的侦察兵和勤务人员都叫到他的营帐里待命。恺撒便秘密地将全部军团都带往鲁斯皮那——这是第一个投靠他的市镇。恺撒率领军团走下一片比较平缓的斜坡，沿着海岸前进。这片平原异乎寻常的平坦，大约有 12 罗里宽，一面靠海，另外三面被低矮的丘陵环绕，看起来像一座剧场。这些丘陵中有几座高山，每座上面都有很古老的碉楼和瞭望塔，其中最末一座就是西比奥布置的岗哨。

恺撒率军登上丘陵，安排士兵修筑堡垒。然后，恺撒来到有岗哨的那座山头，停息了片刻，观察了那边的地势。随后，他命令各个军团沿着那丘陵的山腰修筑工事，以做好迎战西比奥和拉比埃努斯的准备。得知此事，西比奥和拉比埃努斯觉得恺撒实在没把他们放在眼里，就把全部骑兵都派出来，排好阵形，向前推进了 1 罗里。并且在距离恺撒的营寨不到 400 步的地方列好步兵，作为第二道阵线。

两军越来越近，恺撒告诉士兵们不要轻举妄动。当看到对方的行列与己方的工事之间距离已不到 1.5 罗里时，恺撒明白了，敌军是为了阻止他继续修筑防御工事才杀过来的。随即，他派出一队西班牙骑兵迅速奔向最靠近对方营寨的山头，同时又命令轻装步兵前去支援。这些士兵不负厚望，迅速击退了那些努米堤亚亚军队，并抓获了一些战俘，夺取了阵地。为了能够尽快挽回局面，拉比埃努斯命令右翼的骑兵前去支援溃退下来的军队，而这反而正中恺撒的下怀。当看到拉比埃努斯和自己军队之间的距离已经拉开一段，恺撒就命令左翼的骑兵向前推进，把敌军截为两段。

恰巧这片平原上有一座大庄园，挡住了拉比埃努斯的视线。因此，拉比埃努斯并没有察觉到军队已经被恺撒的骑兵切断，直到身边的士兵被砍倒后才恍然大悟。努米堤亚亚骑兵惊慌失措，被杀得人仰马翻，便竭力逃向营寨。而日耳曼骑兵和高卢骑兵却不明就里，仍旧坚守在原地。恺撒的军队从高地上冲下来，将他们团团围住。虽然日耳曼骑兵和高卢骑兵进行了英勇抵抗，但仍难逃被全歼的命运。

此时，西比奥的军队早已是军心大乱，士兵们纷纷从各个入口逃向营寨，连西比奥自己也狼狈地逃了回来。恺撒并没有穷追不舍，敌军回营后便下令收兵，退回到防御工事里。打扫战场时，恺撒看到了高卢骑兵和日耳曼骑兵的尸体，不禁内心隐隐作痛。这些战士中，有的是慑于拉比埃努斯的淫威，被迫跟着他一起离开高卢的；另外一些是受金钱的引诱，来为拉比埃努斯卖命的；还有一些人是在库里奥战役中被俘后被迫充军的。他们体格健壮魁伟，个个身带刀伤，扑倒在地，尸体布满整个平原。

经过了这次战斗，恺撒的军队士气再度高涨。不久，恺撒再次把军队从各个营中调了出来，在平原上展开。西比奥的军队受到了重创，死伤了许多将士，便闭门不出。恺撒挥军进攻，沿着山脚慢慢地迫近西比奥的防御工事。

在恺撒的军队距离西比奥控制下的乌兹塔镇不到 1 罗里时，西比奥不得不出兵应战。乌兹塔镇是其军队的水源和物资供应地，如果失去该地，后果不堪设想。于是，西比奥把全部军队带了出来。这些士兵照习惯列成四行，最前面一行由骑兵组成，中间穿插着背负弓箭手的战象，看起来气势汹汹。看到这等架势，恺撒明白了西比奥已经做好了决一死战的准备，就命令大军在乌兹塔停驻下来。西比奥把自己战阵中央部分的军队放置在乌兹塔的后面，由它掩护着，令他的左翼和右翼朝着恺撒这边布设开来。

西比奥的阵势太大，恺撒一时也不想轻举妄动，就命令军队原地待命。等到太阳差不多落山的时候，恺撒依然看不出西比奥有主动进攻的意思。看来，不到万不得已，西比奥是绝对不会放弃有利地形，到平原上进行肉搏战的。恺撒表面上按兵不动，其实心中一直在盘算是否要发动进攻。他知道，城里有一支庞大的努米堤亚亚军队，即敌人阵线的中央部分。倘若他发动进攻，就得在攻城的同时，还要和敌军的左右两翼进行战斗。他的士兵从早晨起一直空着肚子、拿着武器站在这里的，一定十分疲倦了，而对方却是以逸待劳。想到这里，恺撒下令全体将士回到营寨，心里筹划着第二天把自己的工事延

公元前 2 世纪—公元前 1 世纪的努米堤亚亚士兵：努米堤亚亚士兵通常都没有较为精良或完备的武器，因此图左的这名努米堤亚亚重装步兵可能是皇室成员。他装备迦太基风格的金属头盔，进口的锁子甲和当地生产的盾牌、长剑和长矛。图中的努米堤亚亚骑兵没有盔甲，只套了件羊皮袄，装备长矛、标枪和木质盾牌。图右的加拉曼特人来自撒哈拉沙漠中的部落，身上穿着羊皮斗篷，左手拿着巨大的皮质盾牌，右手握着长矛和投石环索

伸到敌军的阵地那边去。

就当两军在乌兹塔僵持不下的时候，阿基拉那边也是激战正酣。阿基拉是免纳贡赋的自由市。孔西狄乌斯·隆古斯带着 8 个大队，以及努米堤亚亚和盖图利雇佣军围攻那里，盖尤斯·墨西乌斯带着 3 个大队奋力抵抗。战斗持续了很长时间，孔西狄乌斯将大规模的围困工事延伸到城下来。当拉比埃努斯战败的消息传来时，孔西狄乌斯非常震惊。为了不给对方留下给养，孔西狄乌斯命令把储存的粮食放火烧掉，把油、酒和其他日常用品全部销毁，放弃正在进攻的阿基拉。他将部分军队分给西比奥后，退回哈德鲁墨图姆。

在当时的条件下，跨海作战的难度的确非常大，因为即使是最出色的舵手，依然无法保证战舰顺利到达目的地。这天，在代行执政官阿利努斯从西西里派出来的支援恺撒的第二批船队中，有一艘船迷失航向，被风吹送到塔普索斯去了。随后，它被维吉利乌斯的军队截获，押送到港口。还有一艘三列桨舰也迷航了，被西比奥手下的瓦鲁斯和马尔库斯等人的舰队俘获。瓦鲁斯把这艘船上的一位百夫长和一些士兵看押起来，并没侮辱他们，而是把他们交给西比奥处置。西比奥对他们说："我相信，你们不是出于自愿，而是在你们那凶恶的统帅恺撒的胁迫和命令之下，才做伤天害理的事的。你们现在落到我手里，如果你们愿意从此走上正路，跟正派人一起来保卫共和国，我一定会饶了你们的性命，还将给你们赏金。不知你们意下如何？"

西比奥静静地看着他们，以为这些人一定毫无疑问会对他这番恩典感激涕零，然而一个百夫长的话却令他始料未及：

"对于你这番大恩大德，西比奥——我不想把你称作统帅——我表示感激，你把生命和安全给了像我这样的战俘。要不是它附带有恶毒的条件，也许我本来可以接受你这番好意的。难道我能够全副武装地站到敌人一边去，对抗我自己的统帅恺撒吗？难道我还能够对抗那支我为之奋斗了 36 年的军队吗？不，我不会这样做，而且我要竭力劝告你放弃这种妄想。如果你以前还没有意识到，那么现在你该了解你的对手是什么样的军队了。调出你军队中最强大的一个大队，让他们跟我面对面较量较量吧！我只要从弟兄们中挑出不超过 10 个人来，就可以把你的士兵打得落花流水。"

西比奥听了这位百夫长的慷慨陈词，感到十分愤怒和沮丧。他向自己的百夫长们点了点头，示意可以让这些誓死不降的人"上路"了。他命令手下将其余的老兵和新兵分开，老兵带到堡垒外面残酷处死，而新兵分配到各个军团里去。这件事情使恺撒深为震怒，他处罚了那些没能对走失的船伸出援手的人，把他们都逐出了军队。

就在这段时间，突然下起了倾盆大雨，其中夹杂着大块的冰雹。更为糟糕的是，恺撒没有按照以前的惯例把士兵全都安置在冬令营中，而是每隔三四天就向前推进一些，所以营寨都是新造的。照理说，新造的营寨也能防风御寒，可这次恺撒毕竟是在外征战，很多如帐篷等军用品都没有机会带到船上去，只有很少人才有可供睡觉的帐篷，其余的人就在用布头、芦苇或树枝等编成的棚子里安身。当暴雨和冰雹不期而至时，他们的帐篷就塌陷下来，或者被水流卷起冲走。暴雨还浇灭了灯笼火把，使恺撒大营里伸手不见五指，士兵们抱头乱窜，军队物资损失惨重。

西比奥把他的骑兵战败的消息汇报给了朱巴国王，并请求援助。朱巴国王命令萨布拉率军与西提乌斯周旋，自己率军支援西比奥。为了给西比奥的军队壮壮声势，也是为了震慑恺撒，朱巴国王带来了 3 个军团，800 名骑兵，以及大量努米堤亚亚骑兵和轻装步兵，还有 30 头战象。赶到西比奥的营寨后，朱巴国王便把自己的营帐以及带来的军队分开驻扎在不远的地方。说来也奇怪，当听说朱巴国王要来增援的时候，恺撒的将士们都有些惴惴不安，但当朱巴的军队真正站在他们面前的时候，这种恐惧感反而大大降低。在西比奥方面，国王的到来大大增加了将士们的勇气和信心。次日，西比奥就把自己和朱巴的全部军队，包括 60 头战象，都带出营寨来布下阵势，向恺撒示威。他把军队带到了比平时更远离营寨的地方，然后又退回了营寨。

西比奥的援军已经到齐，恺撒深知如果再不采取行动，恐怕会越来越被动。于是，他率军沿山脊前进，把防御工事一直向前延伸，并竭力争取先下手抢占靠近西比奥营寨的一处高地。西比奥的军队本来就在数量上占有优势，如果还抢先占了这处高地，恺撒就很难向前推进了。然而，拉比埃努斯察觉到了恺撒的意图。他先下手为强，占据了这处高地。

拉比埃努斯并未就此罢手。山前有一条很宽的山谷，山壁高峻陡峭，易守难攻，是恺撒的军队前进的必经之路。在山谷的另一头，有一片茂密的树林，非常适合安置伏兵。拉比埃努斯把一些骑兵和轻装步兵埋伏在了树林里。此外，他还在山岭之外隐藏了另一支骑兵，以便当树林里的伏兵发起进攻时，这支骑兵可以从山背后杀出来，对恺撒和他的军队两面夹击。恺撒不知道有这起埋伏，派了一支骑兵在前面先行，不知不觉中，进入了拉比埃努斯的伏击圈。

但是，命运之神再次垂青了恺撒。当恺撒的军队进入山谷时，拉比埃努斯的士兵鬼使神差地惧怕起来，他们非但没有从树林中和山岭外杀出来，还临阵怯场。连恺撒骑兵的面孔都没有看清楚，就三五成群、慌乱地向山顶上逃去。恺撒见状，惊讶之余暗自高兴，认为自己再次得到神灵的保佑。他命令骑兵追击敌军，然后迅速地奔上山头，击溃了拉比埃努斯的守军。

占领了这重要的山头后，恺撒命令士兵在这里修筑厚实的防御工事，以免得而复失，然后又下令修筑两道从自己的营寨到乌兹塔的工事，两道工事呈犄角之势直抵乌兹塔。乌兹塔镇坐落在平原上，处于西比奥的营寨和恺撒的营寨之间，却在西比奥的控制之下。恺撒修筑这两条防御工事的目的，是想在进攻乌兹塔时，两侧的防御工事可以起到掩护的作用，不至于被西比奥的骑兵包围。此外，西比奥的军队经历几次惨败，现在已经草木皆兵。如果有人愿意归降恺撒，也可以利用这两道工事顺利叛逃。还有一点，由于乌兹塔镇前面是一片低地，控制了这里，也就是控制了水源。

朱巴国王非常清楚恺撒修筑这两道工事的用意，如果真让恺撒如愿以偿，那么自己就将陷入被动。当天傍晚，修筑工事的士兵正在回营时，朱巴、西比奥和拉比埃努斯带着全部骑兵和轻装步兵突然杀出。恺撒的士兵措手不及，顶不住对方的猛攻。这时，恺撒闻讯并率领援兵及时赶到。罗马士兵士气大振，没过多久便将努米堤亚亚骑兵全线击溃，一直追到朱巴国王的营寨前。若不是黑夜降临，恺撒觉得不便拖延时间，就很可能连朱巴和拉比埃努斯都一起捉住。朱巴和拉比埃努斯的骑兵和轻装步兵几乎全军覆没了，西比奥的第4军团和第6军团有大量士兵溃逃，其中有部分人逃到恺撒营里来，另一部分则逃得无影无踪。过去曾在库里奥的骑兵也对西比奥和他的军队失去信心，和许多人一起逃之夭夭。

当双方在乌兹塔附近激战正酣时，从西西里乘运输船出发的第9军团和第10军团，航行到了离鲁斯皮那不远的地方。他们看到恺撒布置在塔普索斯海面上负责守备的战舰，误以为是敌人的陷阱，就返回了海上。许多天以后，经过长期的风浪颠簸，精疲力竭的他们才终于来到了恺撒这里。

恺撒对他们的耽搁非常恼怒，心里盘算着如何好好地惩罚他们。他猛然想起这些军人过去在意大利纪律败坏，某些人甚至有劫掠的行为，就抓住第10军团的指挥官盖尤斯·阿维努斯的过失作为借口。在这次航程中，阿维努斯占用了一艘船，专门运载他自己的奴隶和马匹，而不是用于运载士兵。次日，恺撒就把各军团的所有指挥官和百夫长都召到自己的将坛下面来。恺撒正了正衣襟，对他们正色说道：

"我极希望那些恣意放纵、太过自由的人，能够自己克制些，能够认识到我的宽大、温和和忍耐。由于这些人始终不肯对自己有所检点和约束，所以我只好按照军中的规矩来处罚他们。盖尤斯·阿维努斯，在意大利时曾经煽动罗马士兵反对共和国，而且曾经在几个自治城镇犯下过抢劫的罪行。你这样一个对我和对国家一无用处的人，不把兵士带上船，反而把你的家奴和牲口载在船上。正是由于你，在国家最需要士兵的时候，却没有士兵。因此，我决定把你革职并逐出我的军队！还有你，阿皮乌斯·丰特尤斯，你是一个犯上作乱的军团指挥官，一个不忠的公民，我也把你开除出军队。提图斯·萨利努斯、马尔库斯·提罗和盖尤斯·克卢西那斯，你们之所以有今天的地位，不是因为你们自身的长处，而是因为我的恩典。但是，你们却在战争时不勇敢，在和平时不忠诚，而且一无所长。你们热衷的是煽动士兵起来反抗你们的统帅，而不是懂廉耻、讲谦虚。我认为你们不配在我的军队里带兵，因此我开除你们，并命令你们离开阿非利加，越快越好。"

就此，恺撒把他们交给了百夫长们，每人都只指派一个奴隶，分别把他们送上一艘船去。

就在恺撒处罚那些纪律败坏的将士的时候，一些盖图利人带着恺撒的劝降信回到了家乡。恺撒的信件起了作用。这些盖图利人早就被恺撒的名声所吸引，如今投奔恺撒的机会来了，便毫不犹豫地抛弃了朱巴国王，即刻与恺撒里应外合。朱巴国王陷入了更被动的局面，无奈之下只好从原先对抗恺撒的军队中抽出6个大队来专门对付盖图利人。

不久，恺撒修完了那两条伸向乌兹塔的工事，刚好停在了敌军武器的射程之外。然后他扎下一座营寨，把投石机和弩炮层层排列在营寨前面，不断骚扰守城的士兵。在如此重压之下，乌兹塔一些极有地位和名望的人纷纷投奔到恺撒这边来，就连国王骑兵队中的盖图利人也趁着黑夜纷纷叛逃。

西比奥发现了盖图利人的叛逃，但却无可奈何。正当对这种局面一筹莫展时，他又突然发现了马尔库斯·阿奎努斯在和盖尤斯·萨塞那接触和谈话，便派人去传话给阿奎努斯，告诉他犯不着和敌人谈话。但阿奎努斯却充耳不闻，让使者带回了他给西比奥的答复："谈话必须达到目的，否则绝不结束谈话。"不久，朱巴国王也派一个传令兵到阿奎努斯那里，一见面就说："国王禁止你和萨塞那谈话！"当时，萨塞那就在现场。对这个简明扼要的命令，阿奎努斯不能置之不理了。他内心感到害怕，马上听从国王的话走开了。西比奥对此心里很不是滋味，心想：作为罗马公民，从罗马人民手中光荣地接受过官职的公民，尽管自己的祖国安然无恙，自己的所有财产也毫无流失，阿

上：今人复原的古罗马帝国军队使用的小型弩炮，亦称"蝎子弩"

下：今人扮演的古罗马士兵正在操作"蝎子弩"

奎努斯却还是宁愿遵守朱巴这个野蛮人的命令，而不肯服从我西比奥的命令，真是不可思议！

朱巴的傲慢自大不只表现在对待像阿奎努斯这样一个出身贫寒的元老身上，还表现在对待像西比奥这样一个出身高贵、战功累累的将领身上。在朱巴国王到来之前，西比奥一向是穿着紫色帅袍的。但是，朱巴常常穿紫色的衣服。为了成全这个极傲慢无理的人，西比奥只好委曲求全，从此改穿白色的衣服。

西比奥知道，面对恺撒这样强大的对手，自己暂时还需要朱巴。所以，他只好尽力克制对朱巴的不满，以免引起内部纷争，给恺撒以可乘之机。

第二天，朱巴国王从营寨里调出了所有的军队，准备再次与恺撒决战。他们占据了距恺撒营寨不远处的一座山丘，列开了阵势。恺撒也率军出击，在防御工事处严阵以待。恺撒认为，敌人仗着如此强大的兵力，一定会主动进攻。于是，他命令全体将士原地不动，以逸待劳。恺撒不主动出击还有一个原因：在乌兹塔镇驻有西比奥的军队，正处在他的右翼。他深恐自己向前推进过深，西比奥会乘机冲出来，向他的右翼发动猛攻，那样他就会腹背受敌。更重要的是，西比奥的阵前地势崎岖不平，既不利于冲杀，也恐怕有埋伏。

现在看来，各方都按照有利于自己的形势进行了排兵布阵。西比奥的正前方是他自己和朱巴的军团，之后是努米堤亚亚人组成的后备军，他们的阵形非常稀疏，但却拉得很长。从远处望去，恺撒觉得敌军中央部分似乎只是由一列士兵组成的。西比奥把他的战象等距离地分开布置在左翼和右翼，战象后面安置着轻装步兵和努米堤亚亚同盟军作为后援。西比奥又把自己的全部骑兵布置在右翼，因为左翼有乌兹塔镇掩护。此外，他还把一些努米堤亚亚骑兵和不计其数的轻装步兵布置在右翼作为掩护，相距中心军队至少有 1 罗里。他希望，在两军进行肉搏战时，这些兵力能从右翼包围恺撒。

面对对手的阵势，恺撒对自己的军队做出了这样的安排：左翼是第 10 军

今人复原的古罗马军队重装步兵组成的密集盾阵。在近身格斗时，古罗马重装步兵使用巨大的盾牌掩护自己，用从盾牌之间的空隙伸出西班牙双刃短剑对敌军士兵进行刺杀

团、第 9 军团；中央部分分别由第 25 军团、第 29 军团、第 13 军团、第 14 军团、第 28 军团和第 26 军团镇守；至于右翼，他只布置了一些老兵和新兵。恺撒把他的第三列兵力集中放置在左翼，一直延伸到中央部分的军团。也就是说，恺撒的左翼军队是由三种力量组成的。之所以这样布置阵线，是因为他的右翼有防御工事，而他的左翼却面对着敌人规模庞大的骑兵。最后，恺撒又把第 5 军团派去支援左翼，还将轻装步兵穿插在骑兵中间。弓箭手则在战线各处占据了阵地，主要排布在两翼。

双方的阵线已经明晰，但谁都没有先发起进攻的意思。他们就这样对峙下去，中间只隔了两百多步。恺撒的士兵从清晨一直坚持到现在，已经精疲力竭了。正当恺撒想把他的军队带回堡垒时，远处突然杀出了努米堤亚亚人和盖图利人的骑兵。拉比埃努斯的骑兵则仍坚守在阵地上，牵制住恺撒的军队。

就在这时，也不知道是由于过分紧张还是过分兴奋，恺撒的部分骑兵和轻装步兵，竟然在没接到军令的情况下就冒冒失失地冲了出去，越过沼泽，深入敌军战线。但是，恺撒的骑兵数量太少，实在寡不敌众，只好被迫丢掉轻装步兵，又败退了回来。恺撒的军队因此而损失了 1 名骑兵和 27 名轻装步兵。这场胜利让西比奥欣喜若狂，但他心里很清楚，这种胜利毕竟只是偶然事件，而偶然事件不可能经常发生。

第二天，恺撒就替这些轻举妄动的士兵出了口气：他的骑兵到勒普提斯去取粮食时，正好遇到 100 名努米堤亚亚人和盖图利人的骑兵。罗马骑兵趁势发起进攻，杀死了部分敌人，又把其余人都活捉过来。此外，恺撒每天都把军队带到平原上去修筑工事，将他的壁垒和壕堑一直延伸开去，横贯于这片平原的中部，以阻止敌人的突然出击。西比奥也下令修建工事与恺撒对峙。虽然双方的将领都把全力放在修筑工事上，但彼此之间骑兵的战斗仍然每天不断。

陆地上双方剑拔弩张，而在看似平静的海面上，也暗藏着许多杀机。为了平稳地度过冬天，瓦鲁斯把舰队拖到了乌提卡海滩上。当听到恺撒的第 7 军团和第 8 军团正从西西里赶来时，他当即决定带着盖图利的桨手和船员们上船，55 艘战舰从乌提卡出发，设下陷阱等候第 7 军团和第 8 军团的到来。恺撒对此并不知情，只是派卢奇乌斯·基斯皮乌斯带着 27 艘战舰的舰队负责塔普索斯附近海域的警戒，以保护自己的运输队。他又派昆图斯·阿奎拉带 13 艘战舰到哈德鲁墨图姆去。基斯皮乌斯很快就赶到了塔普索斯，而阿奎拉却因为风浪，无法绕过海峡，只好在港湾里躲避风浪。恺撒其余的舰队都停泊在勒普提斯以外的海面上，桨手们在岸上到处闲荡，有的人甚至到镇上去找吃的，船上一个守卫都没留下。瓦鲁斯得知此事，就带着他的全部舰队从哈德鲁墨图姆的内港里开出来，把恺撒停泊在勒普提斯以外的海面上的运输船全部烧光，兵不血刃地俘获了两艘五列桨舰。

侦察兵很快把这个消息报告给了恺撒，而这时恺撒正在自己的防御工事上巡视，距勒普提斯有 6 罗里。他立刻停止了手头的一切工作，快马加鞭赶向勒普提斯，并命令所有船只跟随自己出战。恺撒登上一艘小船，航行途中正好遇上因寡不敌众而一筹莫展的阿奎拉。接过了这支惊慌失措的舰队，恺撒继续向敌舰追去。瓦鲁斯并没有料到恺撒会如此迅速地率领援兵杀到，便急忙带着他的舰队掉头，向哈德鲁墨图姆逃跑。恺撒紧紧追赶了4罗里，夺回了1艘五列桨舰，舰上除了它原来的全部船员以外，另有敌方的130名监守人员。此外，恺撒还捕获1艘敌方掉队的三列桨舰，俘获了船上全部舵手和船员。敌方其余的舰只绕过海峡，躲进了哈德鲁墨图姆港。这时天色已晚，恺撒唯恐遭到埋伏，便让自己的军队原地抛锚，度过了一夜。次日天色刚破晓时，恺撒率大军杀到哈德鲁墨图姆，把外港的运输船全部付之一炬。由于其余的船只不是被敌人抛到了岸上，就是蛰伏在内港，恺撒没有机会下手，于是收兵回营。

恺撒在这次海战中俘获了一些战俘，其中有一个叫普布利乌斯·利伽里乌斯的人。他本来是阿弗拉尼乌斯的党徒，在西班牙曾经被恺撒释放，后来又投奔到了庞培的帐下，法萨罗战役后再次出逃，逃到了阿非利加的瓦鲁斯这里。恺撒岂肯饶恕这等反复无常的小人，当即下令将其处决。还有一个叫普布利乌斯·维斯特里乌斯的人，却得到了恺撒的宽恕，不仅因为他的兄弟在罗马为他付出了规定数目的赎金，而且他本人的求情陈述也使恺撒感到满意。他说，他是被那西狄乌斯的舰队俘虏的。正要被处死时，瓦鲁斯好心救了他，他为瓦鲁斯卖命完全是为了报答救命之恩。

阿非利加的居民有一个习惯，就是在自己的居室中修筑一个地下室，为积储粮食之用，为的是防备突如其来的战争或不期而至的天灾。恺撒知道了这个习俗，就派两个军团随同骑兵到10罗里之外的村庄去搜集粮食。拉比埃努斯得知了恺撒的计划，考虑到己方与村庄的距离远远比恺撒到村庄的距离近，所以带上了两个军团在恺撒的必经之地设伏。

世上没有不透风的墙，恺撒从逃亡来的村民口中得知了拉比埃努斯的行动，顿时心生一计。他故意命令两个军团耽搁几天，让拉比埃努斯的士兵们

罗马军团重装步兵的单兵装备：这名摘下了金属头盔的罗马军团重装步兵，身着锁子甲、青铜腰带，武器装备包括长形盾牌、西班牙双刃短剑、匕首和两种不同形制的标枪。图片右部展示了这些装备的细节，包括锁子甲的环扣方式，两种不同形制的西班牙双刃短剑，标枪金属部分与木杆部分的连接方式，三层木片制成的盾牌与覆盖的毛毡和皮革

每天都在埋伏中等待，因此也就逐渐漫不经心起来。几天后的早晨，恺撒突然下令，让3个老兵军团和部分骑兵从后营杀出去，偷袭了隐藏在山谷里的伏兵，歼灭敌军500人，残余敌军四散奔逃。拉比埃努斯眼看着自己的计谋被识破，赶紧带上骑兵赶上来增援。恺撒见状，不慌不忙地命令军队列阵。拉比埃努斯唯恐吃亏，又撤了回去。打了胜仗的恺撒也高高兴兴地返回营寨。前线战败的消息传来，朱巴国王怒不可遏，把那些擅自离开阵地逃回自己营寨的努米堤亚亚士兵统统处死。

此时，恺撒的军队中的粮草已经严重不足了。为了收集粮草，恺撒除了留下部分守军外，把其余的将士全部带出营寨。然后，他令人纵火烧掉了空下的营寨，趁着夜色赶到了阿伽尔镇。该镇经常受到盖图利人的骚扰，镇上的居民在竭尽全力进行守卫。恺撒在平原上修起一座营寨，然后带着部分将士到周围的农庄去收集粮草。这一趟还真是大有收获，将士们发现了大量大麦、油、酒、无花果和少许小麦，恺撒让士兵们吃饱喝足后，又返回营寨。这时，西比奥已经得知恺撒转移了营寨，就率军尾随恺撒越过山岭，在距恺撒6罗里之外的地方安下营寨。

在距离西比奥只有10罗里的地方，有一个名为泽塔的市镇。而恺撒的营寨距离这里则有14罗里。西比奥便利用地理优势，派两个军团到泽塔收集粮草。恺撒的侦察兵把这个消息带了回来。兵贵神速，恺撒马上把自己的营寨从平原转移到山上更为有利的地点，留下一支军队负责守卫。凌晨，恺撒率领其余军队出发，越过敌军的营寨，神不知鬼不觉地占领了泽塔。这之后，恺撒发现西比奥的军队正在远处的田里收割，就打算将其消灭。这时，西比奥的援军已经赶到，恺撒便放弃了这个想法。

这时恺撒不得不面对一个问题：若想从泽塔撤兵回营，必须经过西比奥的营寨，那必然又是一场恶战。恺撒正盘算着如何迎敌，拉比埃努斯和阿弗拉尼乌斯突然带着他们埋伏在附近山里的全部骑兵和轻装步兵杀了出来，攻击恺撒的后军。恺撒令骑兵顶住，并命令步兵卸下随身带的战利品，迅速参与作战。

这样，恺撒仅用了一个反击，就把敌人全部赶到了山下去。他刚刚重整军队准备赶路，拉比埃努斯又从附近的山里飞快地杀了回来。这次，他们依然只攻击后军，但再次被恺撒轻易杀退。接下来，只要恺撒准备行军，拉比埃努斯就会从暗地里杀出，进行骚扰。拉比埃努斯绝不向前靠近，只是用标枪刺伤恺撒的军队的马匹。经过一番观察，恺撒很快就识破了拉比埃努斯的诡计：其实他是想把恺撒逼到一处寸草不生的地带去扎营，好将恺撒活活困死。

转眼间，夕阳已西下。看到骑兵的马匹遭受了重大损失，恺撒就把他们从后军调到前面来，而把前队改为后队。这时，努米堤亚亚骑兵队伍抢在前面，沿着山岭不断地忽左忽右奔驰，企图仗着人多势众，把恺撒的军队包围起来。恺撒腹背受敌，但他的军队毕竟是身经百战的，即使这样拖拖拉拉地行军，也最终走完了全程，于夜间返回了营寨，没有士兵阵亡，只有10个人受伤。拉比埃努斯计划失败，除了追得精疲力竭以外，还损失了300人，另有很多人身负重伤。西比奥本来已经把军队和象群一起带了出来，但看到恺撒已经安全回营，只好悻悻而归。

战事稍稍缓和下来，恺撒利用这段时间训练自己的军队，以应对接下来的战事。按照恺撒的训练方式，训练官对军队采取了诸如前进、后退、攻击等诸多动作和细节方面的训练，就像训练新兵一样。恺撒选择这样的方式训练，是因为上次的战斗使他认识到，敌军轻装步兵之所以给他的骑兵带来极大的麻烦，是因为敌军常常用投枪杀死己方骑兵的马匹。而骑兵一旦失去马匹，不得不在平地上战斗时，他们也就没有了机动性可言。也就是说，如果没有重装步兵的支援，恺撒的骑兵就不是敌军骑兵和轻装步兵的对手。更令恺撒担心的是，敌军的战斗力究竟怎样，他仍旧不了解。如果对方的骑兵和神出鬼没的轻装步兵也有重装步兵支援，恺撒将会非常麻烦。此外，敌军的战象也让恺撒焦虑不安，它们的身形巨大，对罗马士兵形成了巨大的心理威慑。不过恺撒自有办法，他命人到意大利去，越海运几只象回来。他让士兵们了解这些动物的外形和脾气，它们身躯的哪部分容易遭到矢矛伤害，当它

图为布匿战争时期，击溃了罗马军队的迦太基战象。战象相当于古代战争中的"坦克"。这些庞然大物在战场上横冲直撞，背上乘坐的士兵还可以居高临下地射箭或投掷标枪，会对敌军士兵造成巨大的震撼。尤其是初次遭遇战象的士兵，几乎都会一触即溃。骑兵的战马也都非常害怕从未见过的战象，并不适应大象的气味。当然，战象也有其弱点。大象对疼痛非常敏感，而且十分怕火。因此，密集地投射箭雨或标枪，以及火攻，都可以击败战象。因疼痛而失去控制的战象会不顾一切地掉头逃跑，从而伤及使用战象一方的军队

们身披甲胄时，身体的哪部分没有遮掩等等。更重要的是，恺撒要让战马从此习惯这些动物的气味、吼声和形状，不再对其感到恐惧。训练的效果很明显，士兵们甚至敢用手去摸战象了，也了解到它们的动作非常迟缓；骑兵们经常练习着用钝头的标枪向它们进行投掷，就连马匹也都已经适应了它们。

有一天，有位使者从毗邻泽塔的一个叫作瓦伽的市镇赶来，恳请恺撒出兵相救。因为朱巴国王想去攻取瓦伽，得手之后还要屠城。作为回报，使者代表瓦伽的首领答应把许多重要战略物资支援给恺撒。此时有侦察兵报告说，朱巴国王已经在去瓦伽的路上了。在仔细地分析了当时的战局后，恺撒倒并不急于先去解瓦伽之围，反而领兵率先攻打西比奥。

3月21日这一天，恺撒大军举行了出征仪式。第二天，恺撒就带领全体

将士来到西比奥营寨前两罗里的地方布好阵势。他们叫了一天的阵，可西比奥就是不出兵应战。23 日，恺撒干脆不再叫阵，直接出兵去夺取萨苏拉镇。因为那里储存着西比奥的大量粮草，不过西比奥早已留了一支努米堤亚亚军队驻守萨苏拉。拉比埃努斯得知恺撒要兵取萨苏拉，也赶紧带着骑兵和轻装步兵赶来骚扰恺撒的后军，还把在恺撒的军队中用车子载货物的随营小贩和商人们的辎重都劫了去。拉比埃努斯认为恺撒的士兵负重、连日行军，必定已经非常疲惫，战斗力定会大打折扣。然而，恺撒早已对拉比埃努斯可能的偷袭做出了防范，他事先下令每个军团必须有 300 个人轻装前进。当拉比埃努斯从后方掩杀上来时，恺撒就命令这些士兵去对付拉比埃努斯的骑兵，以支援己方骑兵队。这个战术是拉比埃努斯万万没有料到的，他的军队顿时军心大乱，四散奔逃，被杀死、杀伤的人不计其数。杀退追兵后，恺撒继续赶路。拉比埃努斯重整人马后，也没有放弃对恺撒的骚扰，仍然在恺撒军队的右侧沿着崇山峻岭尾随前进。

到达萨苏拉后，恺撒立刻发起了如潮水般的进攻。负责守城的是一名多年跟随西比奥作战的老兵，名叫普布利乌斯·科涅利乌斯。虽然他骁勇善战，但最终还是寡不敌众，战死疆场。破城后，恺撒把粮食分给了士兵，次日赶到提斯德拉镇。守卫提斯德拉镇的是孔西狄乌斯率领的一支庞大的驻军和由他自己的角斗士组成的卫队。恺撒观察了提斯德拉镇的地势，发现镇外的饮水严重不足，不利于发动进攻，于是就缓缓地退了兵。这时，西比奥也带兵回到了自己的营寨。

一天，侦察兵给恺撒带来了一个振奋人心的消息，原来努米堤亚亚沿海地区一个叫塔贝那的城市发生了起义，塔贝那人杀掉国王的守军，派使者来见恺撒，请求恺撒接受他们的投诚。恺撒表示赞赏塔贝那人的做法，派马尔基乌斯·克里斯普斯带 3 个步兵大队、一些弓箭手和攻城机械到塔贝那去负责守卫。好事成双，就在恺撒兵不血刃地占领塔贝那时，之前所有那些因生病等种种原因没能与恺撒一起来阿非利加的士兵陆续赶到，总计有 4000 名步兵、400 名骑兵、上千名投石手和弓箭手。兵员得到了充分的补充后，恺撒把全部军队都带了出来，在离西比奥只有两罗里的平原上列开了阵势。

在西比奥的营寨下方，有一座叫特格亚的市镇，市镇里驻守着西比奥的一支约 2000 名骑兵的守卫队。西比奥把这支骑兵调了出来，在特格亚的左右两侧一字排开，他自己的军团也被领出营来，前进了 1 罗里左右，在一座山坡上布下阵来。西比奥并不主动进攻恺撒，双方再次陷入了僵持，时间一点点过去。最后，恺撒率先下令，让自己的骑兵队去进攻在特格亚两侧的敌军骑兵，还派出轻装步兵、弓箭手和投石手前去支援。拉比埃努斯手下的帕基德尤斯不慌不忙，稳住阵脚，奋勇拼杀，把他的骑兵向两侧伸展开，试图包围恺撒的军队。恺撒看清了帕基德尤斯的意图，遂命令阵前由 300 名轻装步兵组成的军队前去支援骑兵。在战场的另一面，拉比埃努斯也派出更多骑兵上去支援自己的军队，新投入战场的骑兵把之前的骑兵换了下来，保证了队伍的体力和斗志。随着战斗的进行，恺撒的四百骑兵渐渐体力不支，抵挡不住敌军的压力，稍稍后退了一些。恺撒认为时机已到，打出了另一张牌，派出了更多的骑兵迅速冲上去支援。两支军队合成一体，顿时爆发出惊人的战斗力，杀死、杀伤了无数人，直把剩下的敌军追到了 3 罗里以外的山坡上，才退回自己的阵地。在这次战斗中，帕基德尤斯被一支标枪穿透头盔，头部受了重伤。

经过这次惨败，拉比埃努斯再也不敢轻举妄动。无论恺撒如何叫阵，拉比埃努斯就是闭门不出。恺撒的军队缺乏饮水，不敢离敌人太近。见强攻不行，恺撒心生一计：围城打援。

4 月 4 日，恺撒率兵离开阿伽尔。连夜赶了 16 罗里之后，军队在塔普索斯附近扎下营寨。这里由维吉利乌斯带着一支非常庞大的军队驻守。稍稍调整后，恺撒下令攻城。双方打得不可开交，维吉利乌斯赶紧派人向西比奥告急，西比奥不忍心丢失最忠实于自己的部下，迫不得已只能与恺撒正面交锋。他迅速行军，在距塔普索斯 8 罗里之处修筑了两座营寨。

在西比奥的营寨附近有一片盐池，盐池和大海之间有一条不到 2.5 罗里的狭窄陆地，西比奥企图从这条狭窄的陆地通过，去援助塔普索斯人。恺撒早有防范，几天前就在西比奥的必经之地留下了 3 个大队负责守卫。而他自己则带着其余的军队建造起一座新月形的营寨，并且用一系列的工事包围了塔普索斯。计划落空后，西比奥只好从北面绕过这个盐池。经过一天一夜的行军，直到天色破晓时，才在距离恺撒的营寨和工事不远的地方扎下营，并筑好工事。得知这一情报后，恺撒把军队从正在修筑的工事上抽了回来，留下两个军团交给代行执政官阿斯普雷那斯，以便守卫营寨，而他自己则带着轻装军队迅速向西比奥的营寨赶去。恺撒有部分舰队留在塔普索斯海上，其余的舰队也都开到敌人背后去，尽量靠近海岸。等恺撒发号施令，战舰就会一齐上阵，杀西比奥个措手不及。

转眼间恺撒就杀到了西比奥的营寨前，见到西比奥早已是严阵以待，战象分别布置在左右两翼。恺撒把自己的军队排列成三列，第 7 军团和第 10 军团在右翼，第 8 军团和第 9 军团在左翼，在两翼中各布设第 5 军团的 5 个大队，用来对付战象。弓箭手和投石手也都布置在两翼，轻装步兵则穿插在骑兵中间。接下来，恺撒做了最后的誓师演讲，提醒老兵们不要忘记过去战斗中的勇敢，鼓励新兵们向老兵学习，要他们竭力争取胜利，从而使自己能在荣誉上、地位上、声名上和老兵们媲美。

在做誓师演讲的同时，恺撒注意到在营寨附近的敌人已经非常焦躁了。他们惊惶地到处乱跑，一会儿退进营门里去，一会儿又乱七八糟地蜂拥而出。恺撒的将士们也注意到了这一点，几位副将和老兵再也无法抑制住激动的心情，恳请恺撒迅速发令进攻。而恺撒却很镇静沉稳，他竭力控制住将士们的情绪，叫大家不要轻举妄动，说他自有安排。恺撒一直压住自己军队的阵脚，不让士兵乱动。出乎意料的是，在大家的催促之下，右翼军队的一名号手不经命令就突然吹起进攻号来，各个大队都开始向敌人冲去。尽管百夫长们在前面尽力阻拦，试图制止士兵们的冲锋，但无济于事。

恺撒意识到冲锋再也无法阻拦，索性大喊一声："让神助我们胜利吧！"然后亲自率军向敌人的第一列杀去。恺撒右翼的投石手和弓箭手向西比奥的战象进行密集攒射，这些战象被投射过来的石块和箭雨吓得掉头就跑，踩死了大量己方士兵。西比奥的将士们看到自己仰仗的战象逃走了，就也跟着溃败下去。有些人逃得不知所踪，有些人逃到了前一天扎下的营寨里。

这时，西比奥最不想丢失的塔普索斯也发生了骚乱。原来，负责守卫的那些人看到西比奥大败，觉得无力抵抗恺撒的军队，就都逃了出去自寻生路。他们从面朝海的那个城门突围出来，企图逃到对岸去，但是被奴隶投掷的石块和标枪阻挡住了。他们不能上岸，因此又折回塔普索斯。

西比奥的军队已经是溃不成军，恺撒在后面紧紧追赶，不让他们有喘息的机会。败兵们逃回到自己前一天扎的营寨之后，却找不到西比奥，群龙无首，只能继续往朱巴国王的营寨逃去。刚逃到了国王的营寨，就发现该营寨已经被恺撒占领。万念俱灰之际，败兵们只好缴械投降。可即使这样，他们也没能保

今人复原的古罗马军队百夫长。百夫长是古罗马军队中的职业军官。通常情况下，每个百夫长负责指挥 1 个百人队，也有少量较高等级的百夫长会指挥 1 个步兵大队或担任军团的高级参谋

住性命。因为恺撒的军队中的一些老兵与他们积怨颇深，在没有接到恺撒命令的情况下，就开始屠戮降兵。虽然恺撒恳请老兵们放下屠刀，但所有降兵依然无一幸免。

　　经过这次战斗，恺撒占领了 3 座营寨，歼灭西比奥和朱巴的军队共 1 万多人，而自己只损失了 50 名士兵。之后他乘胜追击，率兵来到了塔普索斯城前，然后把他俘获的 64 头战象在城前一字排开，为的是让守将维吉利乌斯知道西比奥战败，赶快开门投降。但是，维吉利乌斯始终不为所动。

扫荡残局

　　敌人一路败逃，该是恺撒收拾残局的时候了。小加图和朱巴自杀，西比奥葬身海底。努米堤亚亚成了罗马的行省，罗马人用盛大的凯旋仪式迎接恺撒，并把他奉为神明。恺撒还邀请他的女王情人来罗马做客，荣誉和天伦之乐让他经历了人生最甜美的一段时光。

　　第二天，在向神献祭了之后，恺撒特意挑选了远处的一座高山来召开表彰大会，塔普索斯城里的居民和守兵都看得清清楚楚。恺撒首先表扬了士兵们的英勇善战，然后奖赏了全部老兵，当场就在将坛上给那些最为勇敢的人和有卓越功绩的人发了奖酬。之后，恺撒离开了塔普索斯，只是派执政官雷比卢斯带3个军团留下来攻城，派格涅乌斯·多米吉乌斯带两个军团留下来围攻由孔西狄乌斯把守的提斯德拉。然后，他又派马尔库斯·墨萨拉带着骑兵先行，奔向乌提卡。随后，他自己也率军一同前去。

　　从西比奥军中逃散的一些败兵也向乌提卡的方向逃去，到达帕拉达镇。恺撒也很快赶到了帕拉达，并一举将其攻下。然后，败军一直向乌提卡奔去。之前，负责守城的小加图认为这些乌提卡人曾经从恺撒制定的法律中得到过好处，只是迫于他小加图的威慑，才违心地听命于他的。因而，他把城里手无寸铁的平民全都赶到城外，在贝利加外筑了一座营寨给平民们居住。然而乌提卡的长老会成员就没那么幸运了，他们被小加图残酷地扣押了起来。西比奥的士兵们知道营寨里的平民心向恺撒，便想攻破这道营寨，屠杀平民，以解心头之恨。那些乌提卡的平民从恺撒的胜利中得到鼓舞，他们用石块和棍棒击退了这些西比奥士兵。见无法夺下营寨，士兵们只好转而来到乌提卡城，在城里屠杀那些剩余的平民。小加图完全无法说服这些人停止屠杀和抢劫，和自己合作守卫这座城市，就只好发给他们钱财，以满足他们的贪欲。士兵们的统帅福斯图斯·苏拉也照样，把钱财发给部下，然后跟部下们一起离开乌提卡，到朱巴的王国里去。

　　西比奥已经战败，恺撒正在向乌提卡追来。小加图十分惊恐，他预感到乌提卡朝不保夕，就把所有逃亡过来的人和那些屠杀平民的士兵都召集起来，又释放了所有的奴隶，想让众人一同守卫城市。然而，只有少部分人愿意与乌提卡共存亡，大部分人只想逃命。小加图无奈地将船只发给这些人，让他们想逃到哪儿就逃到哪儿去。他本人则平静地等待着恺撒的到来。

傍晚时分，小加图像往常一样用晚餐，并和身边的人闲谈着，丝毫没有流露出慌乱的神色。当他们谈到什么才是真正的自由时，小加图说，只有良善的才可能是真正自由的。看着身边的人都无心与他闲聊，小加图十分恼火。他压制住内心的不满，把晚餐推向一边，起身走出屋外。

望着一片混乱的乌提卡，小加图叹了叹气，神情凝重。身边的人不知道该对他说点儿什么，就都沉默着退下了。

夜已深，小加图回到卧室准备休息。他发现通常放在床边的短剑不见了，就勃然大怒，冲出门来，一把揪住侍从，大声喊道："为什么拿走我的短剑？如果我遭人攻击，我拿什么反抗？"

看到小加图暴跳如雷的样子，侍从胆战心惊，但还是对着愤怒的小加图请求道："大人，短剑我已经收好了。您还是不要带着它睡觉吧，好吗？"

听到侍从这样说，小加图的火气更大了，他更加高声地吼道："去给我把短剑拿来，我决不能赤手空拳地等死。"

"大人，我是怕您自寻短见。我把短剑拿来给您，但您一定不能自杀呀！"

"如果我想自尽，难道我就没有其他办法了吗？你能阻止得了我吗？去，把短剑给我拿来！"

接过短剑，小加图返回卧室，把剑放在惯常放的地方，拿起床头的书开始阅读。

这是小加图多年来养成的习惯，每天睡觉前，都要阅读。

当四周安静下来的时候，小加图拿出短剑，刺向自己的腹部。鲜血顿时喷涌出来，小加图倒在了血泊之中。

听到声音的侍从马上冲进屋里，叫来医生为小加图包扎伤口。还没有断气

17 世纪法国画家勒布朗的美术作品《小加图自杀》

的小加图推开医生，用尽力气撕下绷带，把手插到腹内，撕裂内脏，直到死去。

当恺撒进入乌提卡时，全城一片哀悼的气氛。对于小加图的死，恺撒很悲痛。在海边举行的葬礼上，恺撒致了悼词："我嫉妒你已死去，正如你嫉妒我有饶恕你的机会一样。"

小加图壮烈的死让恺撒很不喜欢。可以说死后的小加图仍然是恺撒最顽强的敌人。

尽管乌提卡人痛恨小加图，但因为他那完全不同于其他领袖的正直，也因为他曾经给乌提卡建筑了出色的防御工事，所以乌提卡人仍旧依礼制安葬了他。小加图十分信任的财务官卢奇乌斯·恺撒此时却背叛了他。小加图自杀后，卢奇乌斯把乌提卡人召集起来开会，鼓励大家把所有的城门都打开，并说他对恺撒的仁慈很有信心。城门打开后，卢奇乌斯亲自跑出乌提卡，迎接统帅恺撒。这时，墨萨拉正奉命来到乌提卡，就代表恺撒率领大军进了城。

此时，恺撒已经顺利地占领了塔普索斯和哈德鲁墨图姆，缴获了西比奥的大量战略物资，并俘获了孔西狄乌斯的儿子盖尤斯·孔西狄乌斯。虽然孔西狄乌斯是恺撒强劲的对手，但仁慈的恺撒依然饶恕了他儿子的性命。

次日清晨，恺撒进驻乌提卡，随即召开了会议，向乌提卡的居民们讲了一番鼓励的话，并对他们的一片热忱表示了感谢。对于在乌提卡的罗马公民，以及那些曾经资助过瓦鲁斯和西比奥的人，恺撒给予了严厉的斥责。不过，他还是告诉他们不用担心自己的性命，只是要他们把财产拿出来出售。这些人吓得面容惨白，为了保命，他们当然愿意接受恺撒开出的条件。他们请求恺撒定出价码，他们来集体给付。恺撒要求他们付给罗马人民两亿塞斯特斯，在 3 年里分 6 次付清。他们毫不犹豫地接受了，还欣然向恺撒表示感谢，说这是他们重新做人的一天。

落魄的朱巴国王和佩特列优斯从战场逃出来后，白天隐藏在农舍里，晚上赶路，终于回到了自己的领土，来到了一座叫扎马的城市。朱巴把从全国搜刮来的所有财物都集中在这里，而且从战争爆发时就筑起了强大的防御工事。然而，扎马的居民却非常憎恨朱巴。朱巴在刚开始和恺撒为敌时，就收集了大量木材，垒在了扎马城中心。他打算，如果输掉了战争，就把自己所有的东西都堆到木材上。然后杀掉全体市民，尸体也丢到木材上，再点起火，付之一炬。最后，他本人和他的子女、妻妾也都要葬身火海。因此，当听说恺撒取得了胜利时，扎马市民都极其欢喜，坚决不让朱巴进城。朱巴在城门前逗留了很长时间，摆出国王的架势来威胁扎马市民。见没人理睬，他只好放下架子，可怜兮兮地恳请扎马市民让他回家。但扎马市民就是不为所动，最后甚至拒绝了朱巴要回妻妾、子女的要求。朱巴一无所有地离开扎马，带着马尔库斯·佩特列优斯和少数骑兵赶到他在乡间的家里去。

见朱巴国王已经黯然离去，扎马的使者赶紧来到乌提卡见恺撒，请求恺撒在朱巴国王还没有集合兵力之前给他们派去援军，并许诺只要扎马没被朱巴攻取，扎马就属于恺撒。恺撒表扬了使者，让使者先回到扎马，表示自己随后就到。次日，恺撒带着骑兵离开乌提卡。一路上有许多原属于朱巴国王的军队向恺撒投诚。恺撒早已声名远扬，所以当他到达扎马后，他受到了空前热烈的欢迎。

战争的结局传到了孔西狄乌斯的耳朵里。此时，他正带着自己的奴隶、角斗士和盖图利雇佣兵守卫着提斯德拉。这位久经沙场的战士感到了绝望，于是放弃了这座城镇，带着少数蛮族军队和大批金钱，偷偷逃到了朱巴的国境去了。万万没有想到的是，跟他一起逃跑的那些盖图利雇佣兵贪图他的财富，把他杀死后分了赃，然后各奔东西。此时，盖尤斯·维吉利乌斯知道陆路和海路都已被封锁，自己的同党不是已被杀死就是逃走了，朱巴国王那支曾经不可一世的军队也灰飞烟灭了。他只好向正在围困他的代行执政官卡尼乌斯举起了白旗。

更可怜的是朱巴国王，所有城镇都不肯接纳他。最后，为了让人们看到他死得很勇敢，朱巴和佩特列优斯宴饮了一番，然后用剑决斗起来。结果，朱巴轻松地刺死了佩特列优斯。然后，朱巴想用剑刺进自己的胸膛，但不知为什么没有成功，他只好让他的一个奴隶把他杀死。

此时，布利乌斯·西提乌斯已经击溃朱巴的总管萨布拉的军队，并且杀死了萨布拉本人。在寻找恺撒的途中，他又伏击了福斯图斯·苏拉和阿弗拉尼乌斯，当时这两个人正带领着抢劫乌提卡的那支军队赶往西班牙。阿弗拉尼乌斯和福斯图斯被活捉，几天后军队中发生了争执，这两个人都被杀死。一起被俘的还有福斯图斯的妻子和孩子，恺撒饶了他们的性命，还允许他们保留自己的财物。

公元前46年4月，非洲的海面上星星点点散布着满载逃亡者的船只。西比奥、达马西普斯、托夸图斯和普莱托里乌斯·鲁斯提安努斯正乘着几艘战舰，他们想逃到西班牙去，不巧半路遇上西提乌斯的舰队。西提乌斯岂肯放过这立功的大好机会，立即指挥战舰发起进攻，西比奥就此葬身海底。

此时，恺撒在扎马拍卖了朱巴王室和将领的财产，那些虽是罗马公民、却以武力对抗他的人的财产也被卖了出去。然后，他把奖酬发给那些坚决把国王关在城外的扎马居民。恺撒还把以前属于朱巴的税收都收归己有，并把这个王国改成罗马的一个行省，让盖尤斯·萨卢斯提乌斯担任代行执政官，总揽军政大权。另外，作为罚款，他向塔普索斯人、哈德鲁墨图姆人和罗马侨民索取大量财产。但是，恺撒也保证他们的城市和财产不会受到侵犯和劫掠。至于勒普提斯人，他们的产业几年前曾经遭到过朱巴的劫掠，在他们派代表们到元老院提出控诉后，元老院指定的仲裁人已把这些产业还给了他们。恺撒这次惩罚他们每年交付大量橄榄油，因为在恺撒与朱巴进行战争时，他们的领袖之间互相倾轧，并最终与朱巴缔结了同盟。至于那些提斯德拉人，因为他们这个城镇境况不佳，仅被罚交了粮食。

做好这些安排后，恺撒于6月13日登上自己的舰队，两天以后到达撒丁尼亚的卡拉利斯。在卡拉利斯他又罚了苏尔基人10万塞斯特斯，因为他们曾经接纳过那西狄乌斯和他的舰队，还向他提供过军队。除此之外，恺撒还罚他们把过去交的什一税改为缴纳八分之一。随后，他于6月27日登船离开卡拉利斯，赶往罗马城。

经过此次战争，西比奥的势力惨遭屠戮，非洲落入了恺撒之手。恺撒把努米提亚亚作为罗马的附属国，变为"新阿非利加行省"，任命萨卢斯提乌斯为行省的长官；赦免了乌提卡人和小加图的儿子；但同时要求富有的公民在3年之内支付两亿塞斯特斯；把俘获的庞培的女儿和她的两个孩子安全地交给了庞培的儿子。

恺撒对西比奥的胜利，让人们再次相信恺撒身上的神助力量，没有人怀疑恺撒的运气。恺撒的军队也为此士气大增，充满了战无不胜的信心。

恺撒回到罗马后，罗马人为他举行了隆重的凯旋仪式。在人生中，恺撒曾经享受过凯旋仪式的待遇，当时那个仪式的规模远远超过给庞培的凯旋仪式。这次，恺撒再次享受了原本为朱庇特神举行的谢恩大典。他坐在金光闪

古罗马元老院元老浮雕。元老院是古罗马共和国和古罗马帝国的审议机构，而非立法机构。在古罗马王国时期，元老院有 100 名元老。到了古罗马共和国时期，元老的数量增加到了 300 名。恺撒当政时期，他将元老的数量增加到了 900 名

闪的战车上，前面是雍容华贵的元老院贵族，以及满载战利品的车队。后面是威武雄壮的恺撒的军队，上空回荡着雄壮悦耳的凯旋战歌。队伍中有人举着一块巨大的牌子，上面写着恺撒那句著名的话："我来了，我看见，我征服。"

凯旋队伍来到朱庇特神庙前，恺撒从容地走下战车，摘下头上的月桂冠，献给朱庇特神，以答谢朱庇特神保佑罗马人取得胜利的大恩。

每次的出征，每次的胜利，恺撒都为罗马聚敛了巨大的财富。大量的金银、物资源源不断地流进罗马的国库，而掠夺的牲畜和俘获的奴隶也为罗马人带来了巨大的福利。罗马人为此而感谢恺撒。但是，在罗马民众的心中，这次的凯旋仪式与其说象征着恺撒对阿非利加和朱巴的胜利，倒不如说是对罗马公民西比奥等人的胜利。所以，尽管元老院为恺撒举行了盛大的凯旋大典，但仍然有些罗马人对恺撒的行为感到不满。尤其是在凯旋仪式上看到恺撒令人装饰的象征小加图自杀的花车时，这些人都哭了。原本，恺撒是想让罗马民众明白，小加图作为叛乱的共谋者已经被消灭了。然而，顽固又正直的小

《恺撒的胜利》，意大利画家安德烈亚·曼特尼亚绘

加图却没有成为人们痛恨的对象。

恺撒并没有在意这些不满的情绪，与他现今所享有的巨大荣誉和手中的权力相比，这些都是微不足道的。他在意的只是这样一个事实：共和国已经被他牢牢地控制了。

元老院尽可能地讨好恺撒，他们做出决定：把朱庇特神庙中奉献铭文上的名字改为恺撒；为恺撒竖立雕像，雕像旁撰文："献给半神。"除此之外，恺撒获得了任期10年的独裁官的职位，这个任期是史无前例的。之前，在公元前48年第四次当选为执政官的时候，恺撒就已获得了任命共和国所有行政官的权力。恺撒把所有的权力集于一身，就连苏拉也不曾拥有这样的地位。现在，恺撒完全可以像一位帝王那样实施对罗马的统治，这就是他一直以来的梦想——独裁。

恺撒的政治生涯几乎到达了顶峰，但他要的还不只是这些。生活中的恺撒是出了名的情种。不论是在征服高卢的日子里，还是留在罗马，恺撒所到之处，总会给人们留下说不尽的风流韵事。在征战非洲的闲暇时间里，恺撒一直十分思念远在埃及的克娄巴特拉和小恺撒。回到罗马后，他就差人送信给克娄巴特拉，邀请她来罗马。

对于克娄巴特拉而言，能够去罗马与恺撒相会是她企盼已久的事。在恺撒离开的日子里，虽然有小恺撒在她身边做伴，但是仍然不能驱走她对恺撒的相思之苦。她梦想着有一天恺撒会捎信来让她去罗马相会，也坚信这一天一定会到来。

接到恺撒的信，克娄巴特拉欣喜若狂。她迅速地安排侍从准备去罗马的一切，以便尽快起程赶赴罗马。

罗马帝国组织了最盛大的欢迎仪式，迎接埃及女王。恺撒特意令人在特韦雷河边建造了一座别墅，并对别墅中所有物品的挑选和摆放亲自监督，以博得克娄巴特拉的欢心。

当克娄巴特拉出现在罗马城时，罗马人为埃及艳后华丽的服饰和高贵的神情惊羡不已。虽然这位女王的相貌并不算十分美丽，但是她的气质风度却让罗马人折服。

恺撒亲自迎接克娄巴特拉的到来。当看到克娄巴特拉时，他发现她还是那么的光彩照人，就如当年从地毯中出现时一样。她身边小男孩的脸和恺撒的脸极其相似，看到小恺撒，恺撒恍惚看到了童年时的自己。

在经历了无数次的征战和杀戮之后，恺撒已经完全沉浸在与自己深爱的女人在一起的欢乐之中，充分享受神赐予他的甜美生活。但是，他也清醒地知道这种日子只能是短暂的，所以对其更加珍惜。

而作为埃及女王的克娄巴特拉来到罗马，并不完全是为了与情人约会，

美国费城富兰克林学会展出的恺撒里昂雕像

她还有更大的目标——利用恺撒的势力和影响保住她的王位，扩大她的领土。所以，在罗马的日子里，克娄巴特拉小心地对恺撒察言观色，处处让恺撒开心。她不仅想拴住恺撒，也想赢得罗马人的青睐。因此，克娄巴特拉在罗马的表现并非人们所传说的那样荒淫、奢侈、恶毒，而是彬彬有礼，平易近人，处处表现出机敏和高雅。

至少在表面上，恺撒并不在乎人们对克娄巴特拉的评价，也不在意人们关于小恺撒的传言。那时，人们私底下说克娄巴特拉的本事是能够让恺撒相信恺撒里昂是自己的儿子，因为谁都认为，已经年过半百的恺撒是不会那么幸运地得到神赐之子的。

不管人们怎么说，恺撒认定恺撒里昂就是神赐福给他的礼物。在他的生命中，时时有神的护佑，这已经是不争的事实，是用无数次胜利证明了的。他为此也感激克娄巴特拉，因为那些做过他妻子的女人都没能给他生个儿子。现在，恺撒里昂将是他实现称霸世界梦想的巨大动力。

但是，与克娄巴特拉和儿子在一起的日子很是短暂。就在克娄巴特拉到达罗马后不久，从西班牙传来消息：庞培余部占领了西班牙。

原来，在恺撒取得了阿非利加的胜利后，驻扎在西班牙的两个军团内部发生骚乱。他们赶走了恺撒留任的行省长官，转而支持庞培的两个儿子，并在庞培的长子格涅乌斯·庞培的组织下，很快就组建了 13 个军团的兵力。恺撒留守在西班牙的军队无力对抗格涅乌斯，只好派人向恺撒求救。

恺撒不得不离开克娄巴特拉和小恺撒，迅速赶往西班牙。

出征西班牙

似乎是命运注定恺撒的奔忙。仅在凯旋仪式三个月后，恺撒再次出征，目的地是西班牙行省：那里，军队拥立庞培的两个儿子发动了叛乱，兵力达到十三个军团。恺撒不舍得离开，这不仅是因为牵挂情人和儿子，也因为他正在罗马实行一场政治改革。

第二十章

　　恺撒出征西班牙的时间是公元前 46 年 11 月，是在他在阿非利加大获全胜而接受凯旋仪式的 3 个月后。为了能够安心出征，恺撒对罗马的事务做了周密和精心的安排。当时，恺撒已经是第四次担任执政官，并拥有保民官的权力，元老院还把风俗长官的职位赋予了恺撒。这一职位使恺撒有权监督公民的私人生活。恺撒担心他离开之后，罗马会出现问题。所以，他把权力交给当时与他一起担任执政官的列皮都斯，并安排了几个党羽协助他，以制衡元老院的权力。

　　恺撒一边安排罗马政务，一边集结军队，并向将士们发出命令：随时准备出发。

　　出征前，恺撒像以往一样去神庙祭祀。这是罗马人的习俗，恺撒对此更是深信不疑。多年的征战，恺撒每次都能在危急关头获得神的护佑，为此他非常感谢神的恩惠。因此，每次得胜而归，恺撒都要去神庙祭拜神灵。将士们都传颂着"幸运恺撒"的称号，恺撒把这一切归功于自己家族的祖先——维纳斯神的庇佑。

　　恺撒对将要出征的将士们说："命运的力量极大，不但在每件事情上都是如此，在战争上更为突出。"他希望以此激励将士们的斗志。

　　恺撒并不想离开罗马。此时，他正在罗马实施一系列的改革。用他自己的话说，就是为了"恢复国家体制"。恺撒采取了诸多措施调整国家机构的设置，对元老院的人数进行补充，同时对罗马行省的法律、军队的要求等都做出新的规定。恺撒想利用一些改革的措施满足他的士兵的需求，分配给他们土地，向他们发放赏赐。他还希望对罗马公民的人数进行普查，鼓励罗马人

陈列于梵蒂冈博物馆的恺撒雕像

开辟移民地，减少无偿领取粮食的人口数量，对独裁官和民会之间的关系做出新的规定，而这些改革方案还远远没有实现。但是，恺撒必须即刻赶赴西班牙，因为那里更需要他。

对于恺撒来说，西班牙并不陌生。他曾经在西班牙与庞培进行过激烈的战斗。27 天后，恺撒来到了位于大西洋海岸的西班牙。

恺撒先到了副帅凯利乌斯和马克西姆斯的营地。营地位于离科尔杜巴 60罗里的欧布尔科，那是个两侧临山的河谷地带，后面是开阔的原野，在此扎营十分利于撤退。看到欧布尔科的地势，恺撒严肃地对身边的随从说："看来，凯利乌斯和马克西姆斯已经准备好撤退了。显然，他们没有足够的勇气和胆略与小庞培对抗，这哪儿像我的部下！"

在还没有见到凯利乌斯和马克西姆斯之前，恺撒接到报告：背弃庞培的科尔杜巴人派来使者要面见恺撒。恺撒立即命令把使者带来。来人告诉恺撒说：可以在夜间攻取科尔杜巴城，因为小庞培在夜间有段时间的防卫较为松散，恺撒可以利用对方的疏忽攻入城里。另外，小庞培已经在各地布置了信使，恺撒到来的消息很快就会传到他那里，所以要尽快打小庞培个措手不及。

听了信使的报告，恺撒丝毫没流露出急躁的神情。他摆摆手，叫人把信使带下去，自己陷入沉思。

目前的形势是：小庞培手中掌握着 13 个军团，而恺撒手上只有 5 个军团，就算加上凯利乌斯和马克西姆斯的 4 个军团，也不足以与小庞培对抗。面对人多势众的敌军，恺撒必须精心布置。

在凯利乌斯和马克西姆斯还没有准备的情况下，恺撒已经来到他们的营中。两人没有想到恺撒来得这么快，顿时手忙脚乱，连连向恺撒请罪。

恺撒微笑着将两人扶起，丝毫没有怪罪之意，相反给了他们充分的肯定：

"你们以这么少的兵力，牵制了小庞培 1 个多月，已经很不简单了。只是你们的布阵多少让我们的士兵有失勇气，我恺撒的部下个个都应该是无所畏惧的。小庞培虽然强势，但他们一定有弱点，我们就是要冲着他们的弱点，集中兵力，狠狠地打击他们。援军很快就会到了，我有把握，我们赢定了。"

说完，恺撒看着凯利乌斯和马克西姆斯笑了。听了恺撒的一番话，这两个人的心里轻松了许多。跟随恺撒这么多年，他们知道，只要恺撒有把握的事情，就一定能成功。恺撒的行动总是有神相助。或者说，恺撒就是神，他总能创造奇迹。

他们一起商量了一下对策，制订出了作战方案。

那时候，塞克斯图斯·庞培正带着军队驻守在科尔杜巴。科尔杜巴是西班牙行省的首府，它的战略地位和影响极大，是恺撒取得西班牙的关键。于是，恺撒决定：亲自带领两个军团连夜赶往科尔杜巴，命令凯利乌斯和马克西姆斯在西班牙境内召集骑兵支援。恺撒知道，一旦得知他亲自率兵攻打科尔杜巴，格涅乌斯·庞培一定会放弃乌利亚镇而赶往科尔杜巴给弟弟解围。因为对于他们来说，科尔杜巴同样意义重大，是不可以轻易放弃的。这样，恺撒派去的3个军团就可以趁势赶走格涅乌斯·庞培，为乌利亚镇的人解围，稳定乌利亚镇的形势。另一方面，格涅乌斯·庞培攻打乌利亚镇已经有好几个月了，也消耗了大量的粮草，现在转而朝着科尔杜巴来，必然已经实力不足。恺撒却能以逸待劳，打个措手不及，迅速将他消灭。

恺撒趁着夜色向科尔杜巴靠近。在恺撒的指挥下打仗，士兵们都非常兴奋。虽然是在深夜行军，但他们一点儿都不觉得困倦，心里充满了勇气。

在恺撒带着队伍赶往科尔杜巴的同时，卢奇乌斯·维比乌斯·帕基埃库斯奉命率军前去支援乌利亚镇。夜色里，他们悄悄接近格涅乌斯·庞培的岗哨。当时正值冬季，旷野寂静无声。忽然，狂风大作，暴雨随着狂风从天而降。冰冷的雨水很快打湿了士兵们的衣裳。

黑夜和暴雨让士兵们无法辨认通往乌利亚镇的道路，就连身边的人都看不清楚。但是，这也同样帮助他们顺利地通过了岗哨。由于风雨交加，哨兵的警戒也变得松散。他们无法看清对面的来人，只能询问暗号，而镇内支持恺撒的人早就把暗号传递给了恺撒的军队，并接应他们进了城。

城门大开，帕基埃库斯轻而易举地占领了乌利亚镇。他们在城内设防完毕，又神不知鬼不觉地出了城，向格涅乌斯·庞培的营寨冲了过去。小庞培的军队乱作一团，无法形成强有力的反击，更不知道城里还有多少恺撒的军队，只好慌忙撤退。

这时，格涅乌斯·庞培得到消息，科尔杜巴告急。就如恺撒所预料的那样，格涅乌斯不得不放弃乌利亚，朝科尔杜巴赶来。

此时，恺撒正在向科尔杜巴行军的途中，他让重装步兵走在队伍的最前面，紧跟着是骑兵，最后是步兵。起初，士兵们对这样的队形都有些不解。当他们靠近科尔杜巴时，恺撒命令重装步兵迅速隐藏到骑兵的后面。当双方开始交战时，恺撒命令重装步兵再次冲到队伍的前面。塞克斯图斯·庞培见到突然冒出来这么多重装步兵，顿时慌了手脚。他的士兵们早就听说恺撒用兵如神，总能出奇制胜。今天遭遇了恺撒的军队，发现恺撒果然像传说中一样高明，很多人顿时失去了战斗的信心和勇气。塞克斯图斯·庞培见自己无法抵挡恺撒军队的进攻，只好退守城内，等待哥哥格涅乌斯的支援，到那时兄弟两人就可以联手对付恺撒。

初战告捷，恺撒在营帐中思考着接下来的作战方案。以目前的形势看，在格涅乌斯赶来之前拿下科尔杜巴是没有把握的。因为恺撒只有两个军团，援军还需要几天的时间才能赶到。塞克斯图斯虽然初战败了，但他手中却有 6 个军团以及不少骑兵。首战失利，纯粹是因为恺撒的谋略更胜一筹，等他重新部署，必将发挥出数量优势。

如果等待援军到来之后再对塞克斯图斯发起攻击，恐怕格涅乌斯也已经赶来了。这样仍然是以少对多，恺撒的军队还是处于劣势。

怎么办？恺撒叫来副帅，把自己的想法和对形势的判断讲给他们。不等副帅们说话，恺撒忽然站起身来，直接下达了命令：阻击格涅乌斯，在他与塞克斯图斯联手之前，消灭他！

要阻击格涅乌斯，必须要经过拜提斯河。恺撒率领军队来到河边。由于

格涅乌斯·庞培，庞培的长子，古罗马共和国政治家、将领。在埃及人杀死了庞培之后，格涅乌斯·庞培从非洲转战西班牙，不断地起兵反抗恺撒

连日的暴雨，河水很深，而且士兵中有一些人不会游泳，因此大军无法涉渡。

望着湍急的河水，恺撒思索着如何才能让军队顺利渡河。看来只有一个办法：架桥。

在征战高卢时期，搭桥是恺撒的军队时常采用的渡河办法。这次恰逢冬季，河水冰冷，士兵无法下水打桩。

恺撒看看脚下，发现暴雨冲走了岸边的淤泥，而留下的是碎石块。于是，恺撒有了主意。他命令士兵把装满石块的箩筐沉入河中，然后在它们的顶上架上柱木，就这样筑起一座临时的桥。军队顺利地渡过了河，然后把桥拆毁，以防止塞克斯图斯过河接应格涅乌斯。

队伍继续前行，又来到一条河边。这次，恺撒没有率先过河。他知道，这里是格涅乌斯的必经之路，只要守住河上的桥，格涅乌斯就无法去增援塞克斯图斯。而恺撒的身后是一片平坦的开阔地，十分便于调动军队。

在恺撒到达这里的第三天，格涅乌斯来到了对岸的小镇。见恺撒驻守在河的另一侧，他知道无法从恺撒的鼻子底下通过，不得不另作打算。

恺撒知道自己手头的兵力无法与对手抗衡，因此并不急于主动进攻，只采取防守的策略，等待格涅乌斯·庞培率先进攻，从而利用地形的优势拖垮敌军。恺撒开始修筑工事，延伸至桥梁的另一端，以切断格涅乌斯·庞培和市镇以及兄弟间的联络。

但是，格涅乌斯知道恺撒历来诡计多端。因此，他也采取了观望和防守的办法，不主动进攻，并仿造恺撒的做法修筑工事。这样，双方展开了一场修筑工事的竞赛，并时常发生局部交战。每次双方的士兵都在桥上扭作一团，常有人失足掉入河中淹死。

河中的尸体一天天多起来。恺撒见状，认为必须尽快把格涅乌斯引到河的这一边，这样就可以利用身后平坦的开阔地将他消灭。但是，用什么办法把敌人引出来呢？

恺撒冒险采取了下一步行动：带领军队冲过桥，在格涅乌斯工事前的山坡上扎营，布置好骑兵、步兵的位置，作为据点和岗哨，并在晚上把火点得通明。

第二天，大雾弥漫。格涅乌斯的军队悄悄地靠近恺撒的军营，将恺撒的骑兵包围起来，大肆砍杀，很少有人幸免。

与格涅乌斯的第一次遭遇战，恺撒惨败。他带领军队向远处转移。格涅乌斯以为恺撒受到重创，急需补充兵力，短时期内无力与他对抗。于是，他带领军队过河，直奔科尔杜巴，想要与塞克斯图斯会合。他打算长期与恺撒的主力对抗，直至消灭恺撒，或者与恺撒同归于尽。总之，庞培家族与恺撒之间要有个彻底的了结。

格涅乌斯把营寨驻扎在阿特瓜和乌库比之间。这里地势高，且土地肥沃、水源充足，四周有山岭作为天然屏障，极易防守。而不远处的阿特瓜，正是格涅乌斯的粮草储备地。刚刚收获存储的粮食都集中在那里，一旦那里出事，格涅乌斯可以迅速调动军队进行支援。

格涅乌斯对营寨进行了周密的部署，修筑堡垒、加固工事、加高城墙，决心在万不得已时就死死守住科尔杜巴，与恺撒决一死战。

正当格涅乌斯抢修工事之时，有报告说，恺撒已经到了阿特瓜，正在准备攻城。格涅乌斯感到此事十万火急，因为一旦阿特瓜落入恺撒手里，用不了一个月科尔杜巴守军就会全被饿死。现在，他必须不惜一切代价赶去救援阿特瓜。否则，将就此一败涂地。

几天之后，恺撒已经来到阿特瓜城下，见这里位于崇山峻岭之间，地势险要，一时很难攻克，便命令士兵绕城修建围困工事，做好防御，等待机会。

此时，格涅乌斯也带着人马赶来，在山下扎下营寨，形成从山脚到山顶由格涅乌斯、阿特瓜守军和恺撒对峙的局面。恺撒知道，一旦格涅乌斯与阿特瓜守军形成上下夹击的态势，自己将腹背受敌。对此，恺撒昼夜思虑，却一时找不到良策。他只确定了一点：必须在格涅乌斯和阿特瓜之间找到突破口。

就这样，恺撒一边组织将士准备攻城，一边寻找机会。

一天，恺撒指挥士兵攻城，突然从城内投出大量火种和矢石，如雨点般落了下来。正欲爬城的士兵都被打伤，只好退了下来。火种投下来后，地面上的干草就立刻被引燃。顿时，火势蔓延，浓烟滚滚，攻城的士兵被困在火海里，伤亡惨重。

恺撒见状，知道不能再强行攻城，遂命令撤退。

这时，一名受了轻伤的士兵手里抱着个铅球跑来，说有消息向恺撒将军报告。恺撒命令他进到营帐中说明情况。士兵说，他被城内投下的石块砸得昏了过去，当醒来时，发现身边这个铅球，上面有文字，就抱回来给将军看。

恺撒接过铅球，一看上面果然有文字，写着："如果哪天你们来攻城，我将把盾放下。"

看来神灵再次给了恺撒机会。原来，城里一直有人偷偷溜出来投奔恺撒。他们投下铅球，目的是在传递信息，让他们相信城里有人会配合他们攻城。恺撒茅塞顿开：阿特瓜虽然占据有利的地势，易守难攻，但是他只要能与城内人对话，获得他们的配合，就必能里应外合，拿下阿特瓜！

恺撒决定开始新的攻势。这次，他把人马分开，从三面同时攻城。就在这时，有人向恺撒报告：增援他们的阿圭提乌斯和阿斯普雷纳赶到了，此时正与格涅乌斯的侧翼发生交战。恺撒听后心中大喜。这些天来，他一直担心山下的格涅乌斯与山上的阿特瓜守军同时向他发起进攻。那样，他的处境就十分危险了。现在，有了阿圭提乌斯和阿斯普雷纳对付格涅乌斯，阿特瓜一定能顺利拿下。

其实，这些天来，城内的守军一直盼着山下的格涅乌斯出兵接应他们突围。但是，派去送信的人都被恺撒的军队截获并杀掉了。城里的人不见格涅乌斯有什么动静，格涅乌斯也没有轻易出兵。守军误以为格涅乌斯并没有出来保护他们的打算，心生怨恨：他们为格涅乌斯卖命，可格涅乌斯却抛弃了他们。眼看坚持不下去了，就有了弃城的念头。加上欲投奔恺撒的人的劝说和胁迫，阿特瓜守军终于决定向恺撒投降。他们表示只要恺撒饶恕城里人的性命，就愿意把阿特瓜献给恺撒。

城里的守军派人给恺撒送信说："如果不朽的神让我们做你的战士，而不是庞培的战士，使我们的这种不折不挠的勇气能在你的胜利中表现，而不是在他的灾难中表现，那该有多好。现在，他的声望已经一落千丈。我们这些罗马公民不但需要别人救援，而且由于国家的悲惨灾祸，甚至已经变成了国家的敌人。在他军事上一帆风顺的时候，以及后来一蹶不振的时候，我们都没得到什么好处，反而受到同胞军团的一次次进攻。无论在白天还是黑夜的战斗中，我们都要被刀砍、被箭射。庞培把我们丢在一边，不屑一顾，你们的英勇又使我们一败涂地。现在，我们为了自己的安全向你的仁慈恳求，请你饶了我们的性命。"

恺撒回答他们说："我过去对外族人是怎样的，今后对投降了的公民同胞就是怎样的。"

就这样，恺撒占领了阿特瓜。

格涅乌斯得知阿特瓜已经成了恺撒的营地，知道自己已经没有回天之力。与阿圭提乌斯和阿斯普雷纳的交战使军队伤亡惨重，他决定向乌库比靠近，进行休整。

到了乌库比，格涅乌斯命令士兵修筑堡垒，躲在防御工事里按兵不动。他召集了当地居民，命令他们仔细地查访，看哪些人支持他，哪些人支持恺撒。那些支持恺撒的人，都遭到了暗杀。格涅乌斯的行为引起当地人的极大不满，就连很多原本支持他的人也都悄悄地转而支持恺撒了。

恺撒追赶格涅乌斯也到了乌库比。这次，多了阿圭提乌斯和阿斯普雷纳带领的六七个军团，恺撒军队的人数占了上风。

恺撒的营寨就设在距离格涅乌斯很近的地方。他命令士兵修筑工事，工事延伸向萨尔苏姆河。正当恺撒的军队全神贯注地修筑工事时，格涅乌斯率先对恺撒发起了进攻。很显然，他想趁恺撒完全安顿下来之前，打恺撒个措手不及。

格涅乌斯带领众多士兵径直冲向恺撒的阵营。随着一片震天的杀声，他们投出了大量的标枪，造成恺撒的军队伤亡惨重。见此情形，恺撒命令军队撤退，以免遭受更大损失。同时，他命令第 5 军团的两个百夫长带队跑过河去，迅速调整阵列，与格涅乌斯的军队展开近距离搏斗。恺撒的军队英勇地击退了敌军，但是在激战中，两位百夫长阵亡。

这时，阿圭提乌斯率领骑兵过了河，终于把格涅乌斯赶回了他的营寨。

与格涅乌斯的第一次交锋，让恺撒失去了两位优秀的百夫长，恺撒对此十分痛心。他决定下次主动出击，狠狠教训格涅乌斯。

第二天，恺撒的军队在一个叫索里卡里亚的地方修筑防线，并切断了格涅乌斯前往阿斯帕维亚堡垒的道路。格涅乌斯无奈，不得不出来应战。他看准了不远处的一座高地，指挥军队首先抢占那里，以使自己处于有利的位置。恺撒早就看出了他的用意，于是命令军队抢先一步登上高地。恺撒的军队居高临下阻挡了格涅乌斯的进攻，把他们逼回到了平地上。格涅乌斯抵挡不住恺撒的步步逼近，连连退却，退到一个地势比较有利的地方停了下来。

这时有一个叫安提斯提乌斯·图比奥的人，他为格涅乌斯军队的败退感到羞愧，声称勇士就要战死沙场，誓死不能退却。他向格涅乌斯请战，要求派他与恺撒决斗。他说，在恺撒的军队里，除了恺撒，没有人能和他相比。

格涅乌斯也想借机长长全军的士气，于是同意派安提斯提乌斯·图比奥到恺撒的营前叫阵，同时暗中命令骑兵伺机进攻。恺撒十分熟悉格涅乌斯声东击西的做法，他知道格涅乌斯派图比奥出来不会仅仅就是为了决斗，一定有诈。于是，恺撒将计就计，派出骑手昆图斯·庞培·尼格尔迎接挑战，并在距工事不远的地方布置轻装步兵作为掩护，以防万一。

决斗在恺撒的军营前展开，恺撒吩咐其他士兵只能为尼格尔加油助威，不可轻举妄动。正当两人激烈搏斗、难分胜负之时，格涅乌斯的骑兵突然向恺撒的骑兵发起猛烈进攻。按照恺撒的部署和命令，恺撒的骑兵佯装败退，纷纷撤退到营寨附近。对方紧追不放，恺撒看到出兵的机会来了，便向预先埋伏好的轻装步兵发出命令，向追赶而来的敌军骑兵投掷标枪。格涅乌斯的骑兵纷纷落马，这些轻装步兵在恺撒的指挥下，冲向敌阵，奋勇砍杀。

当夜色降临时，格涅乌斯的士兵死伤大半，不得不撤退。

在西班牙平叛期间，恺撒（中）亲临战场，挥剑鼓励士兵发起进攻

这天晚上，乌库比镇上的罗马骑士奥卢斯·拜比乌斯、盖尤斯·弗拉维乌斯和奥卢斯·特雷贝利乌斯，前来投奔恺撒。他们告诉恺撒说，全体骑兵都已立下誓言，不愿再为格涅乌斯卖命，打算投奔恺撒而来，但有人出卖了他们，所以他们都被关押起来。他们三个设法找到机会，杀掉了看守，这才逃了出来。他们请求恺撒出兵营救那些骑兵，否则他们就将被格涅乌斯处死。恺撒担心其中有诈，便安顿下这三个人，同时派人去乌库比镇探明虚实。这时有人报告说，截获一封格涅乌斯送到乌尔绍去的信，恺撒接过信，只见上面写着：

我们至今的运气一直很好，要想把敌军赶走就能赶走。只要作战的地势有利，我结束战争的速度就一定比你们预想得更快。他们不敢把没有经验的新军开到战场上来，因此就一直被我军钉牢在这里，战事也就因此而拖延了。他们的打法是一个城镇又一个城镇地围攻，目的是从这些城镇里为自己取得给养。因此，我一定会保护这些城镇，一遇到机会就结束战争。我想派给你几个大队。一旦我们出战，你们就配合我们断绝他们的给养，这样我们就可以尽快结束战争了。

看过信，恺撒知道格涅乌斯正在向附近的城镇寻求支持。看来，要想打败格涅乌斯，不仅要靠士兵，同时还要争取更多人的支持。如果恺撒有机会帮助城镇里的居民，居民们就一定会站到他这一边。

恺撒一整晚没有睡着，他在等待去乌库比镇察探情况的侦察兵回来。

天明时，侦察兵回来了。根据他获取的情报，拜比乌斯他们说的都是实情。而且，那些被关起来的骑兵已经被格涅乌斯杀害了。此事引起了全镇居民对格涅乌斯的反抗，导致格涅乌斯进行了屠城。

恺撒闻讯急忙带人冲向乌库比。当赶到乌库比时，眼前的情景让恺撒懊悔不已。只见到处浓烟滚滚，房屋被烧得惨不忍睹，尸体遍地。而格涅乌斯早已离开了这里。

恺撒即刻下令，追杀格涅乌斯，以此报复格涅乌斯对乌库比镇人的屠杀。

最后之战

恺撒突然发出了战斗的命令：兵分左、右、中三路，向格涅乌斯发起冲击！战斗十分残酷，两军将士的勇敢顽强都令对方钦佩。最后恺撒军团大获全胜，格涅乌斯几乎全军覆没。恺撒向他的敌人表达了最后的敬意，却不知道这也是他人生中最后一场战争……

在距离乌库比不远的地方，恺撒追上了格涅乌斯的部分士兵，他们带着抢来的财物而落在了主力的后面。恺撒提马上前，挥剑砍去，他的士兵紧跟其后冲上前去，迅速歼灭了 100 多名敌军士兵。

这时，格涅乌斯率军来到了一片开阔地，扎下营寨，列好战阵，等待恺撒的到来。这也是他事先筹划好的一步，因为这个地势对他非常有利，他觉得可以借此一举歼灭恺撒的军队。

格涅乌斯安下营寨的地方一面是城镇，另一面地势高峻，与恺撒营寨之间的空隙则是一片平原，周围环绕着山岭。那片平原从格涅乌斯驻寨附近的城镇向前延伸，一直延伸到一条河。河流的一侧坑坑洼洼，沼泽遍布，恺撒的军队很难通过。

当看到对方的阵列已经布好时，恺撒就令人升起帅旗，发出战斗信号。如果能够在平原地区与格涅乌斯开战，恺撒的骑兵就会发挥巨大作用。

但是，事情的发展并非恺撒所希望的那样。格涅乌斯并不想轻易跑到离开城镇工事较远的地方来，他驻守在靠近工事的地方，不想轻举妄动。

于是恺撒率领军队又向前推进了一程，以引诱格涅乌斯出击。然而，格涅乌斯的军队似乎宁可失去战斗机会，也仍然按兵不动。他们既不离开高地，也不离开城镇。当恺撒的军队靠近河流时，格涅乌斯仍坚守在那片陡峭的地方，不肯离开。

恺撒看出，格涅乌斯是在高地上以逸待劳，双方一旦开战，己方将十分危险。基于这点，他迅速制订出作战计划，避免士兵因进入不利的地势而遭受损失。同时，他命令军队停止前进，以观察格涅乌斯的动静。

在西班牙平叛期间，恺撒（图中部白发挥剑者）身先士卒，率军拼杀

恺撒的命令下达之后，在士兵中引起了骚动。有些人认为，恺撒这样做是在延误战机，对此十分不满。格涅乌斯的军队对恺撒的反应感到高兴，他们认为恺撒是因为胆怯才不敢贸然继续前进的，于是就得寸进尺地向前推进了。

这个时候，恺撒对军队的布阵做了部署，对进攻的行动做出了调整，以保证既能在不利地势取胜，又能尽量减少将士的死伤。

在一个晴朗的天气里，恺撒突然发出了战斗的命令：兵分左、右、中间三路，向格涅乌斯发起冲击！

恺撒一马当先，率领士兵冲向格涅乌斯的营寨。格涅乌斯利用地形优势竭力抵抗，居高临下地向恺撒的军队投掷密集的石块，阻挡了恺撒军队的进攻。恺撒立即命令轻装步兵向对方的营阵投掷标枪，杀伤了不少敌军。

负责右翼的安东尼率领第 10 军团开始猛烈地向中部压过来，格涅乌斯见状，担心恺撒将与安东尼一起锁定战线中央的胜局，就急忙从右翼调来 1 个军团支援。然而，这已经晚了，恺撒命令骑兵对其进行牵制，使它无法增援，只能眼看着战线中央的士兵成片倒下。战场上的拼杀造成了大量士兵的死伤，"脚尖踩着脚尖，刀枪擦着刀枪"。最后，格涅乌斯的军队顶不住恺撒军队的猛烈进攻，被迫后退到城镇的工事里。

这天恰好是利贝尔神的节日，恺撒的军队大获全胜，格涅乌斯几乎全军覆没，带着幸存的人逃到了附近的蒙迪镇。

恺撒让士兵稍稍休息，就开始对蒙迪镇展开围攻。恺撒不给格涅乌斯喘息的机会，要趁胜把他消灭掉。

格涅乌斯已经无力对付恺撒，他派人火速赶往科尔杜巴，把情况报告给正在那边的塞克斯图斯·庞培。塞克斯图斯·庞培接到消息后，认为自己也难以与恺撒抗衡。如果他前去救援，也只能白白送死，而庞培家族是绝不能死光的。想到这里，塞克斯图斯把身边的人叫来，分发给了他们一些财物，并告诉他们，他决定面见恺撒要求谈判。其实，塞克斯图斯·庞培的离开，也就意味着他放弃了科尔杜巴。

格涅乌斯在等待塞克斯图斯的日子里，内心有种深深的刺痛感，他不想就此败给恺撒，让庞培家族一直背负着恺撒手下败将的耻辱之名。但是，以目前的形势来看，他已经无力回天。他带着少量的骑兵和步兵赶往距离科尔杜巴 170 罗里的卡尔特亚。他要在那里寻求当地人的保护，以便日后重整军队，与恺撒对抗到底。

恺撒派人留守在蒙迪镇，自己带兵向科尔杜巴进军。那里是塞克斯图斯·庞培的最后的大本营，只要把科尔杜巴拿下，对庞培的军队的战争也就该结束了。那时，恺撒还不知道塞克斯图斯·庞培已经离开，科尔杜巴其实已经处于瘫痪状态，可以一举攻取。

在赶往科尔杜巴的途中，恺撒经过卡尔特亚镇，镇中支持恺撒的人偷偷向恺撒报告说，格涅乌斯就藏在卡尔特亚镇里。

于是恺撒在卡尔特亚扎下营来。镇上居民们得知恺撒来到了城外，支持恺撒的一方与支持格涅乌斯的一方起了冲突，导致了骚乱。卡尔特亚镇当时有两个军团把守，其中一部分是镇上居民的奴隶，他们在恺撒抵达时纷纷逃走。战斗开始后，占据着部分塔楼和城墙的城内守军派使者来见恺撒，要求恺撒派兵力去支援他们。庞培派的支持者们知道了这件事，就动手纵火焚烧塔楼。恺撒率军轻而易举地击败了城内的反对派，杀死了 22000 人，这还不包括在城外杀死的人。就这样，恺撒占领了卡尔特亚镇。

格涅乌斯预感到自己处境危险，便在一天夜晚带着贴身的几百人逃出了卡尔特亚镇。他们先是夺取了 20 艘战舰，后因为饮水缺乏，不得不靠岸取水，结果被恺撒的舰队和陆地上的步兵两面夹击。最后，他们逃到了一座山上，想利用险要的地形做最后的抵抗。

格涅乌斯被围困在蒙迪镇的部分军队尝试过突围，恺撒的军队将他们赶了回去。很多人在突围中被杀死，幸存的人看到首领已经逃走，知道不可能再有突围的希望，就向恺撒的军队投降了。

逃走的格涅乌斯身上多处受伤，脚踝的严重扭伤使他行动不便。他率领士兵利用地形的优势向追赶而来的恺撒士兵投掷标枪，数次击退了恺撒的攻势。于是，恺撒命令士兵沿着山脊修筑围墙，以阻挡敌军投掷的标枪。恺撒知道，虽然格涅乌斯所处的地形十分有利，但是他的给养通道已经断了。要不了多久，格涅乌斯就会被困死在山上。

格涅乌斯被困在工事的外面，身边的人越来越少。最后，他逃进一处山谷，躲到一个地面受侵蚀形成的洞穴里。

一天，格涅乌斯的一个卫兵试图下山寻找食物，被恺撒的士兵抓获。见格涅乌斯大势已去，他就供出了格涅乌斯的藏身之处。当恺撒派人搜到山洞时，格涅乌斯已经自杀了。

恺撒来到洞穴，站在格涅乌斯的尸体前，十分惋惜地说："格涅乌斯·庞培，你是罗马的英雄，你的死无愧于你们庞培家族的荣誉。你是我的敌人，但你像你的父亲一样，令我敬佩。"

格涅乌斯死了，西班牙各地支持庞培的势力也被打压下去了。至此，西班牙战事结束。恺撒征服了西班牙，再次为罗马更为自己赢得了荣誉。

独裁者

　　罗马的内战彻底结束，恺撒拥有了空前的权力。他的改革不再受到阻碍，而他本人也作为罗马新的神明，独享人民的爱戴。尽管他实施了一系列仁政，用大量公共活动和福利待遇来感化人心，恐慌的情绪还是在罗马散播开来。人们都有所察觉，恺撒将要称帝！

完成了阿非利加的战事，就等于结束了血腥的罗马内战。回到罗马的恺撒，权力之大已经超过以往的任何一位政治领袖。可以说，罗马共和国已经被恺撒牢牢地控制了。现在，恺撒成为了罗马的新君主，整个希腊—罗马文明的第一个统治者，终生独裁者。元老院惊异于恺撒辉煌的成就，又敬畏恺撒的权力，对恺撒的每个政治举措都不再提出任何异议。不久，在意大利各地都树立起了恺撒的塑像，甚至专为敬拜恺撒而建起了庙宇。

对此，罗马人开始感到焦躁不安。元老院尊称恺撒为"神尤利乌斯"，恺撒似乎也有为自己戴上王冠的迹象。

公元前46年的春天，恺撒第三次获得独裁官的职位，任期是史无前例的10年。那时，恺撒已经是执政官了，而且还获得了任命共和国所有行政官的权力。其权力的空前集中超过在位时的苏拉。对此，已经有人开始对共和国的前途和命运担忧了。西塞罗说："我们是他的奴隶。他是时代的奴隶。"

人们热切地盼望着有人能够把经过内战创伤的罗马带出危机，拯救遍体鳞伤的共和国，而这个人，除了恺撒，没有其他。人们因恺撒的宽厚和仁慈以及出色的才干而对他充满了希望。

在战场上，恺撒的领导才能和指挥艺术成就了他的巨大功绩。现在，人们对恺撒的治国之道和行政能力拭目以待。

对于恺撒的政治天赋，蒙森如此评价：

"恺撒是一个彻底的现实主义者，一个通情达理的人。不论他在做什么，都充盈了他冷静的明智，也被他冷静的明智所引导。而这种明智正是他的天才中最明显的特点。就是由于这个特点，他热烈的生活于此时此刻，不被回

马库斯·图留斯·西塞罗，古罗马著名的政治家、雄辩家、哲学家，曾担任执政官。后来被政敌马克·安东尼派人刺杀。图为陈列于意大利罗马卡比托利欧博物馆的西塞罗雕像

忆与期望所扰；就是由于这个特点，任何时刻他都可以以全副活力投入行动，可以将他的天才投注于最细小的工作；就是由于这个特点，他具有多方面的能力，使他能够领会人的领会力所能领会的，掌握意志所能掌握的；就是由于这个特点，他才有那种镇定从容，用这种从容，他口述他的著作，计划他的战役；就是由于这个特点，他才有那'惊人的明静'，不论顺逆；就是由于这个特点，他才有那完全的独立，不受宠臣、情人甚至朋友的影响。"

恺撒的品行和至高的追求，使得他在获得了罗马的最高统治权之后，没有片刻停歇，便开始着手推行他的长期改革计划。

从乌提卡返回罗马的恺撒，在人们为他举行的盛大的四重的凯旋仪式上，向民众展示了他的伟大战绩，包括他从高卢、埃及以及阿非利加战役中所获得的俘虏。为了表达对跟随他征战的每位士兵和将帅的战绩的肯定，凯旋仪式后，恺撒向士兵们慷慨地赏赐了钱财，发放了粮食，并举行盛大的宴会。为了强调神灵的护佑，把自己的胜利归结为神意，恺撒下令修建了一座维纳斯神庙，把自己的出身神话变成了现实，让每个罗马人铭记。

在凯旋仪式结束后，恺撒着手的第一个改革计划就是效法格拉古兄弟，把土地分给立下战功的老兵们。恺撒曾经向士兵们做出这样的承诺："我把土地给你们所有的人，而不是像苏拉那样，从私人地主手里夺去土地，并且使被夺去者和夺去者混住在一起，使他们始终处于相互敌视的状态。我分给你们的是公有的和我自己的土地，而如果需要的话，我还将购买土地分给你们。"为了这样一份承诺，恺撒在战后专门派代表到意大利各地，察看土地的所有权情况，并适时适地安置老兵。为了防止土地集中，恺撒规定20年内新土地不得出售。

安置了老兵，恺撒把剩下那部分士兵也做了妥善的安置，使他们成为他独裁路上坚决的拥护者和支持者。

随后，恺撒组织人们开展全面的人口普查。由于缺乏相关史料记载，所以人们无法推测这项工作持续了多久。唯一确定的是，恺撒开展的人口普查

安德烈亚·曼特尼亚描绘的恺撒乘坐他的凯旋车时的情景

工作的目的是限制领取口粮的人口数目,最终将这些人从 32 万降低到 15 万人。

关于城市管理和体制以及职务任免问题,恺撒依据罗马法律,对竞选这些职位的人提出了明确的要求。如果有人不符合竞选条件,就会被挡在竞选的大门之外。

此外,恺撒对罗马城市内的布局和设施都做了重新的规划,对罗马城的福利设施也通过法律做了规定,这样首先就把罗马置于自己的掌控之下。他又筹建道路,开凿水渠、运河,治理河流,加高防堤以防止特韦雷河泛滥。

为了防止疟疾肆虐，恺撒命令将沼泽填为耕地。为了普及民众的教育和娱乐活动，恺撒筹划开建图书馆和剧院，这项计划是以举世闻名的亚历山大图书馆为蓝本的，这使罗马不仅成为政治中心，也成为文化、艺术的中心。

针对意大利各地时常发生的叛乱，恺撒修改刑事法，对暴力犯实行严惩，以从根本上杜绝叛乱，稳定罗马的统治。在关税制度上，恺撒制定出有利于罗马商业、经济繁荣的关税制度，增加国库的储备。为防止部分人通过集会和结社做出对罗马和他自己的统治不利的事情，恺撒以最高祭司的身份发布命令，解散祭司团。因为祭司团常常成为骚乱之源，他们的政治活动和集会，时常针对恺撒的独裁政权。恺撒利用自己的合法身份，宣布取消政治性的集会，以使自己成为罗马的绝对统治者。

著名的历法改革，也是恺撒成为独裁者后的一项重要举措。恺撒取消了原历法中附加的 1 个月，采用一年 365 天的太阳历，以此统一意大利的历法制度。对此，西塞罗埋怨说："恺撒征服、统治地球还不满足，还要调整宇宙星球。"

恺撒试图调节和加速诉讼程序，改变罗马内战期间变得混乱的法制生活，并对行省执政官的任职期限做了调整，以限制执政官的权限。对于罗马人的日常生活习俗，恺撒也做出相应的法律规定，以杜绝铺张浪费。

为遏制乡村的奴隶制度，恺撒通过一项措施，宣布农场的工人一定要有三分之一的自由劳工。恺撒还把市民迁徙到迦太基、塞维利亚等地，以减少罗马城市人口中的有闲阶层对罗马人正常生活秩序的干扰。此外，恺撒不仅拨款修建罗马的会议厅，还对意大利、西班牙、高卢和希腊的城市重新规划修整，使其面貌焕然一新。

由于连年的战火，罗马人死伤无数，为了及时弥补罗马人的数量，恺撒颁令：有三个孩子的家庭优先分配到土地。

恺撒主张宗教自由，保护犹太人的宗教信仰，下令修缮古老的寺庙。

上述这些改革措施是广泛而全面的，看似零碎庞杂，实际全是为恺撒对罗马的绝对统治所做的铺垫。

在恺撒的所有措施中，有一项改革方案遭到罗马人的怨恨，那就是恺撒把意大利的自由人地位提高到了跟罗马市民一样。早在公元前49年，恺撒就把罗马人的公民权力赐给了山南高卢的百姓。公元前44年，恺撒修改宪章。新宪章规定，意大利各城市的居民享有与罗马公民同样的权利。他还撤销了元老院任命总督的权力，把任命和免职总督的权力归自己一人所有，并使其合法化。后来，他又规定，从直布罗陀到黑海，各个罗马行省的居民也都享有罗马的公民权。

恺撒按照自己的意图和需要建立元老院，把元老院的人数从600人增至900人，凡是能够帮助他夺取权力的人——银行家、工业家、军官和土地所有者都被他拉进元老院，只要是有才能的人，都有机会加入元老院。元老院如此纳新彻底改变了它的性质，使得它原有的权力遭到瓦解，只是代表一个地区民众的意愿罢了，从此政治权力不再只掌握在少数贵族手里。为了适应扩大后的罗马统治，也出于个人权力的需要，恺撒增加了国家官职的数量。担任官职的人自然就是元老院的成员，而这些新加入的元老院成员都是忠实于恺撒的人。尽管每年罗马还在选举执政官和其他官吏，但是恺撒利用自己的权力几乎指定了所有他需要的人进入元老院或担任官职。恺撒终于可以为所欲为了。

公元前44年初的一天，恺撒走在罗马的街头和广场上，人们惊异地发现，恺撒的脚下是一双高腰红鞋。这一迹象让罗马人对恺撒称王的意图确信不疑了，因为过去的意大利国王就是穿着这样的高腰红鞋的。接下来，在恺撒的一座塑像上神秘地出现了一顶王冠。罗马人看到了，恺撒自己也看到了。一天，恺撒发现王冠不见了，当即勃然大怒。对于恺撒的表现和态度，罗马人开始感到不安，恺撒也意识到自己的意图似乎过早地暴露给了公众。因此，他想有所收敛。

每年的2月15日对于罗马人来说是个极不寻常的日子。人们在那天纪念罗马的由来，纪念那只抚养了罗马创始人的母狼。恺撒穿着紫色长袍，戴着一顶金色的花冠，出现在元老院的议事大厅里。安东尼殷勤地走上前来，把

罗马狂欢节上，安东尼向恺撒敬献王冠，遭到恺撒拒绝

手里的王冠献给恺撒。城里到处都是庆祝节日的人群，恺撒想看看公众们对此的反应，于是他先是拒绝了安东尼献上的王冠，然后走出议事大厅，来到罗马的广场上。安东尼紧随其后，手里举着那顶王冠。待恺撒站立在广场上时，所有人都注视着将要发生的一切。只见安东尼再次向恺撒献上王冠，恺撒抬眼望着广场上的民众。这时，整个广场上发出一片无奈的叹息声。恺撒马上意识到：民众并没有准备好接受他成为国王，所以用这样的叹息声表达不满的情绪。恺撒知道，他不能贸然走出这步，否则会招来不可收拾的局面。因此，他再次拒绝了安东尼献上的王冠，并微笑着对民众挥挥手，以表示他态度的坚决。果然，广场上的人们看到恺撒的举动，纷纷欢呼起来，向他致敬。

在形式上，恺撒没有急于称王，但他一直在为自己登上王位做准备。为了树立自己的绝对权威，恺撒要求在罗马的铸币上加上他的头像，以强化罗马人对他的个人崇拜。公元前44年1月或2月，恺撒的头像第一次出现在罗马的铸币上，这标志着恺撒时代的到来。

恺撒继续着各项改革。在恺撒所有的改革措施中，最大的成就恐怕要算是他对罗马债务问题持之以恒的关心了。多年来，债务问题和由此引发的各方矛盾冲突始终令人忧心忡忡，因为内战和动乱致使许多罗马人陷入了债务危机。内战初期，债务危机曾经一度加剧。军队开支的增加，造成钱币的大量囤积。因此，欠债者为了避免经济损失，宁肯倾家荡产偿还债务。

恺撒知道，如果处理罗马的债务问题，势必使他陷入两难的境地：任何废除债务的做法都会侵犯到债权人的利益，也必然会导致新的混乱。早在公元前49年，恺撒就曾为缓解债务危机而颁布规定，严禁囤积钱币，勒令债权人只能接受债务人偿还的土地或者其他财产，而不允许接受现金。结果这一做法使得双方都不满意。恺撒从亚历山大返回罗马后，他决定取消内战以来债务人应支付的全部利息，这样就把他们的债务一下子削减了四分之一。

新债务措施使罗马的债权人遭受到严重的损失。但是，如果不采取这样的措施，他们损失的恐怕要比这更多，因此也就不得不接受了恺撒的改革。

由此，恺撒解决了罗马共和国历来最棘手的债务问题。

恺撒的这些改革让民主派得到了满足，减缓了民主派和贵族派之间的矛盾冲突。他始终向着亚历山大大帝的路线，筹划着自己的君主之路。

然而，恺撒的一系列改革措施也引起了许多人的怨恨和不满。有些人开始担忧罗马的前途和命运。因为他们始终以共和体制为傲，他们担心恺撒获得霸权，从而使罗马成为君主独裁的专制国家。但是，事实上，罗马共和国早就已经名存实亡了，不管是外表还是实质都已经与共和制渐行渐远。

另外，恺撒还有一件私事也让罗马人担忧：众所周知，埃及女王克娄巴特拉是恺撒的情妇，并为恺撒生下了唯一的儿子。为了克娄巴特拉，恺撒没有把埃及变成罗马的一个行省，而是自愿放弃了这块到手的肥肉。如果恺撒真的成为独裁者，他与女王的儿子就无疑是这一权力的唯一接班人，女王就可以趁机窃取罗马的控制权。骄傲的罗马人，当然不想向埃及俯首称臣。

恺撒不想让罗马人的这种担心越来越强烈，那样他最终会成为人们愤怒的靶子，而全然抹杀了从前的功绩。因此，恺撒在一次元老院的会议上说："我不会破坏罗马的制度，那样我会成为罗马历史的罪人。罗马是不允许有人专制独裁的。"元老院对恺撒的表示感到欣慰，但是他们仍然心有疑虑。

元老院的忧虑是有道理的。恺撒这样做其实只是为了平息一些人对他的不满情绪，同时力图把那些反对他的人争取到他的阵营。为了在危机发生时能够掌握绝对的主动权，恺撒保有一支常备军。军队里的士兵无条件地忠诚于恺撒。在军营里，恺撒常常和士兵打成一片。伟大统帅的频繁出现让士兵们对他的恩惠牢记在心。他们知道，恺撒不仅在作战时保护他们的生命，在战后也会让他们舒心地生活。他们为成为恺撒的士兵而感到自豪和安心，把一切都交给了恺撒，随时准备为恺撒献出生命。

除此之外，恺撒还拥有罗马以外各行省人民的广泛支持。这些年来，恺撒通过对高卢等地的征服，委任了自己的党羽进行管理，使这些行省成为他巩固对罗马的统治的根据地。高卢、西班牙、阿非利加、小亚细亚等行省的

古罗马元老院遗址

面积和生活在那里的居民数量远远超过了罗马城。这些人口和地域资源，足以使恺撒在罗马的统治得到保障。

但是，反对恺撒的情绪还是在罗马民众当中散播开来。尤其是庞培的旧部，他们充分利用有些人对恺撒的不满情绪，到处发表煽动性的演讲，鼓动罗马人反对恺撒。

罗马城陷入一种紧张的气氛中。人们在街道和广场上遇见时，总是悄悄地耳语着，而且还时常不安地向周围观望，生怕有人窥视，怕有人偷听到他们的谈话。

恺撒感到了这种紧张甚至是有些恐怖的气氛，但是他知道不能用武力和强制手段使反对他的人归顺，那样的结果只会更糟。他只能用仁慈和感化的方法换得人心。

从此，恺撒常常在公共的活动上露面，并借机向民众们表明他维护罗马

曾有诸多"预兆"提示恺撒可能遭遇不测，但恺撒对此不以为然

共和国尊严的决心。

然而，此时，谋杀恺撒的计划正在悄悄地进行着。

根据恺撒的计划，他准备在公元前44年3月18日出发，进攻帕提亚。出征前，恺撒按照多年来的习惯，去神庙祭拜，祈求神灵的保佑。

当恺撒一行人来到神庙前时，一个占卜者站在路的中央，挡住了恺撒的去路。恺撒下马走上前去，那人看了恺撒一阵，然后说："将军，请您注意3月15日。"然而，对于占卜者的话，恺撒并没有十分在意。

在与骑兵长雷必达一起用餐时，恺撒半开玩笑地问："怎样一种死法是最好的？"在场众人纷纷发表意见，恺撒表示，他愿意突然而死。

一切活动结束后，恺撒回到家里。他想在出征前处理完一些公务，安排好家人。那天晚上，恺撒的妻子被噩梦惊醒。在梦中，恺撒浑身是血地倒在她怀里。第二天，也就是3月15日，恺撒要去元老院开会议事，妻子一再请求他不要去元老院了，恺撒只是笑笑。他说，如果他因不祥之兆而留在家里不敢出门，那他就是个胆小鬼，不是恺撒。

在去元老院的路上，恺撒又遇见了那位占卜者。他笑着说："你让我小心的这一天到了，可是我还活着。"

"是啊，"占卜者说，"是到了，但是还没有过去。"

到了元老院，恺撒在安东尼的陪同下向庞培议事堂走去。当他们走到议事堂前时，有人挤过人群来到恺撒面前，交给恺撒一张字条。罗马人通常都采用这种方式表达自己的意愿和不满，所以这个人的行为并没有让恺撒特别在意，他随手把字条交给了安东尼。但是，那个人执意要恺撒马上亲自看字条上面的字，恺撒又从安东尼手里拿回字条。他还是没有来得及看，就又有很多其他的人向他拥来。

这时，议事堂的钟声敲响了，作为执政官的恺撒必须进去主持会议了。于是，恺撒向民众们挥挥手，然后转身走进了议事大厅。

议事大厅里还摆放着庞培的塑像。庞培死后，人们一度把庞培的塑像推倒，以示庞培的时代已经过去，表示对恺撒的忠诚。但是，恺撒大度地下令将其恢复原样。

恺撒走进议事大厅，走过庞培的塑像，元老们都站起来向他致意。普鲁塔克详尽地记述了恺撒被谋杀的场景：

"以布鲁图为首的阴谋者分成了两部分：一些人站在恺撒的座椅的后面，另一些人则和图利乌斯·奇姆倍尔一道迎着他走去，为奇姆倍尔的被驱逐的兄弟恳求。阴谋者就一面恳求着，一面陪着恺撒走到他的座椅的地方。恺撒坐到座椅里之后，就表示拒绝他们的请求，而当阴谋者更加执拗地请求时，恺撒便有了不满的表示。

"于是，图利乌斯就用双手抓住了恺撒的外袍并把它从颈部拉了下来——这是动手的信号。卡斯卡首先用匕首向恺撒的脑后刺去，但是伤口并不深并且不是致命的。卡斯卡看来因为自己这一可怕的行动如此的肆无忌惮而感到手足无措。恺撒转过身去抓住了卡斯卡的匕首。两个人几乎同时叫了起来：受伤的恺撒用拉丁语叫道：'卡斯卡，你这坏蛋，你在干什么！'而这时卡斯卡则用希腊语向他的兄弟叫道：'兄弟，来帮忙啊！'没有参加阴谋的元老们吓得既不敢跑，又不敢叫，也不敢挺身出来保卫恺撒。所有的阴谋者都抽出刺刀把恺撒围了起来。不管恺撒朝着哪个方向看，他都好像被猎人包围的野兽似的，受到匕首的刺杀。因为阴谋者约定，所有的阴谋者都要参加刺杀，就好像都要尝一口牺牲的血似的。

"因此，布鲁图也向恺撒的腹股沟刺了一刀。有几位作家记述说，恺撒在反击阴谋者的时候，一边挣扎一边喊叫。但是，当他看到布鲁图手里也拿着刺刀的时候，他就用外袍蒙上了头，甘愿挨刺了。也许是杀人的凶手自己把恺撒的尸体推到庞培塑像的台座那里的，也许是恺撒的尸体碰巧倒在那里的。台座上溅了很多的血。可以认为，庞培亲自向倒在他脚下的、遍体鳞伤并且还在血泊中挣扎的敌人进行了报复。"

布鲁图，曾是小加图的得力助手，元老院保守派的代表之一。他痛恨庞培，

1798 年，意大利画家维森祖·卡穆奇尼的美术作品《恺撒之死》

但在公元前49年的内战中仍选择了投靠庞培。庞培战败后，布鲁图又投靠恺撒，得到了恺撒的原谅和器重。恺撒把这个小他15岁的年轻人当作儿子一样看待。然而，布鲁图内心深处始终抱有与恺撒冲突的政治观点，并同样为共和制的未来而担忧。

当时，大约有几十个人举起袍内藏好的匕首刺向恺撒。这些人当中，有的是恺撒宽恕过的敌人，但更多的是他的朋友。当看到布鲁图手里握着带血的尖刀时，恺撒绝望了，他痛苦地问："怎么还有你，我的孩子？ 连你也要杀我？"说完，恺撒悲哀地用长袍蒙上了头，不再挣扎也不再反抗了，任凭那些人一刀刀地刺向他。

恺撒慢慢地倒下了，倒在了庞培的塑像下。

当检查恺撒的尸体时，人们发现他的身上共有 23 处刀伤。但只有一处是最致命的，那就是布鲁图刺的那一刀。

谋杀恺撒的行动成功了，谋杀者以为他们以此换回了罗马共和国的自由。但是，他们兴奋得过早了。

恺撒被杀死后，布鲁图解释说："我爱恺撒，但我更爱罗马！"可是，罗马的平民没有一个人对恺撒之死表示高兴。当凶手们提着血淋淋的短剑走出元老院的时候，他们看到的不是预想中的欢呼场面，而是人群冷漠、质疑的表情。

元老院笼罩在一片恐怖的气氛中，整个罗马城也出现了空前的混乱。许多人都逃离罗马，唯恐由于事态不明而遭致杀身之祸。

安东尼要求元老院召开会议，就恺撒被谋杀一事展开辩论。但是，元老院中的大多数人都收受了布鲁图等人的贿赂，自然站在了谋杀者一边，想方设法地帮助凶手。安东尼提出，如果他们每个人都愿意保留自己的职位的话，那就意味着恺撒的法令是有效的。因为，他们都是在恺撒的任命下就职的，而依据恺撒的法令，必须严惩阴谋者。

在安东尼和民众的强烈要求下，元老院只好做出决定，惩处谋杀者。布鲁图及其同谋者听到消息，被迫逃出了罗马。

罗马民众怀着对恺撒的敬畏之情安葬了恺撒。

葬礼上，安东尼发表了一篇充满激情的演说，盛赞恺撒的伟大功绩，并对恺撒表示哀悼。

"各位朋友，各位罗马人，各位同胞，请你们听我说；我是来埋葬恺撒，不是来赞美他。人们做了恶事，死后免不了遭人唾骂，可是他们所做的善事，往往随着他们的尸骨一齐入土；让恺撒也这样吧。尊贵的布鲁图已经对你们说过，恺撒是有野心的；要是真有这样的事，那诚然是一个重大的过失，恺撒也为了它付出惨重的代价了。现在，我得到布鲁图和他的同志们的允许——因为布鲁图是一个正人君子，他们也都是正人君子——到这儿来在恺撒的丧礼中说几句话。他是我的朋友，他对我是那么忠诚公正；然而，布鲁图却说他是有野心的，而布鲁图是一个正人君子。他曾经带许多俘虏回到罗马来，他们的赎金都充实了公家的财库；这可以说是野心者的行径吗？穷苦的人哀哭的时候，恺撒曾经为他们流泪；野心者是不应当这样仁慈的。然而，布鲁图却说他是有野心的，而布鲁图是一个正人君子。你们大家看见在卢柏克节的那天，我三次献

马可斯·布鲁图，古罗马政治家，组织并参与了对恺撒的刺杀。后来，他在与安东尼和屋大维的战争中战败，自杀

给他一项王冠，他三次都拒绝了；这难道是野心吗？然而，布鲁图却说他是有野心的，而布鲁图的的确确是一个正人君子。我不是要推翻布鲁图所说的话，我所说的只是我自己所知道的事实。你们过去都曾爱过他，那并不是没有理由的；那么什么理由阻止你们现在哀悼他呢？唉，理性啊！你已经遁入了野兽的心中，人们已经失去辨别是非的能力了。原谅我；我的心现在是跟恺撒一起在他的棺木之内，我必须停顿片刻，等它回到我自己的胸腔里。

"就在昨天，恺撒的一句话可以抵御整个世界；现在他躺在那儿，没有一个卑贱的人向他致敬。……

"要是你们有眼泪，现在准备流起来吧。你们都认识这件外套……瞧！卡西乌斯的刀子是从这地方穿过的；瞧那狠心的卡斯卡割开了一道多深的裂口；他所深爱的布鲁图就从这儿刺了一刀进去，当他拔出他那万恶的武器的时候，瞧恺撒的血是怎样汩汩不断地跟着它出来，好像急于涌到外面来，想要知道究竟是不是布鲁图下这样无情的毒手；因为你们知道，布鲁图是恺撒心目中的天使。神啊，请你们判断判断恺撒是多么爱他！这是最无情的一击，因为当尊贵的恺撒看见他行刺的时候，负心，这一柄比叛徒的武器更锋锐的利剑，就一直刺进了他的心脏，那时候他的伟大的心就碎裂了；他的脸给他的外套蒙着，他的血不停地流着，就在庞培像座之下，伟大的恺撒倒下了。啊！那是一个多么惊人的殒落，我的同胞们，我、你们，我们大家都随着他一起倒下，残酷的叛逆却在我们头上耀武扬威。啊！现在你们流起眼泪来了，我看见你们已经天良发现；这些是真诚的泪滴。善良的人们，怎么？你们只看见我们恺撒衣服上的伤痕，就哭起来了吗？瞧这儿，这才是他自己，你们看，给叛徒们伤害成这个样子。"

说到这里，安东尼看到在场民众的情绪有些激动了。人们都由衷地哀悼恺撒，并痛恨着凶手。安东尼认为时机已到，便先安抚了民众的情绪，然后提起了恺撒曾经拟好的一份遗嘱。

"唉，朋友们，你们不知道你们将要去干些什么事。恺撒在什么地方值

安东尼在恺撒的葬礼上发誓报仇

　　屋大维是恺撒的甥孙和养子，也是恺撒的指定继承人。公元前43年，他与马克·安东尼、李必达结成"后三头政治（联盟）"，打败了刺杀恺撒的共和派贵族（元老院）。公元前27年，屋大维获得"奥古斯都"（神圣、至尊的意思）称号，建立起专制的元首政治，开创了罗马帝国。作为罗马帝国的开国君主，作为古罗马皇帝统治罗马长达40来年。在他去世后，罗马元老院决定将他列入"神"的行列，并将8月称为"奥古斯都"月，这也是欧洲语言中8月的来源

得你们这样爱他呢？唉！你们还没有知道，让我来告诉你们吧……这就是恺撒盖过印的遗嘱。他给每个罗马市民 75 个德拉克马。"

市民们的情绪再次激动起来。安东尼接着说：

"而且，他还把特韦雷河这边他所有的步道、私人的园亭、新辟的花圃，全部赠给你们，永远成为你们世袭的产业，供你们自由散步游息之用。这样一个恺撒！几时才会有第二个同样的人？"

这时下面的人群纷纷喊道："再也不会有了，再也不会有了！"

安东尼知道，恺撒的敌人已经成为全罗马的敌人。

不久后，安东尼就与恺撒的继承人屋大维率军追杀布鲁图等人。公元前 42 年，布鲁图被屋大维打败，自杀身亡。

恺撒虽死，但罗马帝国才刚刚现出雏形。公元前 27 年，屋大维扫清一切障碍，被元老院封为"奥古斯都"（意为"至尊"），开创了元首制，使罗马正式步入帝国时期。

然而，尽管屋大维才是首位正式的、完全的罗马独裁者，恺撒的声誉却一直没有被超越。也许，在罗马人的心里，恺撒真的已经等同于神了。

参 考 书 目

[1]詹姆斯·费鲁德.恺撒大帝[M].苏跃,编译.北京：京华出版社，2010.

[2]罗杰·布伦斯.恺撒大帝[M].王文娟,译.北京：中国工人出版社，2010.

[3]特奥多尔·蒙森.罗马史[M].李斯,译.长春：时代文艺出版社，2006.

[4]汤姆·霍兰.卢比孔河[M].杨军,译.上海：上海远东出版社，2006.

[5]李世祥.恺撒的剑与笔[M].北京：华夏出版社，2000.

[6]威尔·杜兰.恺撒时代[M].台北幼狮文化公司,译.北京：东方出版社，2005.

[7]恺撒.内战记[M].顾今远,译.上海：学林出版社，2007.

[8]恺撒.高卢战记[M].任炳湘,译.北京：商务印书馆，1979.

[9]莎士比亚.英雄恺撒[M].黄瑞娟,译.北京：北京出版社，1996.

[10]普鲁塔克.希腊罗马名人比较列传[M].席代岳,译.北京：吉林出版集团有限责任公司，2009.

[11]艾密尔·鲁特维克.克娄巴特拉[M].袁惠,译.北京：国际文化出版公司，2004.

[12]谢·勒·乌特琴柯.恺撒评传[M].王以铸,译.北京：中国社会科学出版社，1986.

在本书的编写过程中，参考、借鉴并引用了一部分优秀的文章、作品与精美的图片资料，以期达到图文并茂的效果，在此特向各位被引用图文作品的优秀作者表示衷心的谢意，并真诚地感谢他们为本书所做出的贡献。